福建教育学院资助出版

"福建省'十三五'中小学名师名校长培养工程丛书"编委会
（福建教育学院培养基地）

丛书主编：郭春芳
副 主 编：赵崇铁　朱　敏
编 委 会：（按照姓氏笔画排序）
　　　　　于文安　杨文新　范光基　林　藩　曾广林

名校长卷
主　　编：于文安
副 主 编：简占东
编　　委：陈　曦　林文瑞　林　宇

名师卷
主　　编：林　藩
副 主 编：范光基
编　　委：陈秀鸿　唐　熙　丛　敏　柳碧莲

福建省"十三五"名师丛书

情智英语教学主张的理论与实践：高中英语教与思

黄胜华　◎著

国家一级出版社
全国百佳图书出版单位

图书在版编目(CIP)数据

情智英语教学主张的理论与实践:高中英语教与思/黄胜华著.—厦门:厦门大学出版社,2021.3

(福建省"十三五"名师丛书/郭春芳主编)

ISBN 978-7-5615-8143-8

Ⅰ.①情… Ⅱ.①黄… Ⅲ.①英语课—教学研究—高中 Ⅳ.①G633.412

中国版本图书馆 CIP 数据核字(2021)第 049177 号

出版人	郑文礼
责任编辑	李峰伟

出版发行 厦门大学出版社

社　　址	厦门市软件园二期望海路 39 号
邮政编码	361008
总　　机	0592-2181111　0592-2181406(传真)
营销中心	0592-2184458　0592-2181365
网　　址	http://www.xmupress.com
邮　　箱	xmup@xmupress.com
印　　刷	厦门集大印刷厂

开本	720 mm×1 000 mm　1/16
印张	14
插页	2
字数	245 千字
版次	2021 年 3 月第 1 版
印次	2021 年 3 月第 1 次印刷
定价	55.00 元

本书如有印装质量问题请直接寄承印厂调换

厦门大学出版社
微信二维码

厦门大学出版社
微博二维码

◎ 总　序

"百年大计,教育为本;教育大计,教师为本。"教师队伍建设是教育质量提升的关键。2018年,中共中央、国务院印发《关于全面深化新时代教师队伍建设改革的意见》,吹响了新时代教师队伍建设改革的集结号,提出教师队伍建设改革的目标是"到2035年,教师综合素质、专业化水平和创新能力大幅提升,培养造就数以百万计的骨干教师、数以十万计的卓越教师、数以万计的教育家型教师"。福建省委、省政府牢记习近平总书记"福建没有理由不把教育办好"的殷切嘱托,以高度责任感、使命感,坚持教育优先发展,始终将建设一支师德高尚、业务精湛、结构合理、充满活力的高素质专业化教师队伍作为基础工作,出台了一系列政策措施,激发广大教师投身教育综合改革的积极性、主动性、创造性。福建省教育厅为打造基础教育高层次领军人才队伍,实施"强师工程"核心项目——中小学名师名校长培养工程,旨在培养一批在省内外享有盛誉的名师名校长,促进我省教育高质量发展。

"十三五"期间,福建教育事业紧紧围绕"新时代新福建"发展战略,坚定不移走以提升质量为核心的内涵发展之路,着力推动规模、质量和效益的协调发展,努力让教育改革发展成果更多地惠及民生,让人民群众有更多的获得感。2017年,省教育厅会同财政厅启动实施了"十三五"中小学名师名校长培养工程,在全省遴选培养100名名校(园)长、培训1000名名校(园)长后备人选、100名教学名师和1000名学科教学带头人。通过全方位、多元化的综合培养,造就一批师德境界高远、政治立场坚定、理论素养深厚、教学能力突出(治校能力突出)、教学风格鲜明(办学业绩卓越)、教育视野宽阔、富有开拓创新精神、在省内外有较大影响力的名师名校长,为培育闽派教育家型校长和闽派名师奠定基础,带动和引领全省中小学教师队伍建设,为推进我省基础教育优质均衡发展、办好人民满意教育,为"再上新台阶、建设新福建"提供有力的人才保障。

为扎实推进福建省"十三五"中小学名师名校长培养工程,保障实现预期培养目标,福建教育学院作为本次名师名校长培养工程的主要承担单位,自接到任务起,就精心研制培养方案,系统建构培训课程,择优组建导师团队,不断创新培养方式,努力做好服务管理,积极探索符合名师名校长成长规律的培养路径,确保名师名校长培养培训任务高质量完成,助力全省名师名校长健康成长,努力将培养工程打造成全省乃至全国基础教育高端人才培养示范性项目。

在培养过程中,我们从国家战略需求、学校发展需求和教师岗位需求出发,积极探索实践以"五个突出"为培养导向,以"四双""五化"为培养模式的基础教育高端人才培养路径。其中"五个突出":一是突出培养总目标。准确把握目标定位,所有培养工作紧紧围绕打造教育家型名师名校长而努力。二是突出培养主题任务。2017年重点搞好"基础性研修",2018年重点突出"实践性研修",2019年重点突出"个性化研修",2020年重点抓好"辐射性研修"。三是突出凝练教学主张(办学思想)。引导培养对象对自身教学实践经验(办学治校实践)进行总结、提炼、升华,用先进科学理论加以审视、反思、解析,逐步凝练形成富含思想和实践价值、具有鲜明个性的教学主张(办学思想)。四是突出培养人选的影响力与显示度。组织参加高端学术活动,参与送培送教、定点帮扶服务活动,扩大名师名校长影响。五是突出研究成果生成。坚持研训一体,力促培养人选出好成果,出高水平的成果。

"四双":一是双基地培养。以福建教育学院为主基地,联合省外高校、知名教师研修机构开展联合培养、高端研修、观摩学习。二是双导师指导。按照理论联系实际原则,为每位培养人选配备学术和实践双导师。三是双渠道交流。参加省内外及境外高端学术交流活动,积极承办高水平的教学研讨活动,了解教育前沿情况,追踪改革发展趋势。四是双岗位示范。培养人选立足本校教学岗位,同时到培训实践基地见学实践、参加送培(教)活动。

"五化":一是体系化培养。形成"需求分析—目标确定—方案设计—组织实施—效果评估"的培养链路,提高培养专业化、精细化、科学化水平。二是高端化培养。重视搭建高端研修平台,采取组织培养人选到全国名校跟岗学习、参加国内高层次学术会议和高峰论坛、承担省级师训干训教学任务等形式,引领推动名师名校长快速成长。三是主题化培养。每次集中研修,都做到主题鲜明、内容聚焦,坚持问题导向和结果导向,努力提升培养的针对性和实效性。四是课题化培养。组织培养对象人人开展高级别课题研究,以提升理性思维、学术素养和科研水平,实现从知识传授型向研究型、从经验型向专家型的转变。五是个性化培养。坚持把凝练教学主张(办学思想)作为个性化培养的核心抓手,引导培养人选提炼形成系统的、深刻的、清晰的教育教学"个人理论"。

通过三年来的艰苦努力,名师名校长培养工作取得了显著成效,积累了丰硕成果,达到了预期目标。名校长培养人选队伍立志有为、立德高远的教育胸襟进一步树立,办学理念、政策水平和管理能力进一步提升,立功存范、立论树典的实践引领能力进一步提高,努力实现名在信念坚定、名在思想引领、名在实践创新、名在社会担当。名师培养人选坚持德育为先、育人第一的教育思想进一步树立,教书育人责任感、使命感和团队精神进一步强化,教育理论素养进一步提升,先进教育理念进一步彰显,教育教学实践和创新能力进一步增强,独特教学风格和教学主张逐步形成,教育科研和教学实践均取得了丰硕成果。一是专项研究深。围绕教学主张或教学模式出版了38部专著。二是成果级别高。84位名校长人选主持课题130项,其中国家级6项;发表CN论文239篇,其中核心16篇;53位名师培养人选主持省厅级及以上课题108项,其中国家级7项;发表CN论文261篇,其中核心81篇。三是奖项层次高。3位获2018年教育部基础教育国家级教学成果奖二等奖;15人获得2017年、2018年福建省基础教育教学成果奖,其中特等奖3位、一等奖7位、二等奖5位;1位评上国家级"万人计划"教学名师;34位培养人选评上正高级职称教师;13位获"特级教师"称号;2位获"福建省优秀教师"称号。四是辐射引领广。开设市级及以上公开课、示范课203节;开设市级及以上专题讲座696场;参加长汀帮扶等"送培下乡"活动239场次;指导培养青年骨干教师442人。

教育是心灵的沟通,灵魂的交融,思想的碰撞,人格的对话,名师名校长应该成为教育的思想者。在我省名师名校长培养对象即将完成培养期时,福建教育学院培养基地组织他们把自己的教学(办学)思想以著作的形式呈现给大家,并资助出版了"福建省'十三五'名校长丛书""福建省'十三五'名师丛书",目的就是要引领我省中小学教师进一步探究教育教学本质,引领我省中小学校长进一步探究办学治校的规律,使名师名校长培养对象成为新时代引领我省教师奋进的航标,成为办人民满意教育的先行者。结束,是下一阶段旅程的开始,希望我省名师名校长培养对象不忘立德树人初心,牢记为党育人、为国育才使命,积极投身新时代新福建建设,为福建教育高质量发展再建新功。是为序。

福建教育学院党委书记、教授、博士

郭春芳

2020 年 8 月

◎ 前 言

《普通高中英语课程标准(2017年版)》明确了高中英语课程具有重要的育人功能,其根本任务是发展学生学科核心素养,落实立德树人。那么,如何在英语教育教学实践中落实立德树人根本任务、发展学生学科核心素养呢?笔者认为,"情智英语"教学很好地回答了这个问题。语言能力、文化意识、思维品质和学习能力是英语学科核心素养的4个内涵,而"情智英语"中的"情"和"智"正是对这4个内涵的高度概括和浓缩。"情"涵盖了"文化意识"和"学习能力"的实质内容,而"智"与"语言能力"和"思维品质"紧密关联。在英语教学过程中,教师首先要萌生学生的"情","情"是学生有效、持续学习英语的诱发因素,是形成学生学习能力、培养学生文化意识的内驱力。也就是说,学生有了"情",才有学习英语的源动力,才能树立正确的语言学习认知观,构建稳定的、个性化的语言学习策略观,从而形成和提高英语学习能力。另外,学生有了"情",才有对文化认知、态度和行为的正确价值取向,才能增强家国情怀,坚定文化自信,树立人类命运共同体意识,学会做人做事,成长为有文明素养和社会责任感的人。总之,"情"彰显了英语课程育人价值和功能,体现了英语课程对学生精神涵养的关注和培育。同时,在英语教学过程中,教师要催生学生的"智","智"包含语言认知、思维发展、智慧生成等方面内容,是英语课程教育的重要任务,也是英语学科核心素养的核心内涵。英语教育不仅要育

"人"，还要育"智"。在英语教学过程中，教师既要关注学生"情感""情意""情怀"等因素的培养，又要关注学生的语言认知、思维发展和智慧生成，以提高英语课堂教学的品质和效果。"情智英语"尊重生命、关注个性、崇尚智慧，追求"情感"与"智慧"的和谐统一。"情智英语"教学契合了新课标提出的课程目标和理念，回应了新一轮课程改革对英语教育的期待和呼唤，落实了立德树人和发展英语学科核心素养的任务。

本书由3个部分构成。第一篇探讨了"情智英语"教学主张提出的缘由、理论依据及实现路径，第二篇探讨了"情智英语"教学主张的实践应用，第三篇探讨了"情智英语"教学主张的特征与追求。第一篇分4章：第一章给出了笔者对高中英语教学的思考，第二章给出了"情智英语"教学主张提出的缘由，第三章给出了"情智英语"教学主张的内涵及理论依据，第四章给出了"情智英语"教学主张的实现路径。第二篇分两章：第五章介绍了"情智英语"词汇教学，即群文阅读词汇教学、隐喻思维词汇教学及"放、收、创"思维型词汇教学，第六章介绍了"情智英语"阅读教学。第三篇分两章：第七章给出了"情智英语"的特征——共生性、体验性和深度性，第八章给出了"情智英语"的3个追求——追求"和谐"之美，追求"智慧"之美，追求"生态"之美。

本书引用了大量的文献资料，在此谨对这些文献资料的作者表示感谢。笔者特别要感谢福建师范大学外国语学院黄远振教授，福建教育学院林藩教授、周大明教授的悉心指导。

由于笔者水平有限，书中难免存在错误和不足之处，恳请读者批评指正。

黄胜华

2021年1月10日

目 录
CONTENTS

第一篇 "情智英语"——我的教学主张

第一章 对高中英语教学的思考 ………………………………………… 3

第二章 "情智英语"的提出 ……………………………………………… 6

第三章 "情智英语"的内涵及理论依据 ………………………………… 9
    第一节 "情智英语"的内涵 ………………………………………… 9
    第二节 "情智英语"的理论依据 …………………………………… 18

第四章 "情智英语"的实现路径 ………………………………………… 24
    第一节 关注情感培养,建构生态课堂 …………………………… 24
    第二节 关注情境创设,建构生活课堂 …………………………… 27
    第三节 关注智慧生成,建构思维课堂 …………………………… 30

第二篇 "情智英语"的实践应用

第五章 "情智英语"词汇教学 …………………………………………… 35
    第一节 群文阅读词汇教学 ………………………………………… 39
    第二节 隐喻思维词汇教学 ………………………………………… 92
    第三节 "放、收、创"思维型词汇教学 ……………………………… 140

第六章　"情智英语"阅读教学 ······ 158
- 第一节　巧设课前导入,激发学生"情智" ······ 160
- 第二节　深入文本解读,生成学生"情智" ······ 164
- 第三节　开展实践活动,发展学生"情智" ······ 188
- 第四节　引导迁移表达,展现学生"情智" ······ 191

第三篇　"情智英语"的特征与追求

第七章　"情智英语"的特征 ······ 197
- 第一节　共生性 ······ 197
- 第二节　体验性 ······ 199
- 第三节　深度性 ······ 202

第八章　"情智英语"的追求 ······ 205
- 第一节　追求"和谐"之美 ······ 206
- 第二节　追求"智慧"之美 ······ 208
- 第三节　追求"生态"之美 ······ 211

第一篇

"情智英语"——我的教学主张

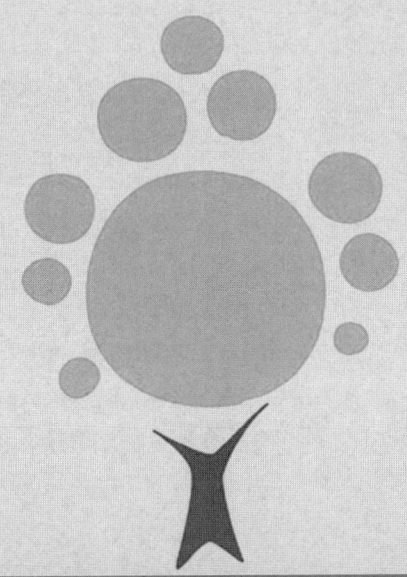

第一章
对高中英语教学的思考

高中英语教学的现状如何？

随着新课程改革的不断推进，高中英语教师的教学理念、教学方式、教学行为和教学效果在不断改善，但根深蒂固的传统教学观念及应试教育的思想残留，仍然在一定程度上影响着广大英语教师。目前，高中英语教学在教学理念、教学行为等方面尚存在不少问题，这些教学理念和教学行为与新课程理念相冲突，甚至背道而驰，严重制约了高中英语教学质量的提高和学生英语水平的进步。

具体而言，当前高中英语教学主要存在以下两方面的问题：

其一，过于重视知识教学，忽视思维能力培养。反观当前高中英语教学，以"知识传授"为本位的教学观念依然盛行，教师把传授英语语言知识视为英语教育的"唯一"目的和"最终"目标，英语教学完全落入了唯知主义的框框，彻底忽视了学生思维能力的培养和智慧的生成。在教学行为上，教师仍然扮演着知识"传递者"的角色，没有引导学生主动建构知识，这是学生思维能力培养落空的主要原因。以"知识传递"为目的的英语教育严重偏离了新课程理念，与新课程提出的学科核心素养培养和发展要求相去甚远。

"为思而教"是教育的应有之义，教育本应成为充满智慧的活动。爱因斯坦说过，"教育的本质不是学习知识，而是训练大脑学会思考"。传统的教学向来就被认为是知识传递的事业，教学的主要内容也被约定为基础知识和基本技能的"双基训练"。传统教学的痼疾，就在于教师过分看重知识的传递而轻视了思维能力的培养。① 学校过分重视学生积累和获得知识资料，以便在课堂问答和考试时照搬。知识作为一种资料，是进一步研究的资本，是必不可少的资源。知识常被视为目的的本身，于是，学生的目标就

---

① 郅庭瑾.为思维而教[M].北京:教育科学出版社,2007:5.

是堆积知识,需要时炫耀一番。这种静止的、冷藏库式的知识理想有碍教育的发展。这种理想不仅放过思维的机会不加利用,而且扼杀思维的能力。①

不少事情告诉我们,唯有当知识被用来开启心智,知识被用于解决问题的时候,知识才能真正找到通向美德的通途,才能够转化为人生智慧的力量。而当知识仍然充塞着教育的全部,占据着教育的中心之时,智慧便只能被驱赶或冷落在边缘,或许偶尔成为教育者口中的目标与心中的梦想,却无法通过实践内化到受教育者的生命中,成为每个人生命的内涵。②在英语教学过程中,唯有通过学生对知识的主动建构,才能达到思维培养和智慧生成的目的。

因此,教师在教学实践中应该充分尊重学生的主体地位,尊重学生的个性特点,引导学生主动、深入地探求知识,并通过设置生动、真实的教学语言情境,营造自由、和谐、愉悦的课堂氛围,激发学生的学习兴趣和热情,诱发学生的思维冲动,从而促进学生思维能力的培养和智慧的生成,同时促进学生其他学科素养的同步发展。

其二,功利教学倾向明显,丧失学科育人功能。当前,在高中英语教学中,应试教育、功利化教学倾向明显,缺失了对学生情感态度、情意因素的培养,忽略了学生的价值观、个性化教育及独立人格的塑造,丧失了英语学科育人功能。"在传统教学中,与忽视学生思维发展相并行的另一个严重的问题就是学生的人格被忽视,人的价值和人的地位不受重视。""教育只有在尊重、培养学生的独立人格的基础上,唤醒、激发起学生的自主性,致力于培养学生的主体能力和主体人格,才会使学生由自在的主体转变为自由的主体,从而以积极的态度参与到自身的发展与建构中来,其创造性潜能的充分挖掘和发挥才会成为可能。因此,独立人格的塑造是教育的最重要内容。没有独立人格的养成,教育培养的人只能是不完整、不完善的人。"③

在目前高中英语教学中,"考试"成为教师教学的主要依据和方向,所有教学内容都功利化地指向"考试"这一中心。为追求暂时的教学效果,教师宁愿违背英语语言教学规律而选择所谓的教学"捷径","填鸭式教学"大行其道,知识零散化、浅层化、碎片化教学现象普遍存在。这种"填鸭式"的

---

① 杜威.民主主义与教育[M].王承绪,译.北京:人民教育出版社,1990:168.
②③ 郅庭瑾.为思维而教[M].北京:教育科学出版社,2007:13-17.

应试化教学根本没有把学生放在教学的中心位置,学生被视为应试的工具、知识的"接收器",在教学中学生的个性完全被忽视,导致学生学习主动性和学习热情的丧失。在自主性和个性得不到尊重的情况下,学生还能主动去思考、主动去探索解决问题的途径吗?没有独立的人格,没有积极的情感,学生是不可能发展思维的,更谈不上把所学知识转化成智慧,最后把智慧化为德性,树立正确的世界观、人生观和价值观。

　　同时,这种功利性教学又何以培养学生的人文精神呢?而培养学生的人文精神是英语学科的重要内容和使命。在高中英语教学中,课堂是教育的主阵地,不仅承载着语言知识的传授与智慧的开启功能,更担负着学生身心的训育和人身境界的提升任务。事实上,英语是运用最广泛的语言。英语学科有其独特的学科特点,英语语言的背后有浩瀚的历史、悠久的文学、多姿的文化。高中英语教师如果能够利用英语文化润泽学生的精神世界,那么可以说这是一份取之不尽的人文资源,其可以发挥其他学科无法替代的作用。同时,在这个倡导开放的年代,人们都有瞭望世界的原始渴望。因此,高中英语教学更具备其他学科在人文精神涵养上难以匹敌的独特优势。[①] 那么,在高中英语教学中怎样才能实现人文精神培育任务呢?就人文教育而言,其过程首先是"感染"。它要求教育者在课堂上以思想点燃思想,以平等造就平等,以宽容培养宽容。其次,它还意味着要发掘诱导学生精神世界中本身潜藏的自由精神,注重在教学中充分尊重学生的个性。[②] 因此,人文精神只有在自由、平等、和谐、愉悦的教学环境和学习氛围中才能得以萌发和培育。而阅读是培育人文精神的最好途径,学生在阅读中读自己,发现自己或检查自己,这是一个自我成长的过程,也是一个人文教育的过程。在英语教学中,教师除利用教材中的阅读语篇开展人文教育外,还应引导学生通过广泛、大量地阅读课外读物,拓展知识和文化视野,提高审美和鉴赏能力。显然,这是以"知识灌输"为导向的功利化教学难以做到的。

[①] 周宏伟.高中英语课堂渗透人文精神研究[J].成才之路,2019(14):20-21.
[②] 王洁清.高中英语教学中人文精神的培养[J].杂文月刊:学术版,2016(3):51.

第二章
"情智英语"的提出

　　古人云:"亲其师,信其道。""知之者不如好之者,好之者不如乐之者。""夫缀文者情动而辞发,观文者披文以入情。"这些均说明教学离不开情感,没有情感的教学是不成功的教学,没有情感的教学是没有魅力的教学,没有情感的教学是不能真正深入学生内心世界的教学。① 苏联教学论专家斯卡特金指出:"我们建立了很合理的、很有逻辑性的教学过程,但它给积极情感的食粮很少,因而引起了很多学生的苦恼、恐惧和别的消极感受,阻止他们全力以赴地去学习。"美国教育学家布鲁姆说过:"一个带着积极情感学习课程的学生,应该比那些缺乏热情、乐趣和兴趣的学生,或者比那些对学习材料感到焦虑和恐惧的学生,学习得更加轻松,更加迅速。""情感是认知活动的催化剂,情感沟通是教育最原始的特征之一,是教学成功的最高水准,也是成功教师教育水平的重要标志。师生双方的情感沟通是教育的必由之路,而且是伴生性的。师—生的沟通容易接近和进入学生的心理状态,生—师的沟通容易认同教师的情感世界和精神境界。师生之间情感互动的基础是师生关系(teacher-student relationship)。"②

　　由此可见,情感在教育教学中的地位和作用不容忽视。情感是认知发生的基础和催化剂,是知识建构的一个不可或缺的因素。情感是师生之间发生的一切教育教学活动和行为的纽带,是教育教学活动顺利开展和实施的"润滑剂"。从更宽泛的意义说,情感还包括"情意"的含义。"学习过程是以人的整体心理活动为基础的认知活动和情意活动相统一的过程。认

---

　　① 孙双金.情智教学的探索与经验[J].学校管理,2004(4):28-29.
　　② 黄远振,陈维振.中国外语教育:理解与对话——生态哲学视域[M].福州:福建教育出版社,2010:169.

知因素和情意因素在学习过程中是同时发生、交互作用的。"①。什么是"情意因素"？我们发现，大多数研究者是这样定义"情意"的："情意"就是一种非智力因素，一个人的兴趣、态度、价值观都属于情意领域，情意就是认知领域和动作技能领域以外的、和情感联系比较紧密的那些内容，如兴趣、动机、态度、习惯、品德、意志力等。学习活动不仅需要思考、记忆、想象等认知因素的参与，也需要学习兴趣、自信、习惯、意志力等情意因素的促进与推动，两者相互交织，相互作用，缺一不可。因此，在教育、教学过程中，教师要重视对学生情意因素的培养。在英语教学中，培养学生情意因素显得尤为重要。英语是一门语言类学科，语言知识繁杂而枯燥，缺乏学习的兴趣、信心、意志等情意因素，学生是很难学好英语和坚持学习英语的。总之，情感和情意是认知的决定因素，影响着认知的发生与进程。

怀特海说："一个不重视智慧训练的民族是终究要灭亡的民族。"人民教育家陶行知认为知识是通过外在获取的，而智慧是个体内在生成的。知识不等于智慧，但智慧统帅知识！在当今知识爆炸时代，教师仅教知识是肯定不行的，教师要通过开启学生智慧之门，去引导学生自己获取知识，生成智慧。② 面对一个创新精神被极度张扬的时代，我们的教育目标已经定位于培养"具有创新精神和实践能力"的人。而在这样一个时代，一个不会思考的人，一个不具备经由个人创造性思维解决问题能力的人，纵然学富五车，精通"百科全书"，也并非这个时代所需要的人才。所以，强调知识和思维作为教育应该兼顾的两个维度和层面，以适当的知识积累为基础，在与知识打交道的过程中发展学生的思维能力，应当成为当前教育改革理念的必然选择。传统教学的痼疾，就在于教师过分看重知识的传递而轻视思维能力的培养，教师过多地控制了学生的思维而剥夺了学生自由发展的精神空间。知识被误解为教育的目的，这是一个教育的普遍性问题。教育的最终目的，不是培养鹦鹉学舌的模仿者，而是培养能够独立思考的创造者。学生的思维能力是通过各门课程的学习和整个教学过程逐步培养起来的，即思维能力的发展本是教学的题中应有之义。然而，我们的教育和教学似乎没有承担起这个应负的责任。③

---

① 朱继平.高中英语教学的情意因素在认知因素中的融合[J].文教资料，2013(11)：190-192.
② 孙双金.情智教学的探索与经验[J].学校管理，2004(4)：28-29.
③ 郅庭瑾.为思维而教[M].北京：教育科学出版社，2007：5.

心理学研究表明，人的情感和智慧有着密切的关系，当人处在平等、民主、宽松的学习氛围中，思维灵动，智慧的火花能不断闪现。尤其当人处在兴奋状态之下，往往会灵感涌动，妙思联翩，层叠不穷。相反，人如处在压抑、恐惧的学习状态下，往往思维之门紧闭，大脑一片空白，茫然不知所措。① 情感和思维的培养是英语教学的重要任务和目标，英语教学缺乏情感和思维就如同一个躯体没有了血肉和灵魂。一个缺乏情感、意志力、自主性和独立人格的学生是不可能进一步发展认知和思维的；一个没有独立思维的学生是不可能进一步丰富自己的情感世界和完善自己人格的。教育的终极目的是把学生培养和发展为一个完整的主体，一个有高尚人格的人。新一轮课程改革呼唤英语学科教育的深刻变革，呼唤有情感、有生命、有思维的英语课堂，呼唤以实现"人格与思维的互构"为目的的英语教学，呼吁教师在传授英语基础知识和训练学生基本技能的同时，关注学生独立、健全人格的构建，关注学生英语学习情意因素的培养，关注学生在英语教学过程中思维能力的发展。人格与思维相辅相成，人格健全了，学生才有思维发展的根基；而思维的发展又会反过来促进人格的进一步健全。

"情智英语"教学正是基于以上背景提出的，"情智英语"教学主张追求"情""智"共生、共存，相互促进、和谐发展。在英语教学中，教师应充分挖掘学生情感潜能和智慧潜能，培养学生丰富的情感、健全的人格、创新的思维。情可生智，智能富情，在教学中我们要注意情感先行，以情启智，以智富情，善于构建情智交融的英语课堂，以达到提升英语课堂品质的目的，从而真正实现英语课程的育人目标，切实在英语教学中落实立德树人和英语学科核心素养培养的根本任务。

---

① 孙双金.情智教学的探索与经验[J].学校管理,2004(4):28-29.

第三章
"情智英语"的内涵及理论依据

第一节 "情智英语"的内涵

"情智英语"着眼于"情"与"智"的和谐统一。"情"指情感和情境,"智"指思维和智慧。"情智英语"既关注学生情感品质的培养、完善人格的塑造,又重视学生思维品质的提升和智慧的生成。基于以上概念界定,"情智英语"教学主张的内涵体现在以下4个方面。

一、"情智英语",即"情感英语"

"情",即"情感";"情智英语",即"情感英语"。"智商"与"情商"都源于人的大脑,现代脑科学研究认为每个人都有"两个大脑",即人的头脑既是理智的大脑,又是情感的大脑。两者在通常情况下保持平衡,情感能促进理智操作,理智又能修正甚至否决情感冲动,从而促进人的健全发展,取得事业成功。现代科学研究和无数事例表明,一个人的成功,高智商的作用只占20%。这说明"情商是决定个人命运的最关键因素"。"情商是测定和描述人的情绪情感"的一种指标,它具体包括情绪的自控性、人际关系的处理能力、挫折的承受力、自我的了解程度,以及对他人的理解与宽容。情绪无疑是情商最核心的内容,而情绪是"情感的具体表现"。因此,情感也就是情商最核心的因素。① 情商是情感的产物。人的情感是后天形成和变化的一种心理现象，伴随着人们认识事物的全过程。同样，英语教学活动也不例外。心理学、教育学理论表明：情感是调动学生积极性的根本，起着动力功能和信号功能的作用。教师在培养学生听、说、读、写、译能力的过程中，要使学生变被动学习为主动学习，变被动接受教师授课内容为主动、自觉地参与这一"双边"教学活动，就必须借助情感的力量。通过教师和学生的情感沟通、心灵感应来实现这一目标，教师既要有"晓之以理"的学习目的教育、前途理想教育，又应有"动之以情"的师爱。只有这样才能"以情动人、以理服人"，把情感升华为情商、把情商转化为智商。②

情感是人们对客观事物是否符合自己的需要而产生的态度体验，积极丰富的情感能促进认知的过程，使学生个性品质得到全面发展。情感能推动人的行为、加深理解。情感在教育中的作用，是由教育的本质和特点决定的。语言包含着认知与情感两个部分，情感是语言的内核，没有了情感，语言只是个空架子。Stern 认为，对于第二语言学习，情感的影响至少和认知因素一样大，而且往往更大。Krashen 认为，有了大量适合的输入环境并不等于学生就可以学好目的语，第二语言习得的进程还受到情感因素的影响。学习者在学习动机、态度、信心等情感方面的强弱不同，形成强弱不同的心理障碍。语言输入必须通过这种情感障碍的过滤才有可能变成语言的"吸入"。③ 情感对人的生活产生重要作用，这就是情感的效能。情感效能高的人，能够把各种情感都化为动力。愉快、乐观的情感可以促进积极的学习、工作，即便情感处于悲伤阶段，也能化悲痛为力量。情感效能低的人，虽然其情感体验有时也很强烈，但仅仅停留在体验上，不能付诸行动，即使他们处于愉快、乐观等积极情感中，也只是陶醉，致使行动一再被延迟、停止，甚至放弃，而他们面临悲伤、抑郁等情感时，就不能自拔了。因此，培养学生高效能情感是教育工作者的重要任务。④

---

① 百度文库.情感与语文教学［EB/OL］.（2019-04-13）［2020-03-30］.https://wenku.baidu.com/view/cc6f5093fe00bed5b9f3f90f76c66137ef064f6c.html.

② 王冬梅.英语教学与情感因素［EB/OL］.（2019-08-07）［2020-03-30］.https://wenku.baidu.com/view/9742e1691b37f111f18583d049649b6648d 709ae.html.

③ 陈秀平.关于英语教学与情感研究的理论综述［J］.辽宁行政学院学报，2009(10)：103-104.

④ 百度文库.情感与语文教学［EB/OL］.（2019-04-13）［2020-03-30］.https://wenku.baidu.com/view/cc6f5093fe00bed5b9f3f90f76c66137ef064f6c.html.

"情智英语"首先是"情感英语",情感是学生思维发展和智慧生成的内驱因素,没有积极向上的情感因素存在,学生英语学习是不可能取得成功的。情感的内涵有两个层面:一是学生自身在英语学习过程中形成的情意因素,包括学习动机、态度、兴趣、气质、性格和良好的学习习惯等;二是在英语教学过程中师生之间培育起来的情感,即师生情谊。① 因此,一方面,在英语教学过程中,教师要关注学生学习动机、态度、兴趣、习惯和意志力等情意因素的培养,尤其是学习习惯的培养,因为良好的学习习惯是学生学好英语的决定因素。另一方面,在英语教学过程中,教师要与学生建立良好的师生情感,学生对英语学习的态度和热情与他们和教师之间建立的情感相关联,教师与学生之间的情感是正面的,学生则会乐学、善学英语;教师与学生之间的情感是负面的,学生则在英语学习上有厌学或弃学行为。英语教学过程始终伴随着情意、情感的传递活动。英语教学和情意、情感因素密切相关,它们相互作用、相互影响。情意和情感因素的形成和培养是学生认知和思维发展的前提,而学生认知与思维能力的提升又反过来促进情意、情感因素向高一层次和水平发展。所以在英语教学实施过程中,教师既要重视培养学生自身的情意因素,又要注重培育师生之间的情感,以确保学生在英语学习过程中有稳定的、持续的学习兴趣和学习热情,从而促进英语教学顺利而有效地开展。

二、"情智英语",即"情境英语"

"情",即"情境";"情智英语"即"情境英语"。情境与情景同义,《现代汉语词典》(第7版)释为(具体场合的)情形,景象。从概念中可以看出,无论是什么情形、景象,都必须是具体的,具体可感性是情境的特质。心理学认为,情境是对人的直接刺激作用,有一定的生物学意义和社会学意义的具体环境。情境在激发人的某种情感方面有特定的作用,如在山野中听到虎啸和在公园里听到虎啸人的感觉是有很大区别的。因此,我们说情境是指对人引起情感变化的具体的自然环境或具体的社会环境。②

---

① 刘元振,东维佳.英语教学的情意、情感和情境探析[J].文科爱好者:教育教学版 2016(1):85.

② 道客巴巴.情境教学的含义及意义[EB/OL].(2012-05-30)[2020-04-01].http://www.doc88.com/p-308363202905.html.

情境是学生参与学习的具体现实环境。语言是交际的工具,是客观情境的反应,没有情境就没有语言的意义,语言的交流活动离不开语言情境。所谓语言情境,即情景和语境,指用语言进行听、说、读、写时相互交流信息的社会环境。任何有意义的、任何形式的语言交流都是在特定语言环境中进行的。语言只有通过交际活动才能真正被掌握,交际是学习语言的目的,而情境是交际活动的基础。由于情境还决定语言表述的内容和意义,因此创造良好的语言情境既是语言学习的基础,又是语言学习的途径。①

情境和语言密切关联,没有情境,语言学习就没有意义。"语言是鱼,语境是水。语言应结合语境来学。"②语境是语言学习的重要依托,语言学习只有在语境中才能真正达到学习效果。"从生态世界观看,语言教学是一种整体活动。整体语言教学有四个原则:整体性原则,社会性原则(把语言教学与学生现实活动联系起来),发展能力性原则和真实性原则(学生的一切能力都是在真实的语言事件和语言活动的语境中获得的)。"③"情境"可以在教学活动中起很大作用,它可以让学生在不知不觉中学到知识,又感受到美;它架起了一座直观到抽象、感性到理性、教材到生活的桥梁;它解决的是学生认识过程中的形象与抽象、感性与理性以及旧知与新知的关系和矛盾。其意义有以下几点:

其一,学习的过程不只是被动地接受信息,更是理解信息、加工信息、主动建构知识的过程。这种建构过程需要新、旧经验,需要通过新、旧经验的相互作用来实现,适宜的情境可以帮助学生重温旧经验、获得新经验,可以提供丰富的学习素材和信息,有利于学生体验知识的发生和发展过程,有利于学生主动地探究、发散地思考,从而有利于学生认知能力、思维能力的发展,使学习达到比较高的水平。

其二,适宜的教学情境不但可以提供生动、丰富的学习材料,还可以提供在实践中应用知识的机会,促进知识、技能与体验的连接,促进课内向课外迁移,让学生在生动的应用和活动中理解所学的知识,了解问题的前因后果和来龙去脉,进一步认识知识的本质,灵活地运用所学的知识去解决

---

① 解芳.基于情境认知理论的大学英语情境教学[J].课程教育研究,2014(23):21,66.
② 王初明.外语是怎样学会的[M].北京:外语教学与研究出版社,2010:55.
③ 黄远振,陈维振.中国外语教育:理解与对话——生态哲学视域[M].福州:福建教育出版社,2010:108-109.

实际问题,增长才干。

其三,认知需要情境,情境促进认知。知识总是在一定的情境中产生和发展的,具有情境性。脱离了具体的情境,认知活动的效率是低下的。适宜的情境不但可以激发学生学习的兴趣和愿望,促进学生情感的发展,而且可以不断地维持、强化和调整学习动力,促使学生主动地学习,更好地认知,对教学过程起导引、定向、支持、调节和控制作用。

其四,教学情境是情感环境、认知环境和行为环境等因素的综合体,好的教学情境总是有着丰富和生动的内容,不但有利于学生全面发展,也有利于学生个性的发展。①

综上所述,"情境"在英语教学中的作用和地位不容忽视。情因境生,境为情设,"情境"是情与境的和谐统一。学生是在情境中产生对学习的情感和兴趣的,离开了情境意味着学生的学习是在情感缺失的状况下进行的,而没有情感的学习注定是低效和无意义的。置学生于适切的语言情境中学习,有利于学生情意和情感因素的培养,有利于学生思维的活跃和智慧的生成。倡导在"情境"中实施英语教学是"情智英语"教学主张的一个重要内涵。"情智英语"教学主张"学生中心取向"的情境认知理念和思想,学生是认知学习的主体,在教学过程中,学生不是完全受控于教师,而是主动地加工、建构意义和理解;学生不是通过死记硬背或被动接受掌握知识,而是通过主动参与、主动思考和探究建构知识。"情智英语"教学主张教师在教学实施的过程中,正确理解和把握学生认知的科学规律,创设有效的外部教学情境,给学生提供各种活动机会去建构对知识的深层理解,从而促进认知的自然、有效发生。

三、"情智英语",即"思维英语"

"智",即"思维";"情智英语"即"思维英语"。人类将自己对情感信息的处理过程,称为"思维"。思维的特征包括概括性、间接性,思维是对经验的改组。"思维的概括性"是指在大量感性材料的基础上,把一类事物共同的特征和规律抽取出来加以概括。概括水平在一定程度上表现了思维的水平。另外,概括是人们形成概念的前提,也是思维活动能迅速进行迁移

---

① 道客巴巴.情境教学的含义及意义[EB/OL].(2012-05-30)[2020-04-01].http://www.doc88.com/p-308363202905.html.

的基础。概括是随人们认识水平的深入而不断发展的。人们的认识水平越高,对事物的概括水平也就越高。"思维的间接性"是指人们借助于一定的媒介和知识经验对客观事物进行间接的认识。由于思维的间接性,人们才可能超越感知觉提供的信息,认识那些没有直接作用于人的感官的事物和属性,从而揭示事物的本质和规律。从这个意义上讲,思维认识的领域要比感知觉认识的领域更广阔、更深刻。"思维是对经验的改组"是指思维是一种探索和发现新事物的心理过程,它常常指向事物的新特征和新关系,这就需要人们对头脑中已有的知识经验不断进行更新和改组。思维活动常常是由一定的问题情景引起的,并试图解决这些问题。所以思维不是简单地再现经验,而是对已有的知识经验进行改组、建构的过程。①

杜威在《我们怎样思维·经验与教育》一书中详尽地论述了思维的价值:(1)思维使合理的行动具有自觉的目的;(2)思维可能做出有系统的准备和发明;(3)思维使事物的意义更充实。我国古代学者很早就意识到思维的重要性,更充分意识到思维在教育中的重要性,如"学而不思则罔,思而不学则殆";《学记》中的"君子之教,喻也。道而弗牵,强而弗抑,开而弗达。道而弗牵则和,强而弗抑则易,开而弗达则思。和易以思,可谓善喻矣"。思维无论是对我们的生活、学习,还是科学的发展,乃至整个人类的发展价值都是巨大的,然而这种价值本身不能够自动地成为现实,思维同样也需要细心而周到的教育的指导。②

思维是可视的,也是可教的。一方面,思维是可视的。思维可视化教学体系是将思维可视化技术与学科教学实践进行深度整合构建起来的一个旨在变"知识灌输型"教育为"思维发展型"教育的新教学体系,它为系统提高我们的教学效能找到了新支点和新路径。③ 教师可以借助思维导图、模型图、流程图、概念图等图示技术将隐性思维可视化,以促进学生对语言知识的认知。另一方面,思维是可教的。教育应成为充满智慧的活动。一个人的思维方式的形成,是多种因素共同影响的复杂结果。这些因素包括教育的经历、训练的活动、他人的影响、个人的经验等。其中,教育的经历

---

① 百度知道.思维的概念和特征[EB/OL].(2019-12-21)[2020-04-03].https://zhidao.baidu.com/question/362092898.html.
② 黄娟.思维教学的意义与实施初探[J].教育前沿:理论版,2008(3):31-32,19.
③ 刘濯源.思维可视化教学体系对基础教育品质提升的多重价值[EB/OL].(2016-08-22)[2018-08-22].http://blog.sina.com.cn/s/blog_8198fbc70102xihs.html.

对人的思维方式的影响尤其不可忽视。这些年来,社会各界对于国人的创造能力的深重忧虑,以及继之引发的对于教育培养人的创新精神的集体诘问,实际上是对我国教育在今天这样一个个性张扬、创新凸显时代所遭遇的思维培养缺位或智慧养成乏力问题的全面清理。① 为知识而教无法适应当今教育的发展趋势,为思维而教才是核心。知识本身是存在价值的,但是当知识可以发挥出其价值的时候,知识在这方面的价值才是课堂教学应该重视的,在解决问题的过程中知识得以应用,此时知识将发挥它的思维训练价值。当今知识经济和信息化社会的发展对人们思维能力、创新能力的要求越来越突出,导致知识教学在这方面的弊端却越来越明显,因而从传统教学走向思维教学在我国是迫在眉睫的事情。大量显而易见的事实和科学研究成果已经证明:思维是可以通过多种灵活多变的方式教会的,并且思维在教育教学中有着重要的意义。哈佛大学戴维·珀金斯说,"日常思考,就像日常走路一样,是我们自然拥有的本领。但是,良好的思维,就像百米赛跑一样,是一种技术运动。短跑运动员必须要接受科学的训练,学会怎样去跑百米赛。而良好的思维也要通过良好的教育,需要大量的训练来发展我们的思维"②。

思维是"情智英语"教学主张的一个重要内涵。在英语教学中,教师既要关注学生英语学习过程中情意因素的培养、语言的认知学习,同时又要关注学生思维品质的发展,以提升英语课堂的品质和效果。我们一谈到思维,往往想到的是自然学科,认为只有在自然学科的课堂里才能培养学生的思维能力。但语言与思维也是密不可分的,两者存在千丝万缕的联系。"语言和思维互为存在,是同时产生的。""语言是思维的工具,思维是用语言进行的。"当前,我们的英语教学和英语课堂普遍存在思维缺位现象,教师对学生思维能力的培养或重视不够,或缺乏有效的培养策略。知识传授和知识学习成了英语教学和英语课堂的唯一目标。这种思维缺位的英语课堂与新课程理念背道而驰,与聚焦立德树人和学科核心素养的英语课堂严重脱节。"情智英语"教学主张构建情智交融的英语课堂,关注学生在课堂教学过程中思维品质的提升和培养,关注学生学会运用思维解决复杂问题、建构知识体系。

---

① 郅庭瑾.为思维而教[M].北京:教育科学出版社,2007:4.
② 叶辰.为思维而教:关注智慧的生成[J].亚太教育,2016(32):64,63.

四、"情智英语",即"智慧英语"

"智",即"智慧";"情智英语"即"智慧英语"。孔子说,"智者乐水,仁者乐山"。这句话告诉我们,智慧具有流变、灵动的特性。人们再给它罩上神秘的外衣,往往使智慧变得虚无缥缈,只可意会不可捉摸。因此,至今智慧都未有统一的定义。其实,智慧定义的这种未完整性和不确定性,正是智慧的魅力所在,也给我们研究智慧留下了空间。北京师范大学王梓坤教授认为:智慧在于人对客观世界和人生两方面的深刻的理解以及透彻的领悟,"智慧"其实是"理解"再向前走几步到"领悟"。成尚荣教授也综合了古今中外有关"智慧"研究的论述,得出这样的观点:"智慧是一种整体品质,它在情境中诞生和表现,以美德和创造为方向,以能力为核心,以敏感和顿悟为特征,以机智为主要表现形式,科学素养与人文素养的结合赋予它底蕴和张力。"这样,智慧有虚有实,虚中有实,实中有虚,演绎着人世间一切美妙无比的事物,创造着教育教学动人的诗篇。简而言之,智慧就是知识、能力和美德的综合体。早在民主革命时期,教育家陶行知先生就极力推崇智慧教育,并指出:"智慧是生成的,知识是学来的。"[①]

新课程理念认为,课堂教学不是简单的知识学习过程,它是师生共同成长的生命历程,是不可重复的激情与智慧综合生成的过程。成尚荣教授指出:"课堂教学改革就是要超越知识教育,从知识走向智慧,从培养'知识人'转为培养'智慧者',用教育哲学指导和提升教育改革,就是要引领教师和学生爱智慧,追求智慧。"智慧课堂是以完善学生的人格成长、促进学生的智慧发展、提高学生的综合素质为目标的理想课堂。按照现代课程理念,智慧课堂要求在课堂教学中注重让学生"感受过程,习得规律,发展智慧"。[②]针对知识课堂教学而提出的智慧课堂教学,是指智慧课堂中的教学内容、教学方式、教学策略等以学生的智慧发展为价值追求,以教师的教学智慧为根本条件,建立在教师独特的课程认识的基础上,在教学设计、教学实施以及教学评价中体现"转识成智",促进学生智慧成长的教学过程。教学理念不仅是对教学的理性认识,而且也是对教学的理想追求,是理性认识与价值追求的统一,它是教师在教学实践中形成的教学价值取向,是一

[①②] 百度知道.什么是智慧课[EB/OL].(2017-03-05)[2020-04-04].http://www.360doc.com/content/17/0305/18/28290083_634206811.shtml.

种具有相对稳定性、延续性和指向性的教学认识和教学理想的观念体系。①

　　教育智慧是教育者的思想、方法、技能、手段的智慧体现。南京师范大学吴永军教授曾说过，教育智慧简单地讲就是在教育过程中表现出来的能成功解决实际的具体问题的能力和德性。教育智慧是教育思维和教育情感互动的产物，思维是智慧的核心，情感是智慧的酵母。田慧生认为：教育智慧是良好教育的一种内在品质，表现为教育的一种自由、和谐、开放和创造的状态，表现为真正意义上尊重生命、关注个性、崇尚智慧、追求人生幸福的教育境界。教育智慧主要是通过教师的教育教学行为来体现的，从这一角度来看，教育智慧在教育教学实践中主要表现为教师对于教育教学工作的规律性把握、创造性驾驭和深刻洞悉、敏锐反应以及灵活机智应对的综合能力。②

　　传统的教学论把教学当成特殊的认识过程，其主旨在于课堂教学是一种游离于实践而又局限于教材领域内特殊的认识过程。其实，课堂教学应该是教师传播或点拨知识本身的意义，并让学生把它们转化为自身持续发展的能量——智慧的活动。课堂教学既是一种认知成长的过程，也是一种与经验实践相关的活动。③ 因此，智慧课堂的教学过程强调师生在认知和情意方面的交往和情感与人格方面的沟通交流，即教学过程是一个师生的情感与智慧交流共生的过程，是一个以情换情、以智启智、情智交融的过程。④ 同样，英语教育不仅要育"人"，还要育"智"。"情智英语"教学尊重生命、关注个性、崇尚智慧，追求"情感"与"智慧"的和谐统一，追求学生"独立人格"的塑造，同时追求学生"智慧"的发展。智慧是"情感"与"思维"的产物，"思维"是智慧的核心。"情智英语"教学过程始终关注学生情感、情意因素的培养，重视引导学生在学习实践活动中运用创新思维去自主体验和探究知识，形成自主学习能力和个性化的学习策略，形成能够解决实际问题的能力，最终促成学生智慧的生成和人格的塑造。"情智英语"教学以"全人格"教育为最高理念和终极目标，在培养学生认知能力的基础上，逐

---

　　① 韩延明.理念、教育理念及大学理念探析[J].教育研究,2003(9):50-56.
　　② 百度知道.什么是智慧课[EB/OL].(2017-03-05)[2020-04-04].http://www.360doc.com/content/17/0305/18/28290083_634206811.shtml.
　　③ 潘久武,李明华.聚焦:课堂教学的反思与重构[J].上海工会管理干部学院学报：工会理论研究,2005(6):43-45.
　　④ 吴晓静,傅岩.智慧课堂教学的基本理念[J].教育探索,2009(9):11-13.

步实现从知识向智慧的转化,开发学生的思维能力和创造能力,最后把智慧转化为德性,使学生成为具有"全人格"的人。

第二节 "情智英语"的理论依据

一、人本主义心理学理论

20世纪60年代以来,人本主义作为心理学的第三势力崛起,力陈认知心理学的不足在于把人当作"冷血动物",即没有感情的人,主张心理学要想真正成为关于人的科学,应该探讨完整的人,而不是把人分割成行为、认知等从属方面。人本主义心理学家认为,真正的学习涉及整个人,而不仅仅是为学习者提供事实,真正的学习经验能够使学习者发现他自己独特的品质,发现自己作为一个人的特征。人本主义心理学家代表罗杰斯(Carl R. Rogers,1902—1987)为促进学生的学习环境而构建了一种非指导性教学模式,以解决学生情感问题为目标。罗杰斯认为,教师要发挥"促进者"作用,关键不在于课程设置、教师知识水平及视听教具,而在于"促进者和学习者之间的人际关系的某些品质"。

人本主义心理学派提出的教学观和主张,尤其是因发展了心理治疗体系而闻名的罗杰斯的"以学生为中心"的人本主义教育理论,不仅对传统的教学理论发出了强力的挑战,也给人们带来了新的思考。其基本内容如下所述。

(一)强调人的因素和"以学生为中心"

罗杰斯强烈抨击传统教育不能使学生适应变化的社会,导致学生知情分离等弊病;指出学校应该"培养出真正的学生,真正的学习者,创造性的科学家和学者,实践家,以及这样一种人:在现时所学到的东西和将来动态的、变化的、变幻莫测的问题及事实之间,他们能生存于一种美妙的但又是不断变化的平衡之中"。因此,学校教学的基本目的是促使学生在教师的帮助下激发自己高层次的学习动机,充分发挥自己的潜能和积极向上的自我概念、价值观和态度体系，从而使学习者能够自己教育自己，最终把他们培养成人格充分发挥作用的人。

（二）主张意义学习和自发的经验学习

罗杰斯描述他的"以学生为中心"的教学观的特征时，经常使用"意义学习"这个术语。他认为，意义学习提倡对知识的灵活理解，而不是消极地接受。这种学习要求学生能在相当大的范围内自行选择学习材料，自己安排适合自己的情境，提出自己的问题，确定自己的学习进程，关心自己的选择结果。此外，罗杰斯还用"自发的经验学习"描述他所提倡的这种学习类型。

（三）促进学生会学习并增强适应性

罗杰斯认为，知识是否被掌握，所学的知识是否系统，对学生来说并不是举足轻重的。教学过程的重心是"学会学习"。在教学中至关重要的是帮助学生获得知识、信息和个人成长，这些将使他们更加建设性地应对"现实世界"。而这根本不是凭借教师对知识的传授就能实现的。传统教学，只是给学生一些一成不变的很快就会陈旧过时的事实材料，并不帮助学生学会学习，因而使学生不能有效地应对社会变动带来的严峻挑战。

（四）倡导学生自我评价

人在一生中伴随着各种各样的外部评价，它们左右着人们的行为和生长方向。在教学过程中，罗杰斯对这种外部评价模式持反对态度，从而倡导学生自我评价。他认为学生是处于学习过程中心的人，只有他自己才清楚地知道他是否已做出了最大的努力，才能发现哪些方面失败了，哪些方面成果累累。自我评价在学生的学习活动中具有十分重要的作用，这种作用的本质就是使学生为自己的学习承担责任，因而能使学习更加主动，更加有效和更加持久，意义学习就自然而然出现了。[①]

[①] 百度文库.人本心理学的产生背景及主要理论[EB/OL].(2015-03-04)[2020-04-05].http://www.360doc.com/content/15/0304/16/13091393_452523084.shtml.

二、情境认知理论

情境认知(situated cognition)是继行为主义的刺激—反应理论与认知心理学的信息加工理论之后,与建构主义大约同时出现的一个理论派别。刺激—反应学习理论试图从行为的强化训练来解释复杂的人类学习,信息加工理论则将学习看作完全依靠规则和信息描述的认知,仅仅关注有意识的推理和思考。情境认知理论正是着眼于克服和突破刺激—反应学习理论与信息加工理论的失误和局限而产生的一种学习理论。在情境认知理论看来,理论并不优于实践,理论与实践是平等的,理论甚至先于实践。由此,实践不能独立于学习之外,知识以及知识的意义也不是与实践和情境相分离的,而是在实践和情境中协商建构起来的结果。① 情境认知理论认为,知识存在于个体和群体的行动之中,当个体参与到新的情境中并在新情境中进行协商时,知识就产生了。该理论"不是把知识作为心理内部的表征,而是把知识视为个体与社会或物理情境之间联系的属性以及互动的产物"。情境学习就是在情境脉络中学习知识与技能,这种情境脉络反映了知识在真实情境中的应用方式。学习既是个体性建构意义的心理过程,也是社会性的、工具中介的知识合作建构过程。有意义的学习是有意图的、复杂的,是处于它所发生的情境脉络之中的。也就是说,情境学习就是在真实的情境中、在实践共同体中、在行动中、在合作中、在互动中、在反思中,协商和构建知识的意义和学习者身份的过程。②

当我们将深度学习置于情境认知理论的视角下加以把握时,其中有3个关键词很重要:一是"行知交互"。知识是情境化的,知识的意义镶嵌于特定情境和特定情境的实践之中。学习是特定情境中的实践参与。二是"边缘性参与"。这里的"参与"是指作为学徒或新手,学习者应该在知识产生的真实情境中,通过与专家、同伴的互动,学习他们为建构所做的事情。所谓"边缘性参与",则是指作为特定情境下的实践参与者,学习者必须是共同体中的"合法"参与者,而不是被动的旁观者,同时他们的活动也应该

---

① 新浪博客.情境认知:深度学习的重要理论基础[EB/OL].(2019-06-14)[2020-04-05].http://blog.sina.com.cn/s/blog_86c17a440102yssf.html.

② 常海潮.基于情境认知理论的英语课堂教学设计原则[J].教学与管理:理论版,2012(9):97-99.

是在共同体工作的情境中进行的。说得再明白一点,"边缘性参与"是指作为新手的学习者部分地、不充分地参与共同体的活动。三是"实践共同体"。在情境认知理论中,实习场的创建致力于让学生遇到的问题情境和进行的实践与今后校外的情况是一致的,实践共同体的创建则是让学生作为一个共同体成员通过合法的边缘性参与建构意义和身份。正是在实践共同体中,学生有机会沿着从旁观者、同伴到成熟实践的示范者这个轨迹前进。不管是在实习场还是实践共同体中,学生都有机会通过实践积极参与合作和交流。情境学习理论对于"人类如何学习,学习如何发生"的疑问有了新的回应:学习发生在情境之中,是一个合法参与实践共同体的过程。通过分析"认知学徒制""实践共同体""合法的边缘性参与"这3个核心概念,剖析情境学习理论的内在机理,继而诠释情境学习理论对学习的认识——学习是一个参与情境的过程,并指出有利于学习发生的情境是一种真实的社会情境、实践情境和文化情境。创设学习情境是关系到教学效果的重要环节。学习情境是与知识内容相适切的、内在地包含问题的社会生活事件,应当具有悬疑性、生活性、真实性、复杂性、典型性、情感性、主体性、可变性等特征。[1]

三、生态教学观

西方教育家高夫(Gough)提出生态教学观理论,呼吁转变课堂范式、加强"生态素养";德·波诺(Edward de Bono)提出知觉的生态理论强调对课堂生态的关注,提出"生成性思维"(generative thinking)。生态教学观的内涵核心是以人为本,以发展为本,以生态为本。[2] 生态教学观提倡批判型知识观,对知识的客观性和确定性产生了质疑,强调知识的动态性。具体而言,知识并不是现实的准确表征或最终答案,而是一种解释或假设;知识不能精确概括世界法则,具体问题中需要有针对性的再创造;知识不能以实体形式存在于个体之外,它的外在形式是在学习中由个体的经验背景重新建构起来,形成内化的"思维中的个体"。基于知识观转变的逻辑,顺理成

---

[1] 新浪博客.情境认知:深度学习的重要理论基础[EB/OL].(2019-06-14)[2020-04-05].http://blog.sina.com.cn/s/blog_86c17a440102yssf.html.

[2] 许冰超.基于生态教学观的中小学英语教育的审视[J].文教资料,2017(16):217-218.

章,学生不可能是被动的信息吸收者,而是意义的主动建构者;外部信息没有意义,意义是通过学习者新旧知识间的相互作用形成的;经验背景的差异导致学生理解的差异,因此沟通与合作在学习中很重要。① 生态课堂是人本主义、生活化的课堂,是一种以学生为主体、以人的发展为第一要务的教学情境,是一种珍视"独立精神,自由之思想"的教育氛围。

生态教学过程与传统教学过程的区别是显著的,基于对知识和学习过程的不同理解,生态教学过程更注重学习主体在学习过程中的作用,而教师则变成了一个协调者和促进者。由于生态教学观坚持学科、权威和学校等"去中心化"的观点,提倡师生对话与交流,承认学习中的差异性,因此生态的教学过程具有不确定性、开放性、互动性等特点。传统的教育模式是教育者按照严格的逻辑顺序安排课堂发展,其进行步骤和过程具有很强的线性特征,但是随着后现代思潮的不断发展,基于传统教学模式的知识观地位已经动摇,批判型知识观深入人心,这必然导致生态教学模式的发展。传统的教学模式崇尚唯一真理,容易导致单一思维和学生的去个性化,对于培养学生的创造性思维是致命伤。生态教学观的不确定性和开放性理念,要求学生从多角度、多侧面,甚至是跨学科对问题进行立体式思考,对于激发学生学习热情,彰显自我学习风格,调动学生内部动力具有神来之笔的作用。生态教学模式提倡师生"对话",极力反对学生"静坐听讲"的模式,鼓励师生平等的、理解的、带有情感的对话。在这里需要提到的是"对话"不是对教师作用的抛弃,而是承认学生是主动学习者,教学不是被动地接受和灌输,从而重构了教师与学生的角色,改变了传统意义上的教学模式,形成生态化教学环境。②

四、思维可视化理论

思维可视化(thinking visualization)是指运用一系列图示技术(概念图、思维导图、模型图、流程图、鱼骨刺图等图示或图示组合)把本来不可见的思维结构、思维方法和思考路径呈现出来,使其清晰可见的过程。被可视化的"思维"更有利于理解和记忆,因此可以有效提高信息加工及信息传递的效能。将思维可视化运用到教学中,存在显性价值和隐性价值,显性价值是可以实现零散知识系统化,隐性价值是能够帮助发展学生的思维能

---

①② 银健.生态教学观下的教学模式浅析[J].教师,2011(11):87-88.

力及激发学生的学习兴趣。①

刘濯源教授提出在课堂中应用思维可视化教学包含5个层面:理念转化层、方法技术层、课程设计层、课堂环境层和效能评价层。

理念转化层:要求教师及学生必须充分认识到知识灌输型教学的危害;必须将关注点从"知识层"深入到"思维层"。

方法技术层:实现思维可视化教学的方法与技术主要包括两类,即图示方法(思维导图、模型图、鱼骨刺图、流程图、概念图等)以及生成图示的软件技术(iMindMap、MindManager、XMind等),在具体的教学中具体运用。

课程设计层:基本设计原则就是以"发展学生思维能力"为深层次目标,以"借助图示方法及技术对知识进行深加工"为效能手段,以"学生为主体,教师为主导,师生及生生合作探究"为课堂形式让学生完成对知识的掌握。

课堂环境层:运用板书绘制思维导图,或者运用现代教育技术构建"未来课堂"环境。

效能评价层:关注过程的评价,教与学的过程被可视化后储存起来,课后或考试后师生都可以进行"图上作业"——对照图来进行知识漏洞及解题障碍检测,边检测边释疑,边释疑边标注,非常直观、高效。②

---

①② 百度知道.思维可视化:理念、框架与方法[EB/OL].(2017-05-18)[2020-04-07].https://www.jianshu.com/p/385aafc50d48.

第四章
"情智英语"的实现路径

第一节 关注情感培养,建构生态课堂

"生态课堂"是一种可持续发展的课堂。它关注整体,尊重自然,追求学生多样化发展以及和谐发展。学生在轻松和谐的氛围中交流、互动、共同成长。这样的课堂使学生个性凸显、思想开放、创新思维品质得以有效体现。① 教育过程首先是一个精神成长过程,然后才成为科学获知过程。"情智英语"教学以"情"为先,"情"是"智"的前提和基础,没有情感的培养,就没有智慧的生成。因此,在英语教学过程中,教师要始终把情意、情感因素的培养放在第一位,尊重、唤醒和激励每一个生命,建构民主平等、自然和谐、充满生命力的生态化英语课堂,使学生在英语学习过程中获得心灵的愉悦、美好的体验。在学习过程中,心理愉悦和幸福体验是个体成长不可缺少的主体状态,也正是在这种状态下才能发挥课堂教学的功能,体现教育的价值,从而使学习过程不仅是知识增长的过程,同时也是身心和人格健全与发展的过程。构建生态课堂,需把握好以下3个原则。

一、情感唤起原则

"情感唤起"是生态课堂建设的首要"任务",没有学生情感的唤起,课

---

① 蔡婉婷."生态"课堂教学观[J].新课程导学,2016(35):79.

堂教学将难以有效实施,英语教学将举步维艰。教学活动是教师和学生之间的双向交流活动,师生之间的交流必须建立在情感之上。没有情感,课堂师生发生的交流是乏力的,是起不到应有的教育教学效果的。"情感唤起"不是一个口号,不是一句空话,而是要落实到教师教学的具体行为中去。比如,在英语学科教学过程中,首先教师要通过培养学生良好的英语学习习惯使其保持对英语学习的热情。英语是语言类学科,积累语言知识对学生来说是一件很困难的事,但又是学生学好英语的重要前提;积累语言知识需要学生有一种持之以恒的学习态度,这种持之以恒的精神状态正是源于良好的英语学习习惯。是否具有良好的英语学习习惯在很大程度上意味着英语学习能否行稳致远,能否最终成功。有了学习英语的好习惯,学生就具备了学习的兴趣、信心和意志力,在课堂教学的活动参与、在与教师的交流中,学生就会表现出极大的热情和意愿,这是情感唤起的第一步。其次,"情感唤起"要创设好教学情境,教师要依托生活化的真实情境构建和谐、充满情感的课堂。在教学情境的创设中,教师要始终秉持"以学生为中心"的理念和原则,让学生在课堂学习情境中自由、愉快地交流,让学生在情感上体验学习的快乐。情境教学避免了教师灌输知识的传统教学方式,能极大地激发学生的参与热情和表达欲望。最后,"情感唤起"要有激励性评价。评价是建立师生情感的重要手段,学生能从教师的每一次激励性评价中获得积极的情感体验和情感升华,从而促进学生进一步产生对学科学习的兴趣和热情。激励性评价的使用不能仅限于课堂教学,必须运用到英语教学的方方面面,如课外自主学习意识、课后作业完成情况、合作和探究学习表现等。总之,唤起学生的情感是教师面临的首要问题,也是教师的应有之责。

二、顺应自然原则

卢梭说过:教育必须顺着自然——也就是顺其天性而为,否则必然产生本性断伤的结果。生态教育是一个人一生中顺应自然的人性教育,其理念是尊重、唤醒和激励生命,追求的是有序、有情、有效、有趣、民主平等、自然和谐的课堂。顺应自然,首先体现在教育不能急功近利,学生成长是一个漫长的过程,是一个自然的过程。因此,教师在英语教学的过程中要循序渐进开展教学,切勿急于求成,要尊重教育教学规律,尊重学生认知规律。当前,有些高中英语教师喜欢搞题海战术,在课后练习的选择上不考虑学生的知识基础和学情情况,在课内外要求学生完成大量远高于学生现有知识水平的练习;有些老师甚至给刚踏入高中的高一学生讲高考题、练高考题,这是一种"拔苗助长"、不尊重教育教学规律的教学行为。这种教学行为不但不能促进学生认知水平的提升,反而会大大挫伤学生学习英语的信心,使学生丧失学习英语的热情和兴趣。因此,生态课堂应尊重学生的认知规律,尊重学生个体的自然发展规律。顺应自然,还表现在教师要尊重学生在学习中的主体地位,让学生主动建构知识,而不是被动接受知识。传统教育重视知识的传递,其实就是泯灭了学生探究知识的原始欲望和冲动。正如儿童天性充满了求知欲和好奇心一样,学生对知识有一种本能的自我建构、自我获得的意愿,这是一种自然的东西,教师的职责就是顺应这种自然。基于此,教师的教学行为和教学活动要关注学生在学习中的主体意识和地位,引导学生积极主动探究和建构知识,注重知识的形成过程,而不是知识的传递和积累。

三、人格塑造原则

人格是一个人内在特质的总和,它包括知、情、意、行几个方面。其中,知是指一个人的科学文化知识,情是指一个人的情感、情操、情趣,意是指一个人的意志品格,行是指一个人符合社会道德规范的行为。我们的教育,还根本谈不上对学生自主性和独立人格的培养。而在一个缺乏自主性和独立人格关怀的教学中,学生的思维发展就失去了可靠的根基。所以,在谈论发展学生思维时,除了需要对知识保持合理的态度,教学理所当然地还应当关注学生的人格发展。[①] 教育对人的培养,并不仅仅着眼于学生的学习活动及其结果,更重要的是指向学生作为主体的人格培养特质。这也正是当前世界范围内教育发展的一个基本趋势。在我国也有学者极力提倡"全人格的教育"。所谓"全人格的教育",从根本上讲,就是构建完整的主体。使学生发展成一个完整的主体是当代教育的终极目标。全人格教育的要义就是:教育通过知识培养人的认识能力,然后转识成智,开发人的思维能力,形成创造性,最后化智成德,养成德性,使受教育者成为具有全人格的人。[②] 全人格的教育理念关注学生思维能力的培养与发展,而思

---

① 郅庭瑾.为思维而教[M].北京:教育科学出版社,2007:14.
② 邓志伟.个性化教学论[M].上海:上海教育出版社,2002:75-82.

维能力的发展与学生的人格塑造密切相关。有人认为独立的人格是独立思维的基础,也有人认为反过来说独立思维是独立人格的前提。实际上,人格与思维是互构互动关系,人格与思维互为原因和结果,相互推动。学生思维水平的发展有赖于人格上的资助;学生独立人格的构建,也有赖于一定思维发展水平。① 学生人格塑造的关键是在教育中学生能作为一个独立的个人得到尊重和平等对待。因此,生态课堂应以提升生命质量为目标,关注每一个学生的生命状态,关注每一个学生的全面发展,提升每一个学生的精神品质;把学生当成一个个活生生的生命个体来对待,把人的发展作为关注的中心。

第二节 关注情境创设,建构生活课堂

陶行知说:生活即教育,社会即学校,教学做合一。杜威则说:教育即生活。可见教育来源于生活,并服务于生活,教育只有满足了生活的需要,才有意义。新课程理念下学生学习的背景是生活化的。基于此,教师在设置教学情境时,要遵循情境生活化这一原则。情境生活化原则要求教师借助生活化的教学资源来建构课堂教学情境,创设与课堂学习主题相关的、尽可能生活化的、真实的、有利于学生对所学内容的主题意义进行理解的情境,让学生在探索真实事件或真实问题的过程中自主地理解知识、建构意义。源于现实世界的活生生的情境是学生解决问题和建构意义的"平台"。因此,教师在开展英语教学时,要注重将教材、教学内容及教学活动情境化、生活化,将抽象的英语语言知识转换为具体的语言环境,让学生在真实的情境中用英语做事,用英语思维,用英语解决问题。在英语教学中,英语基础知识(如词汇和语法知识)尤其要置于真实的语言情境中,才能产生预期的教学效果。譬如,在传统词汇教学中,教师往往习惯于用讲授法教词汇,把词汇的各种用法一股脑地灌输给学生,学生完全处于被动接受知识的状态。由于缺乏语境,学生无法深刻体会和理解教师所讲词汇的用法,仅仅依靠表面的词义理解和记忆词汇,这势必造成词汇的大量无效学

---

① 郅庭瑾.为思维而教[M].北京:教育科学出版社,2007:16.

习。在词汇的教与学上,教师和学生双方都投入了大量的时间和精力,但效果不尽如人意。因此,教师在讲授英语基础知识时,应特别注重创设语言学习环境,借助真实的语言环境展开教学。只有这样,英语语言知识教学才有意义和效果。情境创设需把握以下3个原则。

一、真实性原则

为了使学生有意义、有目的地学习,创设贴近学生生活和认知基础的真实情境是很有必要的。真实的情境通常与日常生活息息相关。真实性具有重要的、潜在的动力资源,它常常以问题为基础,将真实的生活和现实的问题展现出来。通过真实的情境学生就有可能清楚他们正在学习的内容,怎样运用所学知识等,而情境本身则通过帮助学生形成对情境意图的察觉,指引学生的活动。对于简化了的脱离真实情境的知识,学生往往只能达到刻板的、不完整的、肤浅的理解,许多学生在应用所学知识技能时就感到困难,其根源常常就在于他们的学习经验脱离了学习内容赖以从中获得意义的真实情境。真实的情境有利于培养学生的观察、思维和应用能力,有利于培养学生的实践才能,有利于培养学生的真实情感和态度,有利于学生养成良好的学习习惯、正确的价值观和世界观。因此,建构主义十分注重情境的真实性,极力主张:如果要求学生能应用所学知识去解决真实世界中的问题,就必须要求学习和应用的情境具有真实性。[①] 在英语教学实践中,教师要基于新课标提出的活动观理念,设计合理、真实、生活化的教学情境,让学生通过对情境相关问题的探究,完成对文本主题意义的建构,实现语言知识的认知学习,同时提升思维品质、培养学习能力。

二、合作性原则

《普通高中英语课程标准(2017年版)》(以下简称《课标》)指出,自主学习、合作学习和探究式学习是教育界近年发展起来的重要学习理念和学习方式。就其目标而言,自主学习关注学习者主动、积极的学习动机和自觉、持续的行为能力;合作学习关注学习者与人沟通、合作完成学习任务的能

---

① 百度文库.情境创设的原则[EB/OL].(2011-05-29)[2020-04-10]. https://wenku.baidu.com/view/bcb8b52fe2bd960590c67752.html.

力;探究式学习注重对过程和概念的探究与发现方式,是学生获得结构性知识、发展分析问题和解决问题能力的重要途径。自主、合作、探究式学习对激发学生的学习兴趣、提高学生在课堂活动中的参与度、促进师生间的合作交流具有重要作用,而学生能否有效地开展自主、合作与探究式学习是衡量他们学习能力发展水平的重要指标。为培养学生自主、合作、探究式学习的能力,教师要在教学中为学生创设支持和激励的学习环境,关注学生在合作学习中是否增强了个体的责任感,是否实现了相互学习、相互依赖,是否通过合理分工促进了独立思考,是否改善了人际关系、提高了人际交往能力。① 因此,教师在创设教学情境时,要关注学生合作学习能力的培养,让学生通过小组合作探究学习,交流观点,分享成果,增强集体观念、团队精神和竞争意识,同时学会赏识他人、相互促进、共同提高,形成健康人格。

三、接近性原则

苏联教育家、心理学家维果茨基提出了最近发展区理论。维果茨基的研究表明:教育对儿童的发展能起到主导作用和促进作用,但需要确定儿童发展的两种水平:一种是已经达到的发展水平,另一种是儿童可能达到的发展水平,表现为"儿童还不能独立地完成任务,但在成人的帮助下,在集体活动中,通过模仿,却能够完成这些任务"。这两种水平之间的距离,就是"最近发展区"。把握"最近发展区",能加速学生的发展。基于维果茨基的"最邻近发展区"理论,教师在情境中要创设难度稍高于学生现有的认知基础和水平,并具有一定的思维含量,学生通过深入探究和思考能解决的问题。如果教师创设的教学情境脱离学生的经验和知识水平,创设的问题过于容易或困难,都不利于学生的发展。因此,情境创设不仅要遵守情境的真实性、合作性原则,还要遵守情境的接近性原则。

---

① 教育部.普通高中英语课程标准(2017年版)[M].北京:北京师范大学出版社,2018.

第三节 关注智慧生成,建构思维课堂

  智慧教育的核心是培养学生的创造性思维能力和解决问题的能力。智慧生成则是在教学实践中,通过任务驱动与问题情境驱动,充分调动学生的原有思维经验与知识基础,学生经历抉择、构想、发现、归纳、评价的学习过程,达到创造性思维能力和解决问题的能力的提升。智慧生成于教学过程,智慧生成于学习活动,智慧生成于学生思维提升。智慧生成的前提是教师为学生提供了预设与支架。因此,学生的智慧生成,首先需要教师转变以教为主的教学理念,给学生更多的思维发展空间;需要教师对教学目标从知识走向能力与思维;需要教师对教学内容进行重组,形成贯穿教学活动的整体任务;需要教师优化以教为主的教学模式,尊重学生个体差异,为学生智慧生成提供因人而异的探究与亲历的学习空间。① 英语学科和其他自然学科一样承担着培养学生创新思维能力的任务。《课标》把"思维品质"列入了英语学科核心素养的 4 个内涵的范畴,可见思维能力的培养在英语教学中的重要性。目前,部分英语教师仅在英语阅读教学中对培养学生逻辑、批评性等思维能力做了一些实践性探索;但学生思维能力的培养不能仅限于英语阅读教学,还要延伸到英语教学的方方面面,如词汇、语法、听力、写作等。总之,教师在实施英语教学的过程中,要始终关注学生的智慧生成,尽可能借助图示技术使思维可视化,以达到建构思维英语课堂及提升英语教学思维含量的目的。构建智慧课堂,需把握好以下 3 个原则。

一、问题性原则

  有问题就意味着对现实、对现状的不满,就意味着有自己的思维。一个没有任何问题的人很难想象会打破现状,超越常规。所以,今天的教育

---

① 李祎,王伟,钟绍春,等.智慧课堂中的智慧生成策略研究[J].电化教育研究,2017(1):108-114.

开始注重和强调培养学生的问题意识。问题意识指的是学生面临需要解决的问题时的一种清醒、自觉,并伴之以强烈的困惑、疑虑而想要去探究的内心状态。正是这种内心状态驱使着学生积极地思维,不断地产生解决问题的办法,不断地提出新问题。思维由问题产生,又因问题而得到持续不断深入的发展。思维的最终目的则在于问题得以解决,做出有所创新的发现。思维和问题、思维和问题解决始终相互伴随左右。凡思维发生作用的地方必定有问题的存在,必定有解决问题的需要。唯有问题产生的地方才能够产生真正的思维。① 问题是思维的起点。英语阅读教学的本质是引导学生在解读文本、理解文本和体验文本的过程中,发展阅读技能、提升思维品质。教师要从多角度进行思考,设计出更具思维含量的问题,为增强学生分析问题和解决问题的能力搭建有效的训练平台,从而促进学生思维品质的形成和发展。② 因此,思维课堂的构建有赖于教师的问题设计,教师要树立问题驱动思维发展的教学理念,设计基于教学内容或阅读文本的不同角度、不同维度、不同深度的问题,让学生在解决这些问题的过程中发散思维、逻辑思维、批评性思维、创造性思维等思维品质得到发展。

二、简单性原则

莎士比亚说过:"精炼是智慧的灵魂。""简易"思想由来久远,自古以来教育就秉承着"由繁到简,由博到约"的理念,我国古代教育论著《学记》中就提出了"约而达,微而减""能博喻然后能为师"的观点;文学家苏轼所倡导的"观而有选,取而有择,有的放矢,唯真是取"教学方式是教育的最高境界。顾明远教授从课堂教学的角度将教师分为4种类型,即"浅入浅出型教师""浅入深出型教师""深入深出型教师""深入浅出型教师"。顾教授对其中"深入浅出型"教师尤为赞赏,他认为教师用浅显易懂的方法表达深刻的道理,简洁明了,不光说明教师内功深厚,而且也受学生的欢迎。所以,简洁明了、浅显易懂的方法是简易教学的表征。西方哲学"奥卡姆剪刀理论"提出了一个原理:如无必要,勿增实体。这个"剪刀理论"给我们的启示是:教学过程中应抓住根本的问题,让学生对所学知识一目了然;不要人为

---

① 郅庭瑾.为思维而教[M].北京:教育科学出版社,2007:32-33.
② 陈胜.从思维品质培养视角看初中英语阅读教学中的问题设计[J].中小学外语教学(中学篇),2017(4):10-14.

地把课堂教学复杂化,使教学走进迷宫。① 的确,在教学中能做到"简单"是教师的智慧。智慧型教师在教学过程中总是能把复杂的问题进行简单化处理。在情境创设中,有些教师往往把问题复杂化,情境创设过分追求包装,教学环节繁杂而无头绪,教师的语言华而不实,问题解决策略指向不明,这种把简单问题复杂化的倾向,势必导致课堂教学效率的低下。一堂表面上"轰轰烈烈""热闹非凡"的课,实际上并不能给学生带来多少收获。因此,教师在创设课堂情境时,要从"简单"二字做文章,教师要善于从繁杂的教学内容和教学资源中,提取精华的东西,通过创设简单的教学情境,运用简单的教学环节、简单的语言、简单的问题解决策略来呈现知识,生成智慧。总之,"简单"是一种智慧、一种艺术、一种哲学,是每个教师在教学上追求的最高境界。

三、目的性原则

一个好的教学情境是为一定的教学目标服务的。情境不是摆设,也不是为了赶时髦的点缀品。就相关内容的教学而言,特定情境的设置不应仅仅起到"敲门砖"的作用,情境的创设不仅是为了调动学生的学习积极性,还应当在后面的教学中发挥一定的导向作用。教师对为什么要创设情境,创设情境应该达到怎样的教学目标等问题应做到心中有数。② 有效的教学情境必须有明确的、具体的目的性,不仅要服务于教学内容,还必须有利于教学任务和教学目标的实现。教师创设的教学情境应直接切入教学主题,使学生能在情境中快速发现要解决和探究的问题,并在教师的引导下通过课堂观察、交流讨论、思考探究等途径体验知识的形成过程、获得问题的解决办法,同时引发思维的火花、智慧的生成。教学情境目的不明确,会让学生在学习过程中无所适从,让课堂教学处于茫然不知所终的状态。因此,情境创设不能追求"大、空、虚",要从学生学情、教学内容、教学目标、教学手段的实际出发,在形式和内容上讲求简单、明确和务实。

---

① 刘晓宁."简易英语"教学主张及实践应用[J].福建教育学院学报,2014(12):66-68.
② 百度文库.情境创设的原则[EB/OL].(2011-05-29)[2020-04-10].https://wenku.baidu.com/view/bcb8b52fe2bd960590c67752.html.

第二篇

"情智英语"的实践应用

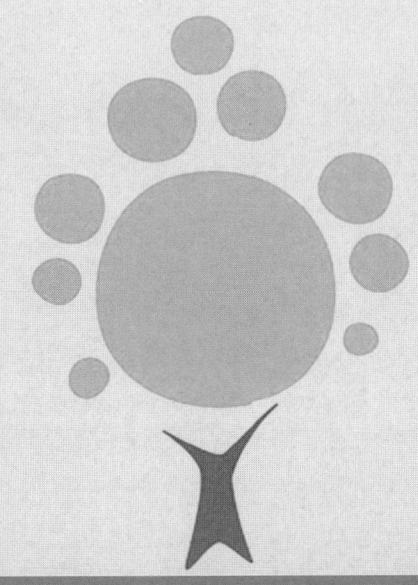

第五章

"情智英语"词汇教学

　　词汇是外语学习和交流的基本要素,学习英语离不开词汇。词汇如同建房所用的砖,是最基础的、不可缺少的材料,在语言文化交流中起着重要作用。要学好英语,必须掌握一定量的英语单词。学生掌握词汇量的大小和运用词汇的熟练程度,直接影响语言交际能力。相对于语音、语法学习,词汇学习难度较大,大多数学生在英语单词学习上花费时间多但记忆效果不佳。词汇是语言的基本单位,英语的交际、表达要通过词汇来实现,没有词汇就无法表达,所以词汇是培养学生语言交际能力不可缺少的基本要素。词汇教学是英语教学的重要组成部分,是英语教学成败的关键。词汇的掌握和运用是增强语言知识和培养语言技能的基础,词汇教学效果关系到英语教学目标的实现。[①] 然而,在当前的高中英语词汇教学中,有一个问题一直困扰着英语教师:教师和学生在词汇的"教"和"学"上花费了大量时间和精力,但词汇教学效果不理想。目前的高中英语词汇教学以教师为中心的词汇教学模式使词汇教学处于一个高投入、低产出的状态。[②] 词汇教学的问题究竟出在哪里? 词汇教学的症结是什么?

　　调查研究表明,高中英语词汇教学存在的问题主要表现在以下 3 个方面:

　　第一,语境缺失。在高中英语词汇教学实践中,教师重孤立讲解,轻语境创设。教师往往孤立地、一股脑地把词汇知识"灌输"给学生,学生在词

　　[①] 百度文库.英语词汇在英语教学中的重要性及学习方法[EB/OL].(2019-02-10)[2020-04-10]. https://wenku.baidu.com/view/cbbc824d4128915f804d2b160b4e767f5bcf8044.html.

　　[②] 陈向丽.电子辞典在课堂词汇教学中的运用[J].中小学外语教学(中学篇),2013(11):6-11.

汇学习过程中完全处于被动地位，成为知识的"接受者"，这就是典型的"讲授式"、以教师为中心的词汇教学模式，这种教学模式忽略了学生在词汇学习中自主探究学习习惯和能力的培养，忽略了学生在词汇学习中主体意识和主体地位的作用。由于缺乏真实学习语境，学生学习词汇大多以"机械记忆"为主，缺乏在语言环境中学习词汇的习惯和能力，结果造成词汇学习效果极其低下，学生花了大量时间反复记背词汇，但词汇的遗忘率很高，"背了忘，忘了又背"是学生学习词汇的现状和常态。由于语境缺失，在词汇学习过程中，学生往往只记住了词汇的读音和拼写，对词汇的词性、词义等方面的变化知之甚少，这种词汇的表层学习是没有意义的。在高中教学中，有一个常见现象：一些学生善于记忆词汇，平时词汇测验也没问题，但考试成绩不甚理想。这是为什么？很显然，这类学生虽然词汇记背得好，但只是简单记住了词汇的音和形，没有记住词汇的意义及词汇其他方面的知识，如词性、词形转化等，词义、词性和词形的变化方面的知识是不可能依靠"死记硬背"的方式学习的，因为它们是随语境的变迁而变化的。因此，擅长简单记忆词汇的学生不一定在考试中能取得好成绩。这说明，语境是词汇学习的根本要素，缺失语境，词汇学习是没有意义和效果的。

第二，思维缺位。高中英语词汇教学普遍存在思维缺位现象。因缺乏思维培养和训练，学生对多义词的理解和记忆仅停留在表层；忽略了对词义渊源及词义演变和转化的思考与探究，割裂了词语与意义之间的深层联系，这不利于词汇的深度学习。《普通高中英语课程标准（实验）》提出，高中英语课程应注重在教学和评价中促进学生思维能力的发展，将学生思维能力的培养有机地融入教学和评价活动中。[①] 学生通过积极的思维活动能理解、消化和吸收现有知识结构和经验，而缺乏思维参与的学习活动只能达到模仿的层面。[②] 比如，目前学生在多义词的学习上存在很大困难，其主要原因是学生的学习目标仅限于简单记忆词汇表中提供的多义词的若干个词义。学生把这些不同的词义完全割裂开，没有借助某种思维建立这些不同词义之间的联系，从而产生词汇学习的障碍和困难。事实上，词汇知识的学习是要借助某种思维才能达到理想的效果，在思维缺位的情况下，

---

① 教育部.普通高中英语课程标准（实验）[M].北京：人民教育出版社，2003.
② 褚艳.以思维参与为核心的主体参与式教学实践[J].中小学外语教学（中学篇），2016(3)：50-53.

词汇学习是很难深入下去的。

　　第三,学用脱节。目前,高中英语教学存在严重的学用脱节问题。在词汇学习过程中,学生学习过的词汇因没有通过应用及时得以巩固,时间久了自然就会被遗忘,从而导致词汇的大量无效学习。很多教师在讲授词汇时,习惯把词汇的学和用孤立开来。比如,有的教师在完成单元词汇教学后,没有设计相应的语言情境让学生在听、说、读、写中运用所教目标词汇;因为没有"在用中学""在学中用",所教学的目标词汇对学生来说依然很陌生。《课标》关于课程内容中的词汇知识是这样描述的:词汇又称语汇,是一种语言里所有词和短语的总和,它是语言的建构材料,也是最小的能够独立运用的语言单位。词汇中任何词语都是通过一定的句法关系和语义关系与其他词语建立起一定的联系,并在语境中传递信息。学习词汇不只是记忆词的音、形、义,更重要的是在语篇中,通过听、说、读、看、写等语言活动,理解、表达与各种主题相关的信息或观点。高中阶段的词汇教学除了引导学生更深入地理解和更广泛地运用已学词汇,重点是在语境中培养学生的词块意识,并通过广泛阅读,进一步扩大词汇量,提高运用词汇、准确理解和确切表达意义的能力。[①] 因此,教师要将词语教学和实践应用结合在一起,让学生在语境中、在课堂活动中学习、理解和运用词汇,提高词汇的学习效果。

　　通过上述分析,我们明确了当前高中英语词汇教学存在的主要问题和症结所在,但如何解决这些问题?词汇教学的出路在哪里?词汇教学的有效途径又是什么呢?

　　要解决以上词汇教学中存在的问题,教师应该把握词汇教学的两个原则:

　　一是思维化原则。思维是认知事物的前提,没有思维的介入就不会有认知。思维决定着行为主体的言与行,思维方式决定了学生的学习方法和学习效果。把思维引入词汇教学、创设思维型词汇教学模式显得极为重要。词汇学习对学生观察、注意、记忆、分析、综合、概括、判断、推理、联想、思辨、创新等思维品质有很高的要求。只有学生具备并能运用这些思维品质去学习词汇,词汇学习才有意义和效果。提高词汇教学的思维含量有利于词汇的深层次学习,避免词汇学习的表层化、浅显化。实际上,高中英语

---

① 教育部.普通高中英语课程标准(2017年版)[M].北京:北京师范大学出版社,2018.

词汇学习对学习者的思维品质提出了很高的要求，只有学习者具备各种思维品质才能从真正意义上掌握词汇的用法，这些思维品质包括逻辑思维、批判性思维、发散思维、聚合思维、创造性思维等。

二是语境化原则。词汇教学只有依托语境才有实际意义和效果。《课标》中有关词汇教学的建议指出，词汇学习不是单纯的词语记忆，也不是独立的词语操练，而是结合具体主题、在特定语境下开展的综合性语言实践活动（词汇教学活动设计的依据）。学生通过听、说、读、看、写等方式，感知、理解相关主题意义，使用词语表达相关话题的信息和意义。同时在这一系列行为中，根据词性、词语的习惯搭配和主题内容，构建不同词族、积累词块、扩大词汇量，并在大量的语言学习活动中，强化语感、迁移词语运用能力，最终达到词语内化。在日常教学活动中，教师要结合主题和语境，不断地复现有关词语，其中包括教师自己的课堂教学话语和学生发言、对话、讨论的话语。譬如，在小组话题讨论前，教师提示相关词汇运用的要求，有意识地促使学生使用新学的单词。在学生学习词汇的过程中，教师可以根据主题，引导学生使用思维导图，帮助他们建构词族。[①] 在开展词汇教学过程中，教师始终要贯彻"语境化原则"，要彻底摆脱以教师为中心的词汇教学方式，树立以学生为主体的词汇教学意识，引导学生养成正确的词汇学习习惯，形成有效的词汇学习策略。

群文阅读词汇教学、隐喻思维词汇教学和"放、收、创"思维型词汇教学正是基于以上两个词汇教学原则及"情智英语"教学主张的内涵提出的。群文阅读词汇教学以群文阅读文本承载词汇学习的语言环境，让学生通过同一主题的"多文本"阅读，习得相关词汇，体现了"情智英语"教学主张中"情"的内涵；隐喻思维词汇教学和"放、收、创"思维型词汇教学则将"思维"引入词汇教学，体现了"情智英语"教学主张中"智"的内涵。

---

① 教育部.普通高中英语课程标准（2017年版）[M].北京：北京师范大学出版社，2018.

第一节　群文阅读词汇教学

一、群文阅读的概念、意义及研究现状

(一)群文阅读的概念

群文阅读是群文阅读教学实践的简称,是一种新型的阅读教学模式,是近年在我国语文教学中悄然兴起的一种具有突破性的阅读教学实践。群文阅读,是指师生围绕一个或多个议题选择一组文章,而后师生围绕议题进行阅读和集体建构,最终达成共识的过程。其最大特征就是由单一文本阅读教学走向多文本阅读教学。事实上,在群文阅读之前,就有不少人尝试多文本阅读教学,这种尝试大体分为5个层级:第一个层级以教材为主,但是强调单元整合,以增加阅读教学的整体性,提升语文教学效率,以"单元整组"阅读教学为代表;第二个层级突破了教材,强调以课内、教材内的文本为主,增加课外、教材外的语篇,"一篇带多篇"基本上是这个思路;第三个层级和上述思路一样,但是把范围扩展到整本书阅读,强调"整本书阅读"或"一本带多本"的阅读;第四层级实际上是在上述基础上进一步深化,提出一篇带多篇、一本带多本需要有一个核心主题,阅读教学围绕这一主题展开,以"主题阅读"为代表;第五个层级则把课内和课外阅读打通,引导学生走向更为广阔的阅读世界。群文阅读教学是在上述理论和实践基础上发展起来的。[①]

群,在《现代汉语词典》(第7版)中的意思之一是"聚在一起的人或物"。群文阅读教学,首先是要选好文章,围绕一个主题把多篇文章聚在一起,否则,群文阅读就会群龙无首,杂乱无章。群文阅读教学,是教师在一个单位时间内指导学生阅读相关联的多篇文章,有结构地呈现文章,让群

[①] 于泽元,王雁玲,黄利梅.群文阅读:从形式变化到理念变革[J].中国教育学刊,2013(6):62-66.

文有机组合起来。任何事物都是由多个要素按照一定的结构组合而成的有机整体,优化要素的结构就能提高整体的功能。在群文阅读教学中,不能一篇一篇孤立地呈现文章,也不能把多篇文章无序地全部呈现,最好有一定的结构,只有这样才能取得群文阅读教学的整体效应。

(二)群文阅读的意义

群文阅读不是几篇文章的简单组合,而是教师精心设计和建构的,它最显著的特点是学生在单位时间内阅读多文本组成的文本群。它给学生提供充足的阅读资源,使学生的阅读更加丰富,阅读思维更加灵活,更好地促进学生阅读能力的发展。群文阅读对提升学生的阅读数量、阅读质量、阅读方法、阅读兴趣及自主阅读习惯的培养和写作能力的提升都有着重要作用。于泽元等认为,群文阅读的意义主要体现在4个方面:第一,群文阅读教学可以把语文知识和人文精神转化为语文素养;第二,群文阅读教学可以提升思维能力,开拓视野,提高教学效能;第三,群文阅读可以提升学生的阅读兴趣;第四,群文阅读可以促进教师专业思想和能力的提升。[①]

群文阅读有助于提升学生的阅读能力和学习水平。教育研究发现,学生的学习能力与阅读密切相关,学生的阅读量越大,内容越丰富,阅读能力越强,学习能力越高。随着信息时代的来临,每一个阅读者都能够迅速地从海量符号中提取有用的信息,进行分析、整合,为我所用。群文阅读需要教育者将相关议题的一系列阅读材料提供给学生,让他们在比较、整合、分析中发现异同,进而提升信息处理能力和思辨能力。[②] 何立新认为,群文阅读及教学在推进"全民阅读"战略、落实"立德树人"根本任务方面具有重要意义和价值,是对现行语文教学课程形态和教学形态的丰富和完善,群文阅读从本质上是以议题学习为任务驱动,通过多文本的比、对、读、议,实现问题解决和意义建构的过程与方式。[③] 群文阅读首先可以解决学生读书少的问题,其次可以转变学习方式,促进学生积极参与课堂教学、前置学习、小组合作探究,改善阅读行为。群文阅读可实现问题、任务驱动学习,把过

---

① 于泽元,王雁玲,黄利梅.群文阅读:从形式变化到理念变革[J].中国教育学刊,2013(6):62-66.
② 马婷,马晓瞳."群文阅读"的意义与教学策略[J].都市家教:下半月,2017(11):92.
③ 何立新.群文阅读的教学化思考[EB/OL].(2020-01-13)[2020-04-11].https://wenku.baidu.com/view/6f8c49a2cd7931b765ce0508763231126fdb77f9.html.

去零散、单一、扁平化的知识加以整合,重组学生的认知结构。群文阅读由以往的单篇阅读的识记、理解、评价等能力转变为比较、整合、反思、应用以及创造性的表达等更为高阶的思维能力培养,同时促进学生语言能力的生成。最后,群文阅读能够丰富和完善现有的阅读课程及教学形态,使语文学科的内容、课程的形式、教学的形态显得多样化。①

(三)群文阅读运用于英语教学的研究现状

近年来,一些中学英语教师或教研员开始关注语文教学中的"群文阅读",并做了一些实践研究,探索把语文阅读教学中的"群文阅读"理念"嫁接"到中学英语教学。相关代表性研究有:

(1)《群文阅读——高三英语复习新常态》(林才回,2015)。本文作者认为群文阅读基于关联理论和窄式阅读理论。关联理论(relevance theory)强调事物之间、人与人之间的关联性,如交际与认知的关联性、阅读选材与读者认知水平的关联度等。窄式阅读(narrow reading)是克拉申于20世纪80年代提出的阅读理念,它指的是读者阅读同一主题、同一作者或同一体裁的作品。"三同"是"群文"的特征,具备"三同"的群文能够复现相关主题的词汇和句型,阅读这一类文章有利于读者习得所学语言,提高英语语感。②

(2)《群文阅读在初中英语阅读教学中的尝试》(杨宏敏,2018)。本文作者认为,与单篇精读不同,群文阅读以其大量的语言输入、高实效的阅读策略、多方位的探讨视角和近距离走进学生内心而彰显出越来越强大的优势。在该文中,作者阐述了语文教学中的"舶来品"群文阅读在英语阅读教学的价值和尝试。③

(3)《基于群文阅读的农村初中英语阅读教学探究》(冯玉霞,2018)。本文作者阐述了群文阅读的基本含义,分析了农村初中英语阅读教学存在教学目的不明确、文本解读不够深入、工具性与人文性不统一和阅读策略指导不足等问题。从建构-统整模式、读者回应理论和阅读交易理论、文本互织理论3个角度概述基于群文阅读的初中英语阅读教学的理论基础,认为

---

① 马婷,马晓瞳."群文阅读"的意义与教学策略[J].都市家教:下半月,2017(11):92.
② 林才回.群文阅读——高三英语复习新常态[J].中小学英语教学与研究,2015(5):63-69.
③ 杨宏敏.群文阅读在初中英语阅读教学中的尝试[J].情感读本,2018(14):90.

群文阅读具有增加阅读文本量、培养阅读技能和策略、培养思维品质等优势。[1]

(4)《浅谈英语群文阅读教学》(张晓颜,2018)。本文作者认为,群文阅读把英语阅读教学由"单篇阅读"引向"群文阅读",能够让学生开阔视野,帮助学生回归生活阅读,并对学生的阅读习惯进行重塑。这不仅培养了学生的阅读兴趣和英语学科核心素养,而且提升了教师的教学技能和质量。因此,群文阅读教学是一种具有深远意义的阅读教学方法。[2]

(5)《基于群文阅读的初中英语阅读教学》(张莹,2017)。本文作者认为,与单篇独进、深探细究、条分缕析的单篇阅读教学不同,群文阅读具有"多文本"的特征,倡导"议题""集体建构""共识"等核心理念,有助于保持学生的阅读兴趣,增加学生的阅读量,并于阅读过程中培养学生的学科核心素养,是对单篇阅读教学的有效补充。[3]

以上有关群文阅读的教学研究主要探讨了群文阅读在英语阅读教学中的应用,而群文阅读在英语词汇教学方面的应用研究几乎是空缺的。词汇教学是目前高中英语教学中一个比较棘手的问题,但从目前英语词汇教学现状看,教师在词汇教学的策略和理念上还没有跟上新课程改革的步伐,很多教师还在沿用传统的词汇教学方式教学词汇,由此导致的词汇教学效果和学生的词汇学习方式令人担忧。因此,变革词汇教学的"教"与"学"的方式迫在眉睫。研究表明,把语文教学中的群文阅读教学策略应用于英语词汇教学有充分的理论依据和现实意义。群文阅读有助于更新教师词汇教学理念、革新传统的词汇教学固有模式,同时有助于转变学生的词汇学习方式、培养学生词汇学习的自主能力,可从根本上提高词汇教学的效果。

二、群文阅读词汇教学的理念构建与理论依据

(一)群文阅读词汇教学的理念构建

接触量是学好外语的重要因素,没有大量接触就不可能真正掌握语言使用的规律。语言使用总是发生在语境里,交际需要驱动语言学习,大量

---

[1] 冯玉霞.基于群文阅读的农村初中英语阅读教学探究[J].英语教师,2018(2):99-102.
[2] 张晓颜.浅谈英语群文阅读教学[J].双语学习,2018(8):23-25.
[3] 张莹.基于群文阅读的初中英语阅读教学[J].基础外语教育,2017,19(2):85-90.

接触促进语言流利使用并催生抽象的语法规则。① 语境是词汇教学的生命。张伊娜教授的联系主义词汇教学观认为:"一个个孤立的英语单词本身是没有任何意义的,孤立的英语单词的意义全部来源并实现于语境中。因此,词汇教学应该把目标词置身于语境中来学习;词汇教学的内容应该是由单词组合而成的句子、段落和篇章。认识一个目标词必须与其所在的具体的篇章联系起来,学习目标单词应该始于并终于其所在的篇章的特定意义和用法。"② 语境是语言赖以生存、运用和发展的环境,制约着语言,决定语言的命运。在外语学习中,词汇输入的丰富与否,词汇量的大小,对词汇的掌握程度,将对包括听、说、读、写、译的语言使用的各个方面产生影响,有时甚至决定使用者某方面技能或整体语言使用水平,因此如何利用语境来提高词汇学习质量就很重要。③

综上所述,语境是词汇学习的关键要素,脱离语境的词汇教学是没有意义的,也是无效的。语文教学中流行的"群文阅读"教学为构建基于语篇语境的词汇教学模式提供了理论上的支撑和借鉴,群文阅读词汇教学正是在这种背景下应运而生的。群文阅读词汇教学是基于"群文阅读"的一种词汇教学理念,其内涵指学习者通过阅读与单元话题相同或相似的一组"群文",反复接触与主题相关的词汇,逐步熟知、理解和内化目标词汇,最终达到词汇教学的目的。群文阅读词汇教学建构在"群文阅读"教学理念基础之上,把"群文阅读"和词汇教学融合在一起,是一种阅读与词汇的整体性教学理念,即在阅读中学习词汇,在词汇学习中训练阅读技能。群文阅读词汇教学融阅读教学与词汇教学于一体,给学生提供"群文"阅读语言环境,让学生在多文本语篇情境中学习和运用所学词汇,体现了语言学习与语言运用的协调统一,契合了《课标》提出的词汇考查的标准和要求,有利于发展和培养学生英语学科核心素养。

(二)群文阅读词汇教学的理论依据

1. 关联理论

20世纪80年代,Sperber和Wilson提出了关联理论,认为自然语言中

---

① 王初明.外语是怎样学会的[M].北京:外语教学与研究出版社,2010:29.
② 张伊娜.高中英语词汇、语法、Task教学述要(PPT)[EB/OL].(2019-01-28)[2020-04-16].https://wenku.baidu.com/view/25d5c36a80c758f5f61fb7360b4c2e3f572725d0.html.
③ 孙延霞.语境与英语词汇学习[J].考试周刊,2009(30):97-98.

的每一个话语都可以有多种理解,所以正确理解自然语言,就必须通过语境来寻找信息的关联,然后再根据话语和语境的关联进行推理。人们在理解教程中遵循经济原则或叫最低价策略,即付出最小的处理努力获得满足期待的语境效果。Sperber 和 Wilson 认为,理解话语的过程中主要借助自己的认知语境,包括记忆中的词汇信息、逻辑信息和百科信息来进行。也就是说,听话者在说话者言语刺激信号下,大脑中的某些信息(包括记忆中的词汇信息和百科信息)就会被激活,这些信息按照可及度的高低在记忆中通过听者的逻辑信息逐条进行处理。根据关联理论,交际过程就是人们根据以往经验进行推理的过程。人类总是更倾向于留意与自己相关的信息,这一种交际认知过程中的特性即为关联性。当某一假设能够产生语境效果时,这一假设就具有关联性。为此,教师在选择阅读材料时要注意参照学生已有的语言能力和认知水平,选择语言难度适度或略深、内容前后关联性与线索性较强、新旧信息融合性较好、生词或术语又不致太过集中的文本材料。① 关联性理论为群文阅读词汇教学理念建构及"群文"文本选材提供了理论指导。

2. 窄式阅读理论

早在 20 世纪 80 年代初 Stephen Krashen 等语言学家就提出了窄式阅读(narrow reading)的概念。这种阅读与精读和泛读的方式和要求不同,它主张阅读同一主题、同一作者或同一体裁的作品(reading on the same topic, books by the same author, and/or in the same genre)。随后在 2004 年,Krashen 又在语言学杂志上发表了"The Case for Narrow Reading"一文。在文中,Krashen 指出:许多人在初学外语时,总是要广泛学习各种各样的主题和题材,直到学到高级阶段才专注于某一主题、题材或作者。人们认同这种学习方法的原因是,博览兼收于初学有益。而实际上,这样做的结果是适得其反。Anson Yang 讲到过"the first few pages effect",是指在阅读外文著作时,困难最大的地方是在前几页,而这道障碍一旦翻越过去,书后面的部分就会读得越来越容易。归结这种现象产生的原因就是书中讲的是一个新的故事,而阅读者并不能很快适应作者的风格。因此,短小的篇章和风格多样的题材不但不能帮助阅读者跨越这个难关,反而会使他们更为困惑。显而易见,这些困难在很大程度上影响了阅读者阅读的速

---

① 林才回.群文阅读——高三英语复习新常态[J].中小学英语教学与研究,2015(5):63-69.

度和阅读的兴致,从而使阅读者不能有效地阅读。窄式阅读倡导通过阅读具有一定相似性的作品,读者能够接触到相同的词汇、语法结构、语篇特点及背景知识,从而在一定程度上降低阅读的难度。① 基于群文阅读的词汇教学正是给学生提供具有一定相似度的"作品",学生通过阅读这些"作品",反复接触到相同的词汇,逐步实现词汇的自然习得。

3. 输入假设和输出假设理论

Krashen 的输入假设理论(The Input Hypothesis)认为,在克拉申的二语习得理论中输入假说是其核心内容。首先,它回答了学习者是怎样习得语言的,克拉申给出了一个解释:人们仅通过一种方式习得语言——通过可理解性信息或通过接受可理解性输入。也就是说,语言习得依赖于理解别人所说的话语,学习者注重的是意思而不是形式。如果学习者听到了一段有意义的对话并尽力去理解它,那么习得就会发生。如果学习者只重视语言的形式,那么习得就无法进行。其次,输入假说试着回答了学习者是怎样在习得中取得进步的。语言输入的模式为 $i+1$,其中 i 为学习者现有水平,$+1$ 部分是语言信息中包含的新的语言成分和语言形式。根据这一理论,只要学习者能够理解输入的语言,输入的语言又高于学习者现有的水平,又有足够的量保证时,习得就自然产生了。② Swain 的输出假设理论(The Output Hypothesis)认为,学习者口头表达和写作时,能扩展自己的中介语来满足交际需要,他们利用自己内化的知识,或是从未来的输入中寻找解决语言不足的线索。输出需创造新的语言形式与意义。学习者在此过程中,发现自己用目的语能做什么和不能做什么。③

在语言学习中,输入与输出是互补互动、相互关联、缺一不可的。从整体上看,输入是第一性的,输出是第二性的。从相关性看,输入是输出的基础和必要条件,输出是充分必要条件。没有输入就没有加工和内化的信息,输出就会处于"无米之炊"的境地;没有输出,输入的信息就难以内化,输入就会停滞。④ 基于群文阅读的词汇教学关注可理解语言输入的"量",同时又通过目标词汇的输出让学生认识到自身对目标词汇理解和掌握存

---

① 范筱云.高中英语"板块式"课外阅读训练构想[J].基础教育外语教学研究,2015(8):53-57.

②③ 王烈琴,李键魁.克拉申的输入假设与斯温纳的输出假设的比较研究[J].宝鸡文理学院学报:社会科学版,2009,29(2):87-91.

④ 黄远振,陈维振.中国外语教育:理解与对话——生态哲学视域[M].福州:福建教育出版社,2010:177.

在的不足。

三、群文阅读词汇教学流程及课例展示

群文阅读词汇教学流程是基于以上3个理论建构的,教学流程包括课前活动、课内活动和课后活动。课前活动是教师确定课时语言教学目标,获取、整合群文阅读资源,为课内群文阅读词汇教学做准备。课内活动以"读前初识、认知词汇—读中体验、理解词汇—读后分析、运用词汇"为主线展开,遵循了布鲁姆对教育目标中认知过程设置的6个维度——记忆、理解、运用、分析、评价和创造。课后活动是群文阅读词汇教学从课内向课外的延伸。课内有限的时间无法满足群文阅读词汇教学的需要,适当延展课外阅读活动是教学的必然选择。

基于群文阅读的词汇教学流程如图2-5-1所示。

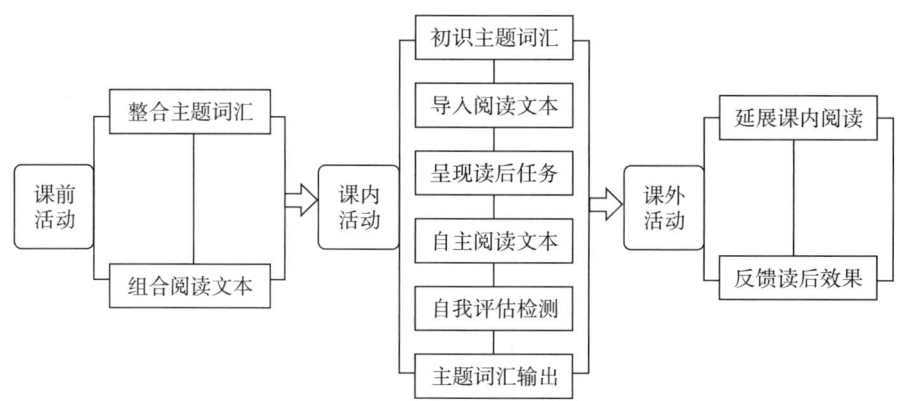

图2-5-1 基于群文阅读的词汇教学流程

下面分别以人教版高中《英语》选修模块六第三单元和人教版高中《英语》必修模块三第一单元词汇教学为例,详细介绍和阐述群文阅读词汇教学流程的具体实施过程。

人教版高中《英语》模块六第三单元的中心话题是"健康生活(A Healthy Life)",单元的教学内容和教学活动围绕如何摒弃生活恶习、怎样成为一个健康的人而展开,其中涉及诸多社会热点问题,如抽烟、饮酒、吸毒、艾滋病、学习与工作压力等影响健康的棘手问题。本单元通过引导学生参与这些问题的讨论,目的在于让他们树立远离不健康生活方式的意识,养成良好的生活习惯。单元词汇主要涉及抽烟、饮酒、吸毒、艾滋病、学

习与工作压力等方面与健康相关的主题词汇,如 cigarette、alcohol、alcoholic、drug、abuse 等。人教版高中《英语》模块三第一单元的中心话题是"世界节日(Festivals Around the World)",单元的所有教学内容和教学活动都是围绕"节日(festivals)"展开的。本单元重点介绍了国内外传统重大节日(如春节、中秋节、万圣节、复活节等)的起源、习俗、庆祝活动等情况。通过引导学生参与节日相关的讨论活动,学生了解和学习国内外传统重大节日的历史渊源、庆祝方式及其对我们生活产生的影响。在本单元中,学生所要学习的词汇主要涉及一些与传统节日有关的主题词汇,如 celebration、origin、religious、Easter、Christian、ancestor 等。

(一)课前活动

1. 整合主题词汇

主题词汇源于主题词汇教学法。主题词汇教学法是指根据课文标题和主要内容确定主题词及其系统中的核心词,将词汇表中的生词尽可能归入主题词和核心词为中心的语义场中,基于语义场理论和图式理论为学生绘制一幅幅形象的思维导图,并利用图片、视频、实物、文字以及教学语言等教学媒介为学生创设生动形象的符合学生实际水平的语境,使学生在轻松愉悦的气氛中习得语言,增进主题知识。[①] 整合主题词汇是教师围绕单元话题对所要教学的单元词汇进行筛选和整合,经过筛选和整合的、与单元话题相关的主题词汇就是群文阅读词汇教学的词汇教学目标。下面两个表格(表 2-5-1 和表 2-5-2)分别呈现的是人教版高中《英语》选修模块六第三单元和人教版高中《英语》必修模块三第一单元整合后的主题词汇。

表 2-5-1　单元主题词汇整合(人教版高中《英语》选修模块六第三单元)

积极词汇	abuse,stress,stressful,ban,due,due to,tough,addicted,addicted to,accustom,accustomed,accustomed to,mental,mentally,quit,effect,lung,breathless,unfit,strengthen,decide on,feel like doing …,packet,disappointed,ashamed,desperate,get into … ,illegal
消极词汇	cigarette,adolescent,adolescence,alcohol,alcoholic,obesity,nicotine,pregnant,chemist,fitness,withdrawal,abnormal,sex,automatic,automatically,relaxation,bad-tempered

---

① 高洪君.基于文本阅读的词汇教学策略[J].中小学外语教学(中学篇),2014(8):24-29.

表 2-5-2　单元主题词汇整合(人教版高中《英语》必修模块三第一单元)

积极词汇	take place, harvest, celebration, hunter, starve, origin, religious, ancestor, in memory of, feast, belief, dress up, play a trick on, poet, arrival, gain, gather, award, admire, energetic, look forward to …, have fun with, custom, permission, turn up, obvious, set off, remind, remind … of …, fool, weep
消极词汇	seasonal, Halloween, independence, independent, agriculture, agricultural, produce, rooster, carnival, lunar, Easter, parade, day and night, clothing, Christian, Jesus, cherry, blossom, worldwide, Valentine's Day, Obon, grave, incense, Mexico, skull

2. 组合阅读文本

(1)群文文本组合原则。

在群文阅读词汇教学过程中,词汇教学主要是通过以单元话题为主线的同一主题的多文本阅读而展开的。以单元话题为主线的"群文"承载了大量与主题相关的词汇,这些主题词汇在"群文"中有很高的复现频率。词汇的高复现率有助于学生反复接触,增强记忆效果。

"群文"文本的组合是群文阅读词汇教学实施的前提。课前教师组合什么样的文本直接影响词汇教学的成效,决定群文阅读词汇教学能否顺利、有效实施。为确保"群文"文本服务于单元主题词汇教学,教师在组合"群文"文本时要遵循以下几个原则:

①每单元组合 4～6 个文本,供学生课内、课外阅读(一般课内阅读 2～3 个文本,课外阅读 2～3 个文本);

②"群文"文本的主题必须与单元话题相同或相似。

③"群文"文本中有较高的单元主题词汇复现率。

④"群文"文本难易适中,符合学生学情。

⑤"群文"文本内容贴近学生生活、能激发学生阅读兴趣。

(2)"群文"文本组合范例展示。

【范例 1】

以下是笔者在执教人教版高中《英语》选修模块六第三单元时,组合的 3 个"群文"文本供学生课内阅读,加下划线的词为单元主题词汇(每个文本后附单元主题词汇在该文本中的复现情况统计表)。

[文本 1]

Electronic cigarettes: New route to smoking addiction for adolescents

E-cigarettes have been widely promoted as a way for people to quit smoking conventional cigarettes.

Now, in the first study of its kind, UC San Francisco researchers are reporting that, at the point in time they studied, youth using e-cigarettes were more likely to be trying to quit, but also were less likely to have stopped smoking and were smoking more, not less.

"We are witnessing the beginning of a new phase of the nicotine epidemic and a new route to nicotine addiction for kids," according to senior author Stanton A. Glantz, PhD, UCSF professor of medicine and director of the Center for Tobacco Control Research and Education at UCSF.

E-cigarettes are battery-powered devices that look like cigarettes and deliver an aerosol of nicotine and other chemicals. Promoted as safer alternatives to cigarettes and smoking cessation aids, e-cigarettes are rapidly gaining popularity among adults and youth in the United States and around the world. The devices are largely unregulated, with no effective controls on marketing them to minors.

In the UCSF study, the researchers report that four out of five Korean adolescent e-cigarette users are "dual" smokers who use both tobacco and e-cigarettes.

The authors conclude that young e-cigarette smokers "are more likely to have tried quitting smoking, which suggests that, consistent with cigarette marketing messages, some youth may be using e-cigarettes as a smoking cessation aid... Use of e-cigarettes is associated with heavier use of conventional cigarettes, which raises the likelihood that actual use of e-cigarettes may increase harm by creating a new pathway for youth to become addicted to nicotine and by reducing the odds that an adolescent will stop smoking conventional cigarettes."

单元主题词汇在文本 1 中的复现情况见表 2-5-3。

表 2-5-3　文本 1 出现的单元主题词汇及复现次数统计表

单元主题词汇	单元主题词汇在文本中的复现次数
e-cigarette	10 次
cigarette	7 次

续表

单元主题词汇	单元主题词汇在文本中的复现次数
adolescent	3次
nicotine	4次
quit	3次
addiction	2次
addicted to	1次
effective	1次

[文本2]

What Happens to Your Brain When You Take Drugs?

Drugs contain chemicals that tap into the brain's communication system and destroy the way nerve cells(神经细胞)normally send, receive, and process information.

Some drugs, such as heroin, have a similar structure to chemical messengers called neurotransmitters(神经递质), which are naturally produced by the brain. This similarity allows the drugs to "fool" the brain's receptors(感官)and activate(刺激)nerve cells to send abnormal messages.

Other drugs, such as cocaine, can cause the nerve cells to release(释放)abnormally large amounts of natural neurotransmitters or to prevent the normal recycling of these brain chemicals, which is needed to shut off the signaling between neurons.

As a person continues to abuse drugs, the brain adapts to the sharp increase in dopamine(多巴胺)by producing less dopamine or by reducing the number of dopamine receptors in the reward circuit. The result is a decrease of dopamine's impact on the reward circuit, which reduces the abuser's ability to enjoy not only the drugs but also other events in life that previously brought pleasure. This decrease compels(强迫)the addicted person to keep abusing drugs in an attempt to bring the dopamine function back to normal, but now larger amounts of the drug are required to achieve the same dopamine high—an effect known as tolerance.

单元主题词汇在文本 2 中的复现情况见表 2-5-4。

表 2-5-4　文本 2 出现的单元主题词汇及复现次数统计表

单元主题词汇	单元主题词汇在文本中的复现次数
drug	9 次
abuse	3 次
abnormal	1 次
abnormally	1 次
normal	2 次
normally	1 次
effect	1 次
addicted	1 次

[文本 3]

Why Do Some People Become Addicted to Drugs While Others Do Not?

No single factor can predict whether a person will become addicted to drugs. Risk for addiction is influenced by a combination of factors that include individual biology, social environment, and age or stage of development. The more risk factors an individual has, the greater the chance that taking drugs can lead to addiction. For example:

• Biology. The genes that people are born with—in combination with environmental influences—account for about half of their addiction vulnerability. Additionally, gender, ethnicity, and the presence of other mental disorders may influence risk for drug abuse and addiction.

• Environment. A person's environment includes many different influences, from family and friends to socioeconomic status and quality of life in general. Factors such as peer pressure, physical and sexual abuse, stress, and quality of parenting can greatly influence the occurrence of drug abuse and the escalation to addiction in a person's life.

• Development. Genetic and environmental factors interact with critical developmental stages in a person's life to affect addiction vulnerability. Although taking drugs at any age can lead to addiction, the earlier that drug use begins, the more likely it will progress to more serious abuse, which poses a special challenge to adolescents. Because areas in their brains that govern decision making, judgment, and self-control are still developing, adolescents may be especially prone to risk-taking behaviors, including trying drugs of abuse.

单元主题词汇在文本 3 中的复现情况见表 2-5-5。

表 2-5-5　文本 3 出现的单元主题词汇及复现次数统计表

单元主题词汇	单元主题词汇在文本中的复现次数
drug	8 次
addiction	7 次
abuse	5 次
addicted	2 次
adolescent	2 次
mental	1 次
sexual	1 次
stress	1 次

【范例 2】

以下是笔者在执教人教版高中《英语》必修模块三第一单元时，组合的 3 个"群文"文本供学生课内阅读，加下划线的词为单元主题词汇（每个文本后附单元主题词汇在该文本中的复现情况统计表）。

［文本 1］

Easter Day（I）

The meaning of many different customs observed（遵守）during Easter Sunday have been buried with time. Their origins lie in pre-Christian religious and Christianity. All in some way or another are a "salute（致敬）to spring," celebrating re-birth. The white Easter lily（百合花）has come to gain the glory of the holiday. The word "Easter" is named after Easter, the Anglo-Saxon goddess of spring. A festival was held in memory of her every year at the vernal equinox（春分）.

People celebrate the holiday according to their beliefs and their religious denominations（教派）. Christians celebrate Good Friday as the day that Jesus Christ died and Easter Sunday as the day that he was resurrected（复活）. Protestant settlers brought the custom of a sunrise service, a religious gathering at dawn, to the United States.

This year Easter will be celebrated on Sunday April 11, 2004. On Easter Sunday children wake up to find that the Easter Bunny（复活节兔）has left them baskets of candy. He has also hidden the eggs that they decorated earlier that week. Children hunt for the eggs all around the house. Neighborhoods and organizations hold Easter egg hunts, and the child who finds the most eggs wins an award.

The Easter Bunny is a rabbit-spirit. Long ago, he was called the "Easter Hare." Hares and rabbits have frequent multiple（多次）births so they became a symbol of fertility（生育力）. The custom of an Easter egg hunt began because children believed that hares laid（下蛋）eggs in the grass. The Romans believed that "All life comes from an egg." Christians consider eggs to be "the seed（种子）of life" and so they are symbolic of the resurrection of Jesus Christ.

单元主题词汇在文本 1 中的复现情况见表 2-5-6。

表 2-5-6　文本 1 出现的单元主题词汇及复现次数统计表

单元主题词汇	单元主题词汇在文本中的复现次数
Easter	13 次
celebrate	4 次
custom	3 次
hunt	3 次
Jesus Christ	2 次
Christian	2 次
religious	3 次
origin	1 次
pre-Christian	1 次
gain	1 次
in memory of	1 次
belief	1 次
gather	1 次
award	1 次
Christianity	1 次

[文本 2]

Easter Day（Ⅱ）

Easter celebrates the resurrection（复活）of Jesus Christ. It is the most important feast in the Christian calendar（日历）. The churches are filled with worshipers（礼拜者），the altars（祭坛）are decorated with flowers，and the music proclaims（赞扬）the joy of the season.

Easter Sunday falls sometime between March 22 and April 25. It falls on the first Sunday after the first full moon following March 21. The date of Easter Sunday was set up by the church council of Nicaea in A.D.325.

Easter Sunday ends a period of preparation for the feast of Easter. This 40-day period of prayer（祷告）and fasting（斋戒），called Lent，begins on Ash Wednesday and ends on Holy Saturday，the day before Easter. The week from Palm Sunday to Easter Sunday is known as Holy Week. Good Friday marks（标志）Christ's crucifixion（耶稣受难）；and Easter Sunday，his resurrection.

The custom of a sunrise service on Easter Sunday can be traced（追溯）to ancient spring festivals that celebrated the rising sun. The custom developed further in the Middle Ages，when celebrations at sunrise were also popular. People gathered to pray as the sun appeared and then went in procession（列队）to their churches.

The new clothes worn on Easter Sunday are a symbol of new life. The custom comes from the baptism（洗礼）on Easter Sunday of early Christians who were led into church wearing new robes（长袍）of white linen. The present-day Easter parade has a parallel（类似）in the Middle Ages，when people walked around the countryside on Easter，stopping along the way to pray. Nowadays many people walk in Easter parades to show and see new spring clothes，especially hats.

单元主题词汇在文本 2 中的复现情况见表 2-5-7。

表 2-5-7 文本 2 出现的单元主题词汇及复现次数统计表

单元主题词汇	单元主题词汇在文本中的复现次数
Easter	15 次
Christian	2 次
celebrate	2 次
feast	2 次
parade	2 次
celebration	1 次
custom	3 次
gather	1 次
Jesus Christ	1 次

[文本 3]

Halloween

On October 31st, dozens of children <u>dressed up</u> in costume(节日服装) knock on their neighbors' doors and yell "<u>Trick</u> or Treat". When the door opens, pirates(海盗) and princesses, ghosts and popular heroes of the day all hold bags open to catch the candy or other goodies(糖果) that the neighbors drop in. As they give each child a treat the neighbors exclaim(惊叫) over the costumes and try to guess who is under the masks.

Since the 800's, November 1st is a <u>religious</u> holiday known as All Saints' Day(万圣节). The Mass that was said on this day was called Allhallowmas. The evening before became known as All Hakkiw e'en, or Halloween. Like some other American <u>celebrations</u>, its origins lie in both <u>pre-Christian</u> and <u>Christian</u> <u>customs</u>.

October 31st was the eve of the Celtic(凯尔特人的) new year. The Celts were the <u>ancestors</u> of the present-day Irish, Welsh and Scottish people. On this day ghosts walked and mingled(混合) with the living. The townspeople baked food all that day and when night fell they <u>dressed up</u> and tried to resemble(相似) the souls of the dead, hoping that the ghosts would leave peacefully before midnight of the New Year.

Much later, when <u>Christianity</u> spread throughout Ireland and October

31 was no longer the last day of the year, Halloween became a celebration mostly for children. "Ghosts" went from door to door asking for treats, or else a trick would be played on the owners of the house. When millions of Irish people immigrated(移民)to the United States in the 1840s the tradition came with them.

Today' school dances and neighborhood parties called "block parties" are popular among young and old alike. More and more adults celebrate Halloween. They dress up like historical or political figures(人物) and go to masquerade parties(化装舞会). In larger cities, costumed children and their parents gather at shopping malls early in the evening. Stores and businesses give parties with games and treats for the children. Teenagers enjoy costume dances at their schools and the more outrageous(离谱的) the costume the better!

Certain pranks(恶作剧) such as soaping car windows and tipping over garbage cans are expected. But partying and pranks are not the only things that Halloweeners enjoy doing. Some collect money to buy food and medicine for needy children around the world.

单元主题词汇在文本 3 中的复现情况见下表(表 2-1-1-8)：

表 2-5-8 文本 3 出现的单元主题词汇及复现次数统计表

单元主题词汇	单元主题词汇在文本中的复现次数
Halloween	4 次
dress up	3 次
celebration	2 次
trick	2 次
gather	1 次
Halloweener	1 次
celebrate	1 次
Christian	1 次
pre-Christian	1 次
Christianity	1 次
ancestor	1 次
religious	1 次
custom	1 次

(二)课内活动

1. 初识主题词汇

初识主题词汇是群文阅读词汇教学过程的首要环节,旨在通过恰当的教学手段让学生初次接触、认知整合过的主题词汇,为即将开展的群文阅读做铺垫。教师可采用学生乐于接受的教学方式达到初识主题词汇的目的。

譬如,笔者在执教人教版高中《英语》模块六第三单元时,设计了以下3个课堂教学活动帮助学生初识主题词汇。

【活动1】

课前,教师可先给两个英语程度好的学生布置以"How to live a healthy life"为话题做个访谈,访谈时尽可能多地使用单元主题词汇(建议把整合出来的主题词汇课前印发给学生,让学生明确词汇学习目标),并对访谈视频进行录音。课堂上,播放访谈视频录音,要求学生边听录音边记下所听见的主题词汇。听完后,请一个学生把听到的主题词汇写在黑板上。以下是学生访谈片段(加下划线的词汇是本单元学习的主题词汇):

S1:Sharon, you look quite nice today. Could you tell me how to live a healthy life?

S2:Oh, I think everyone expects a long life. But a long life is <u>due to</u> the healthy life we live. As for how to live a healthy life, different people have different ideas. I think to live a healthy life means having a strong body. And I also think keeping <u>mentally</u> healthy is very important. But in my opinion, it's necessary for us to keep physically and <u>mentally</u> healthy.

S1:But how can we keep fit both <u>mentally</u> and physically?

S2:To keep physically healthy, you should do sports like running, playing basketball, etc. Today more and more people go to the <u>fitness</u> centers. I think it is very useful for us to do some exercises every day. In this way, we can have a strong body. And, I think, more importantly, to keep <u>mentally</u> healthy, you should have a good attitude towards people around you. We often say: "Attitude is everything." It means good attitude leads to a good mood. What's more, when you meet with some difficulties, you should not be afraid. You should have confidence in yourself and do something for <u>relaxation</u>. In this way, you are sure to be <u>mentally</u> healthy. This is my idea, thank you!

在活动 1 中,通过在课堂上播放访谈视频帮助学生初识主题词汇,体现了以文本创设语境学习词汇的教学原则。访谈内容这一"文本"通过视频呈现出来,学生在真实的语言任务和环境中体验和感受语言。访谈主题是单元话题的延伸和拓展,为接下来要开展的群文阅读词汇教学打下了基础。

【活动 2】

完成活动 1 后,教师可以让学生参与第二个活动,以进一步延伸对主题词汇的识记。活动 2 是一个以"不健康生活方式"为核心词的头脑风暴。在活动中,要求学生尽可能多地联想一些不健康的生活方式以及这些生活方式给健康带来的影响。以下是活动中师生展开的对话及活动后师生共同产出的主题词汇思维结构导图(图 2-5-2)(对话中加下划线的词汇是本单元学习的主题词汇):

T:Now let's focus on today's topic—unhealthy lifestyles. Please brainstorm some unhealthy lifestyles. Can you think of some?

Ss:Smoking <u>cigarettes</u>.

T:Wonderful! But what <u>effects</u> do you know it has on our health?

Ss:It may cause <u>lung</u> disease.

T:Well done! And any other <u>effect</u>?

Ss:It's difficult for couples who smoke to become <u>pregnant</u>.

...

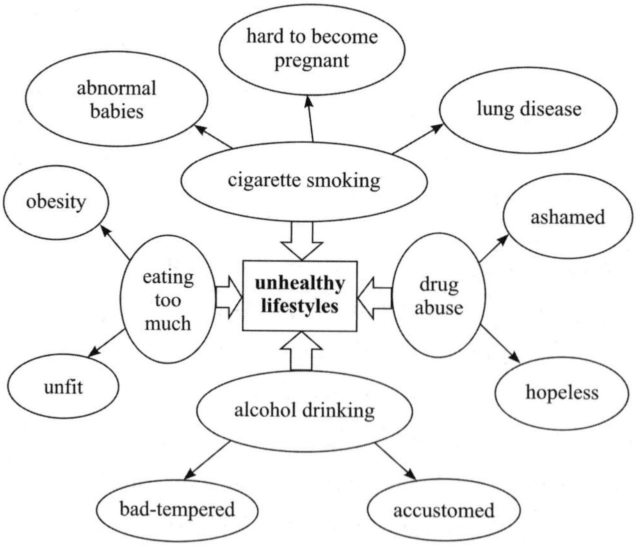

图 2-5-2　主题词汇思维结构导图

【活动 3】

头脑风暴结束后,为进一步初识单元主题词汇,教师可以结合一些不健康生活方式产生影响的相关图片,引导学生完成以下填空练习:

(1)Smoking cigarettes-effects:

①Causing _____ diseases.

②Difficult for couples to become _____.

③Babies can be _____.

④Becoming _____ (fit) and _____ (breath).

⑤Becoming _____ to having nicotine and tending to smoke _____.

(参考答案:①lung;②pregnant;③abnormal;④unfit,breathless;⑤accustomed,automatically)

(2)Alcohol drinking-effects:

①Easy to become _____ (angry) and commit crimes(填入与angry 近义的单元主题词汇).

②Having a great _____ on the rise of traffic accidents.

(参考答案:①bad-tempered;②effect)

(3)Drug abuse-effects:

①Feeling _____ to it and hopeless.

②Being _____ (difficult) to _____ from it(填入与difficult 近义的单元主题词汇).

(参考答案:①addicted;②tough,withdraw)

(4)Eating too much-effects:

Causing _____ and _____ (unfit).

(参考答案:obesity,unfitness)

(5)Overwork:

Getting too exhausted and _____ (stress).

(参考答案:stressful)

思维导图是一种提高学习者学习效率和能力的有效思维工具,它和头脑风暴的综合运用能提高教学效果。在该活动中,学生参与兴趣大,围绕中心词"unhealthy lifestyles"自由地展开发散思维,借助形象的思维导图强化对相关主题词汇的识记。

2. 导入阅读文本

开展群文阅读之前，教师应该先导入群文阅读文本，引导学生预测阅读文本的内容，激发阅读兴趣，减少阅读障碍。为提高课堂效率，文本导入应该直入主题，简单而有效。教师可选择与文本内容相关的图片、视频，通过师生简短的问答帮助学生对文本内容进行预测。

以人教版高中《英语》选修模块六第三单元主题词汇教学为例，教师可以按如下方式导入课内阅读群文文本1和文本2。

【文本1导入】

文本1的主题内容是有关电子香烟给青少年吸烟带来的影响。教师在导入文本时，可以直入主题，给学生呈现几张电子香烟的图片后，与学生进行如下对话：

T：What's in the small box in the pictures?

S1：It's like a short pencil, isn't it?

T：No, make a guess again. Who can make a right guess?

S2：It may be a make-up stick(化妆笔).

S3：Oh, I know, it's an e-cigarette.

T：Wonderful! Now please read Text 1 to find out what it can do to those heavy smokers.

【文本2导入】

文本2的主题内容是有关吸毒对人脑造成的伤害。教师在导入文本时，同样可以借助与吸毒有关的照片直截了当导入文本主题，如教师可以通过呈现一幅戒毒所的照片，与学生展开如下问答：

T：What can you see in the picture?

S1：Oh, I can see a house and a guard and maybe I think he is standing in front of the house.

T：Great, but what else can you see?

S2：Well, I also see some Chinese words"戒毒所"beside the door.

T：Yes, it's a drug rehabilitation center, where people who are addicted to drugs are accepting some kinds of treatment. Now, please read Text 2 in your handout to find out what happens to your brain when you take drugs?

以上两种文本都采用了直截了当的导入方式，避免了导入偏离主题，漫无目的，浪费时间。利用图片导入，直观、简单、高效。阅读文本的导入在学生的已有知识和经验与新的文本内容之间搭建起一座桥梁、建立起一种联系,为学生即将展开的阅读活动做好了准备。

3. 呈现读后任务

阅读文本导入之后,接下来的环节就是给学生呈现读后任务,明确阅读目的。读后任务是教师结合文本内容,围绕词汇教学目标而设计的。读后任务的目的是服务于词汇教学,导向是培养学生自主阅读和探究思维的能力,以体现阅读的意义和价值。基于此,群文阅读词汇教学读后任务的设计应该基于如下两个关注:一是关注词汇教学。群文阅读词汇教学的主要任务不是阅读教学,而是词汇教学。二是关注学生自主阅读和探究思维能力的培养。群文阅读词汇教学以学生自主阅读为主。在教学过程中,学生始终是阅读的主体。而思维是阅读的本质,脱离思维的阅读教学是没有价值的。

基于以上两个关注,下面分别以笔者在执教人教版高中《英语》选修模块六第三单元和人教版高中《英语》必修模块三第一单元时组合的"群文"文本1为例,具体说明读后任务的问题设计。

【范例1】

人教版高中《英语》选修模块六第三单元文本1读后任务设计见表2-5-9(附文后)。

Electronic cigarettes: New route to smoking addiction for adolescents

E-cigarettes have been widely promoted as a way for people to quit smoking conventional cigarettes.

Now, in the first study of its kind, UC San Francisco researchers are reporting that, at the point in time they studied, youth using e-cigarettes were more likely to be trying to quit, but also were less likely to have stopped smoking and were smoking more, not less.

"We are witnessing the beginning of a new phase of the nicotine epidemic and a new route to nicotine addiction for kids," according to senior author Stanton A. Glantz, PhD, UCSF professor of medicine and director of the Center for Tobacco Control Research and Education at UCSF.

E-cigarettes are battery-powered devices that look like cigarettes and deliver an aerosol of nicotine and other chemicals. Promoted as safer alternatives to cigarettes and smoking cessation aids, e-cigarettes are rapidly gaining popularity among adults and youth in the United States and around the world. The devices are largely unregulated, with no effective controls on marketing them to minors.

In the UCSF study, the researchers report that four out of five Korean adolescent e-cigarette users are "dual" smokers who use both tobacco and e-cigarettes.

The authors conclude that young e-cigarette smokers "are more likely to have tried quitting smoking, which suggests that, consistent with cigarette marketing messages, some youth may be using e-cigarettes as a smoking cessation aid…Use of e-cigarettes is associated with heavier use of conventional cigarettes, which raises the likelihood that actual use of e-cigarettes may increase harm by creating a new pathway for youth to become addicted to nicotine and by reducing the odds that an adolescent will stop smoking conventional cigarettes."

表 2-5-9　文本 1 读后任务设计

任务	任务要求
Task 1	Find and underline all the theme words（主题词汇）which occur in the text
Task 2	Fill in the blanks using the theme words according to the text: 1. We are witnessing a new route to young nicotine _____. 2. E-cigarettes are rapidly gaining popularity among adults and youth _____ to nicotine. …
Task 3	Judge if the following statement is true or false: According to the study, youth using e-cigarettes were more likely to have stopped smoking

【范例 2】

人教版高中《英语》必修模块三第一单元文本 1 读后任务设计见表 2-5-10（附文后）。

Easter Day（I）

The meaning of many different customs observed（遵守）during Easter Sunday have been buried with time. Their origins lie in pre-Christian religious and Christianity. All in some way or another are a "salute(致敬) to spring," celebrating re-birth. The white Easter lily(百合花) has come to gain the glory of the holiday. The word "Easter" is named after Easter, the Anglo-Saxon goddess of spring. A festival was held in memory of her every year at the vernal equinox(春分).

People celebrate the holiday according to their beliefs and their religious denominations(教派). Christians celebrate Good Friday as the day that Jesus Christ died and Easter Sunday as the day that he was resurrected(复活). Protestant settlers brought the custom of a sunrise service, a religious gathering at dawn, to the United States.

This year Easter will be celebrated on Sunday April 11, 2004. On Easter Sunday children wake up to find that the Easter Bunny(复活节兔) has left them baskets of candy. He has also hidden the eggs that they decorated earlier that week. Children hunt for the eggs all around the house. Neighborhoods and organizations hold Easter egg hunts, and the child who finds the most eggs wins an award.

The Easter Bunny is a rabbit-spirit. Long ago, he was called the "Easter Hare." Hares and rabbits have frequent multiple(多次) births so they became a symbol of fertility(生育力). The custom of an Easter egg hunt began because children believed that hares laid(下蛋) eggs in the grass. The Romans believed that "All life comes from an egg." Christians consider eggs to be "the seed(种子) of life" and so they are symbolic of the resurrection of Jesus Christ.

表 2-5-10　文本 1 读后任务设计

任务	任务要求
Task 1	Find and underline all the theme words（主题词汇）which occur in the text.
Task 2	Discuss in pairs and answer the following questions according to the text What are the symbols of the resurrection（复活）of Jesus Christ? Why?

从以上群文阅读文本的读后任务设计中可以看出，教师在设计文本读

后任务时,既要重视学生对主题词汇的学习,同时也要关注学生阅读理解能力的训练,词汇学习不是群文阅读词汇教学的唯一目的。读后任务表显示,所有文本的第一个读后任务统一要求学生找出文本中的主题词汇,其目的是在文本阅读的环境下强化学生对主题词汇信息的获取、体验和记忆;有的文本读后任务中设计了词汇填空题,旨在考查学生根据文本中获取的主题词汇信息对其进行加工、分析、比较和迁移的能力。同时,每个文本都有一个或多个与文本理解有关的思维探究读后任务,引导学生在阅读中融入思维,以提升学生的阅读素养。

4. 自主阅读文本

通过参与初识主题词汇环节的活动,学生对主题词汇有了初步的认知,达到了主题词汇的初次循环的目的。但要从词汇的初识、认知阶段转变到词汇的理解、内化阶段,学生需要阅读"群文"文本来实现对主题词汇的再次循环。只有通过词汇的再次循环,学生才能逐步理解和内化词汇。因此,导入文本、呈现读后任务之后,教师要给学生充足的课内时间自主阅读文本。自主阅读是学生自我建构词汇知识的过程,教师应该引导学生独立阅读和独立思考,深入理解阅读文本的内容。结合"群文"文本读后任务,教师在该环节可以安排如下活动,以提高文本阅读的目的性和有效性。

【活动1】

布置学生快速阅读文本,把握文本大意,分别完成各文本后的读后任务1。读后任务1要求学生找出文本中出现的主题词汇并做好标记,是一个帮助学生辨识、记忆主题词汇的练习。学生在多个相似话题的文本中多次接触相同的词汇,对词汇的认知度逐步从陌生发展到熟知。

【活动2】

辨识和记忆词汇之后,教师应要求学生再次细读文本,完成各个文本后相应的其他读后任务。文本读后任务中的词汇填空题重在考查学生对主题词汇的熟练运用程度,要求学生在理解文本原句的基础上,根据改写后的句子语境正确转化主题词汇的词性,这种训练方式有利于加强学生对词汇的深度学习,促进学生形成词汇拓展学习的良好意识和习惯。文本读后任务中与阅读理解相关的信息判断或问题讨论题重点考查学生对文本内容细节理解的准确性及对文本整体性的深层理解能力,目的是在阅读中培养学生的探究思维能力。这种任务具有一定挑战性,学生可以与同伴交流合作完成,然后教师给予适当分析和讲解。

【活动3】

完成所有读后任务后,为了充分挖掘文本对词汇学习的作用,强化学生对主题词汇的记忆,建议教师请学生大声朗读文本。朗读时,教师可与学生齐读,发现学生词汇发音出错时,教师应给予及时纠正。大声朗读,有利于强化学生对主题词汇的发音、拼写、词形、词性等方面的记忆。

克拉申指出,大量的阅读对语言习得至关重要。学习者必须通过大量的语言输入,接触大量与他们生活认知相关的、有趣的以及容易理解的阅读材料,逐步实现第二语言的习得。本环节是一个学生语言输入和内化的过程,其3个活动的目的是帮助学生内化所输入的语言,加快语言学习的进程。

5. 自我评估检测

学生完成自主阅读和读后任务后,为进一步检测学生对所学词汇运用的熟练度,教师需要设计词汇检测练习,供学生对本课时所学主题词汇做一个自我诊断。自我评估检测以单元主题词汇中的积极词汇检测为重点,检测的涵盖面要广,尽可能检测到单元所教的每一个主题词汇,练习的形式以句子或短文填空为主。比如,在执教人教版高中《英语》选修模块六第三单元和人教版高中《英语》必修模块三第一单元时,教师可以给学生分别设计如下自我检测练习。

(1)人教版高中《英语》选修模块六第三单元"自我评估检测"练习。

【练习1】

根据首字母提示在下列句子的空格处填入适当的词(本单元所学主题词汇)。

①The government has set up a commission to look into the problem of drug a_____.

②My family are a_____ to taking a walk after supper every day.

③We should take enough exercise to keep physically and m_____ healthy.

④Since then, all Chinese retailers(零售商) have been b_____ from providing free plastic shopping bags.

⑤The villagers were in d_____ need of food and clothes d_____ to the great disaster.

⑥The e_____ of the war is that he is homeless.

⑦The money is d_____ to me, but I haven't got it yet.

⑧Before the flood, the farmers s_____ the bank of the river.

⑨I have d_____ on quitting alcohol drinking.

⑩As you know, if you do the same thing over and over again, you begin to do it a_____.

(参考答案：①abuse；②accustomed；③mentally；④banned；⑤desperate, due；⑥effect；⑦due；⑧strengthened；⑨decided；⑩automatically)

【练习2】

根据短文内容在空格处填适当的词(本单元所学主题词汇)。

Advice on how to quit smoking

As we all know, if adolescents become ___①___ (addict) to smoking, it will do terrible damage to their heart and ___②___. ___③___ smoking is difficult but not impossible. So as a young man if you are determined to give up smoking, please accept my advice. First, you had better decide ___④___ a day that is not ___⑤___ (stress) to stop smoking and throw away your last ___⑥___ of cigarettes. Secondly you should always remind yourself that you are a non-smoker when you feel like ___⑦___ (smoke). In your spare time you should try your best to develop some other habits to keep yourself busy. You can stop smoking with a friend or join a group. ___⑧___ necessary, ask a doctor or ___⑨___ for help. Last, what matters most is to keep trying. Don't feel ___⑩___ (disappoint) if you smoke again. Just try again.

(参考答案：①addicted；②lungs；③Quitting；④on；⑤stressful；⑥packet；⑦smoking；⑧If；⑨chemist；⑩disappointed)

(2)人教版高中《英语》必修模块三第一单元"自我评估检测"练习。

【练习1】

根据首字母提示或句子意义，在下列句子的空格处填入适当的词(本单元所学主题词汇)。

①He went to church every Saturday due to his r_____ belief.

②The teacher g_____ the students on the playground at the end of the class.

③The girl always d_____ as a boy to make her parents laugh a lot.

④The p_____ wrote a poem _____ his friend.

⑤If the neighbors do not give any sweets, the children might _____ them.

⑥India has a national festival on October 2 to honour Mohandas Gandhi, the leader who helped g_____ India's independence from Britain.

⑦Festivals and c_____ of all kinds have been held everywhere since ancient times.

⑧Some festivals are held to honour the dead or to satisfy the a_____ who might return either to help or to do harm.

⑨Today's festivals have many o_____, some religious, some seasonal, and some for special people or events.

⑩The most e_____ and important festivals are the ones that _____ the end of the winter and the coming of the spring.

(参考答案：①religious；②gathered；③dresses up；④poet，in memory of；⑤play a trick on；⑥gain；⑦celebrations；⑧ancestors；⑨origins；⑩energetic，look forward to)

【练习2】

根据首字母或汉语提示在以下短文的空格处填入适当的词(本单元所学主题词汇)。

Easter, which always ____①____ (举行) in March, is a time of springtime festival. On this day, Millions of people g____②____ on hilltops, parks, churches and open spaces to salute another Easter dawn.

In C____③____ countries Easter is ____④____ (庆祝) as a r____⑤____ holiday. One of the holiest days of Christendom, Easter is held ____⑥____ Christ's resurrection(复活) from the ____⑦____ (坟墓) where he had lain for three days following his crucifixion(受难). When he arose after the three days it was to fulfill his promise to rise again as proof of eternal life.

Easter is observed by the churches of the West on the first Sunday following the full moon that occurs on or following the spring equinox (March 21). So Eater became a "movable" ____⑧____ (节日) which can take place as early as March 22 or as late as April 25.

_____⑨（习俗）associated with ancient mythology survive in the Easter rabbit, a symbol of fertility, and in colored Easter eggs, _____⑩ （最初）painted with bright colors to represent the sunlight of spring, and used in Easter-egg rolling contests or given as gifts. Egg rolling, an Easter tradition of ancient origin brought to the United States by the colonists, is held each Easter Monday on the White House lawn.

（参考答案：①takes place；②gather；③Christian；④celebrated；⑤religious；⑥in memory of；⑦tomb；⑧feast；⑨Customs；⑩originally）

自我评估检测是阅读文本读后任务的延续和提升，旨在考查学生在语境中运用课时所学积极主题词汇的能力。这个环节既检测了学生对词汇的掌握程度，为教师评价教学效果提供依据，又对学生所学词汇起到了巩固和提高作用。同时，也为下一个主题词汇输出环节做好了较充分的准备。

6. 主题词汇输出

在第二语言习得的过程中，仅有大量的可理解性的语言输入并不能保证学生获得高效率的学习及综合语言习得能力。"成功的语言学习者，既要接触大量的可理解的输入，又要产出可理解的输出。"语言输入和输出的结合才能使语言学习真正有效。通过一定量的群文阅读，学生输入、提取和整合了本单元主题词汇的相关信息，对这些主题词汇的词性、词形、词义从课前的认知阶段已经发展到熟知阶段。但学生是否完全掌握了这些词汇，还需要依靠语言的输出来验证和修缮。1994年，Swain和Lapkin共同研究发现，只有在与人交流的语言输出的过程中，学习者才会注意到自己在语言学习中存在的问题。在课堂教学中，教师要帮助学生达到输入和输出的平衡。

语言输出主要是通过表达来实现的，而表达的主要方式是"说"和"写"。基于此，为达到主题词汇输出的目的，教师的教学策略选择是组织学生小组讨论，学生通过参与小组讨论活动表达自己对某一个问题的看法。当然，在小组讨论过程中，学生不仅要有"说"的机会，还得要有"写"的任务。教师应利用小组讨论这一教学形式实现主题词汇输出的目的。下面分别以人教版高中《英语》模块六第三单元和人教版高中《英语》模块三第一单元词汇教学为例，介绍主题词汇输出环节的活动设计和操作步骤。

（1）人教版高中《英语》选修模块六第三单元主题词汇输出活动设计和

活动步骤。

【活动内容】

小组讨论,制作海报。各小组围绕讨论主题展开讨论,然后提出建议,制作一个倡议青少年远离毒品的海报。

The topic for discussion:

Nowadays adolescents' addiction to drugs is becoming a growing concern for society. Discuss in groups what advice you can offer to keep adolescents away from such addiction.

【活动步骤】

步骤一:呈现话题。

教师给学生呈现讨论话题"Nowadays adolescents' addiction to drugs is becoming a growing concern for society. Discuss in groups what advice you can offer to keep adolescents away from such addiction."(该讨论话题是在单元话题"群文"文本内容的基础上提炼出来的,这个话题对解决青少年吸烟成瘾问题具有现实意义)。

步骤二:明确要求。

讨论前,教师首先向学生明确本次讨论的以下任务要求:一是学生必须尽可能多地使用本课时学到的主题词汇展开讨论,以积极、开放的态度表达各自的见解;二是讨论结束后,各小组组长要马上集中小组成员在讨论中提出的各条建议,然后组织小组成员一起合作制作一个倡议"青少年远离毒品"的海报(为规范海报制作,建议教师统一给学生提供制作海报需要用到的彩笔和画纸);三是制作海报时,各小组必须用教师提供的彩笔把小组讨论出来的建议逐条工整地写在画纸上,并在所用到的主题词汇下加下划线标注出来。

步骤三:展开讨论。

全班分成4人小组若干,确定小组组长,然后教师指示在小组组长的组织下展开讨论。

步骤四:展示成果。

讨论结束后,教师请小组组长上台展示各小组制作的海报,要求组长大声读出倡议"青少年远离毒品"的各条建议,并适当说明在建议中所运用的主题词汇。

步骤五:教师评价。

展示结束后,教师从美观程度、宣传效果、主题词汇使用等方面对各小组制作的海报进行一一评价,肯定优点,指出不足,并要求学生课后把各组制作的海报张贴在班级学习栏,供大家相互借鉴和学习。

最后,教师给学生展示自己课前拟好的几条倡议"青少年远离毒品"的建议(加下划线的词是单元主题词汇),并请学生集体大声朗读:

建议1:Taking <u>drugs</u> has a bad <u>effect</u> on our health, so never <u>take a risk</u> to <u>get into</u> such a bad habit.

建议2:Cherish your life and <u>fitness</u>, and determinedly refuse to get <u>addicted</u> to drugs.

建议3:Never make friends with those <u>adolescents</u> who <u>feel like</u> trying drugs.

建议4:We are supposed to persuade anyone <u>addicted to</u> <u>drugs</u> to <u>withdraw</u> from it as soon as possible.

……

(2)人教版高中《英语》必修模块三第一单元主题词汇输出活动设计和活动步骤。

【活动内容】

小组讨论,介绍节日。各小组选择一个中外重大传统节日,然后从节日的庆祝日期、节日的起源和习俗、节日的庆祝活动等方面展开讨论。讨论结束后,各小组根据讨论内容写一段介绍该节日的短文,要求在介绍中应用尽可能多的单元主题词汇。

【活动步骤】

步骤一:呈现任务。

教师给学生呈现活动任务:Challenge yourselves—Introduce a festival (Using as many target words or expressions as possible).

步骤二:明确要求。

讨论前,教师首先向学生明确本次讨论的任务要求:一是学生要积极、热情地参与讨论,每个小组成员都要参与讨论,并发表意见;二是讨论结束后,各小组组长要根据讨论内容组织小组成员写一段介绍该节日的短文,重点从节日的庆祝日期、节日的起源和习俗、节日的庆祝活动等方面展开介绍;三是节日介绍的短文中要尽可能多地出现单元主题词汇。

步骤三:呈现样例。

为了让学生进一步明确节日介绍的任务和要求,建议教师课前写一个节日介绍的样例,在讨论开始前呈现给学生,并请学生集体大声朗读,留意短文中划线的主题词汇。比如,教师可把自己编写好的关于春节的介绍呈

现给学生:

The Spring Festival

  The Spring Festival may <u>take place</u> in the first <u>lunar</u> month every year. It is the most <u>energetic</u> and important festival that <u>look forward to</u> the end of winter and the arrival of spring. Each year, the <u>custom</u> of its <u>celebrations</u> is bound to be observed. At the Spring Festival, Chinese people <u>dress themselves up</u> in new clothes, visit relatives and friends, enjoy some delicious food and have a big family <u>gathering</u>. Children especially like the Spring Festival, for during it they can enjoy many happy things, such as receiving lucky money in red paper and <u>setting off</u> fireworks.

(Nine theme words or expressions included)

  步骤四:选择节日。

  各小组具体介绍哪个节日不是根据学生自己的意愿确定,而是通过课堂上当场"抽签"的形式来确定。为了增加趣味性,教师可以用游戏的方式组织学生选择要介绍的节日。首先,教师请班级的第一小组组长从课件中设定好A、B、C、D、E、F、G 7个字母中任意选择一个,该小组组长确定要选择的字母后,教师点击这个字母,屏幕上会马上呈现所选字母对应的节日名称及其相关图片。然后,教师请各小组依次选择,以此确定各小组要介绍的节日。

  步骤四:展开讨论。

  全班分成6人一小组共7个小组后,教师指示各小组展开讨论。

  步骤五:展示成果。

  讨论结束后,教师请小组组长上台用扫描仪把节日介绍的短文呈现在屏幕上,要求组长大声朗读短文,并适当说明节日介绍短文中所运用的主题词汇。

  步骤六:教师评价。

  展示结束后,教师从节日介绍的内容、句式运用、书写工整、主题词汇使用等方面对各小组的"节日介绍"逐一进行简短点评,并要求学生课后把各组的讨论成果——"节日介绍"张贴在班级学习栏,供大家相互借鉴和学习。

  最后,教师给学生展示自己课前拟好的7个节日介绍(加下划线的词是单元主题词汇),并请学生集体大声朗读:

  【节日1】Qingming Festival

  Qingming Festival, also known as <u>Tomb-Sweeping</u> Day, is a traditional Chinese festival. It is held on either April 4th or 5th of the gregorian calendar(公历) to honour the dead or to satisfy ancestors, for people have a belief that the dead might return to help us or do harm. On this day, Chinese people should go to clean graves and light incense in memory of their ancestors. Today we Chinese also take the chance to have a gathering and a big feast.

【节日 2】Dragon Boat Festival

The Dragon Boat Festival is held on the fifth day of the fifth lunar month. The origin of the festival is in memory of our ancestor Qu Yuan, a famous poet. On this day, family members gather around their parents, eat Zhongzi and watch a dragon boat race.

【节日 3】Mid-Autumn Day

The Mid-Autumn Day is a harvest festival celebrated by Chinese, Japanese or Vietnamese. It is celebrated on the 15th day of the eighth month of the lunar calendar with full moon at night. The feast is a time for family members to have a gathering and admire the full moon. The custom of eating mooncakes is followed every year by Chinese people.

【节日 4】Thanksgiving Day

Thanksgiving Day, a harvest festival, always takes place in the fourth week in November every year. It is a traditional holiday in western countries during which families will have a gathering, decorate churches and town hall with flowers and grateful that food is gathered for winter and the agricultural work is over. Some people might gain awards for their farm produce.

【节日 5】Easter

Easter, also called a Resurrection Sunday is a festival celebrating the belief in the resurrection of Jesus Christ from the dead. For Christians, Easter is a day of religious services and the gathering of family. On Easter Day, children hunt for the eggs all around the house. Neighborhoods and organizations hold Easter egg hunts, and the child who finds the most eggs wins an award.

【节日 6】Qiqiao Festival

Qiqiao Festival, which is also called Girls' Festival, Daughters' Festival, Double Seventh Festival, or Magpie Festival takes place on the seventh day of the seventh lunar month. It is a Chinese Valentine's Festival. The origin of Qiqiao Festival goes to the sad love story of Niulan and Zhinu. On the eve of this day, girls would gather in the gardens or yards to pray to the weaving girl for beauty, intelligence and a good husband.

【节日 7】Carnival

Carnival, a western Christian festival, takes place forty days before Easter, usually in February or early march. The celebrations of carnival include parades, dancing in the streets day and night, loud music and colorful clothing of all kinds.

在主题词汇输出活动中,学生首先通过讨论以"说"的方式输出了课内所学习的语言知识,即主题词汇。然后,学生通过制作海报、节日介绍等活动以"写"的方式再次输出相关主题词汇。讨论结束后,学生把口头讨论内容以书面形式表达出来,既对学生使用语言起到修缮作用,提高了语言运用能力,同时小组之间的竞争意识及教师评价给予的鼓励性语言又增添了学生学习的成就感和自信心。

(三)课后活动

1. 延展课内阅读

要实现群文阅读词汇教学效果的最大化,群文阅读应该从课内向课外延展。有限的课内时间限制了群文阅读词汇教学开展的广度和深度。课堂教学只是一个例子、一块试验田、一把钥匙,给学生提供的只是方法上的指导;而课外的空间更广阔,更有利于学生自由地阅读。因此,教师要充分利用学生课外阅读时间,给学生提供更多与单元话题相关的文本,进一步拓展学生课外阅读。一般来说,课后给学生组合两个阅读文本比较合适。现以人教版高中《英语》选修模块六第三单元及人教版高中《英语》必修模块三第一单元词汇教学为例,展示教师给学生组合的课外阅读文本及读后任务设计(分别以课外阅读文本 1 为例)。

(1)人教版高中《英语》选修模块六第三单元课外阅读文本 1 及读后任务设计。

【文本 1】

What Is Drug Addiction?

Addiction is a chronic, often relapsing brain disease that causes compulsive drug seeking and use, despite harmful consequences to the addicted individual and to those around him or her. Although the initial decision to take drugs is voluntary for most people, the brain changes that occur over time challenge an addicted person's self-control and hamper his or her ability to resist intense impulses to take drugs.

Fortunately, treatments are available to help people counter addiction's powerful disruptive effects. Research shows that combining addiction treatment medications with behavioral therapy is the best way to ensure success for most patients. Treatment approaches that are tailored to each patient's drug abuse patterns and any co-occurring medical, psychiatric and social problems can lead to sustained recovery and a life without drug abuse

Similar to other chronic, relapsing diseases, such as diabetes, asthma or heart disease, drug addiction can be managed successfully. And as with other chronic diseases, it is not uncommon for a person to relapse and begin abusing drugs again. Relapse, however, does not signal treatment failure—rather, it indicates that treatment should be reinstated or adjusted or that an alternative treatment is needed to help the individual regain control and recover …

文本 1 读后任务设计见表 2-5-11。

表 2-5-11　文本 1 读后任务设计

任务	任务要求
Task 1	Find and underline all the theme words(主题词汇) which occur in the text
Task 2	Use two sentences to summarize "What Is Drug Addiction?" _____ _____ _____ _____ _____ _____ _____

(2)人教版高中《英语》必修模块三第一单元课外阅读文本 1 及读后任

务设计。

【文本 1】

Thanksgiving Day

Thanksgiving Day, a joyous family festival is celebrated by people with great enthusiasm in places like USA, Canada and many other countries as well. Basically, the festival of Thanksgiving Day is the day of commemorating the feast held by the Pilgrim colonists as well as members of the people of Wampanoag of Plymouth in the year 1621. On this day of Thanksgiving festival celebration people express gratitude of thankfulness to God for his blessings and pay their thanks to dear ones for their immense love & support in their life. And the most integral as well as memorable part of the Thanksgiving Day celebrations is feasting with family and close ones.

Thanksgiving Day has been an annual holiday in the United States since 1863. However, not everyone sees Thanksgiving Day as a cause for celebration.

Beginning in 1970, a group of Native Americans and their supporters have staged an annual protest for a National Day of Mourning at Plymouth Rock in Plymouth, Massachusetts on Thanksgiving Day. American Indian Heritage Day is also observed at this time of the year.

There are claims that the first Thanksgiving Day was held in the city of El Paso, Texas, in 1598. Another early event was held in 1619 in the Virginia Colony. Many people trace the origins of the modern Thanksgiving Day to the harvest celebration the Pilgrims held in Plymouth, Massachusetts in 1621. However, their first true thanksgiving was in 1623, when they gave thanks for rain that ended a drought. These early thanksgivings took the form of a special church service, rather than a feast.

In the second half of the 1600s, thanksgivings after the harvest became more common and started to become annual events. However, they were celebrated on different days in different communities and in some places there were more than one thanksgiving each year. George Washington, the first president of the United States, proclaimed the first national Thanksgiving Day in 1789.

文本 1 读后任务设计见表 2-5-12。

表 2-5-12　文本 1 读后任务设计

任务	任务要求
Task 1	Find and underline all the theme words(主题词汇) which occur in the text
Task 2	Please say something about "Thanksgiving Day".

群文阅读词汇教学课内向课外延伸,弥补了课内教学时间的不足,有利于学生在课外阅读中实践群文阅读词汇学习方法,进一步培养了学生在文本语境中学习词汇的意识和能力。

2. 反馈读后效果

为不断改进群文阅读词汇教学,并引导学生及时反思词汇学习效果,建议教师设计学生"问答"读后反馈表(表 2-5-13),布置学生课后填写。

表 2-5-13　学生"问答"读后反馈表

Question	Answer
Q:What do you think of the texts provided? Which text do you think is the most interesting? And which is too boring? Which is too easy? Which is too hard?	A:
Q:How much time did you spend reading Text 3 and Text 4 after class?	A:
Q:How many words related to the topic can you remember without referring to the texts or textbook? Make a list of them.	A:
Q:How many words related to the topic can you use? Make a list of them.	A:
Q:Which words related to the topic are you still not able to use? Make a list of them.	A:

美国心理学家加涅认为:"学习的每一个动作,如果要完成就需要反馈,反馈是学生学习的重要条件。"设计读后反馈表的目的在于及时了解学

生学习状况和教学效果,对今后教学做必要调整。教师只有充分了解学生的需求,从学生的具体情况出发去改进教学,新的教学模式才能为学生接受和喜爱。

词汇学习只有在语境中才能真正达到学习效果。基于群文阅读的词汇教学模式给学习者提供了词汇学习的语言环境;学习者通过大量的语言接触,在语言环境中反复体验、理解和内化同类词汇的用法。我们认为,基于群文阅读的词汇教学,应成为高中英语词汇教学的常态。当然,有效实施基于群文阅读的词汇教学对教师和学生都提出了很高的要求,课前组合阅读文本和整合词汇耗费教师大量的时间和精力;大量的文本信息的输入要求学生具备很强的自主阅读能力。群文阅读词汇教学的课外延展,不仅需要学生时间的保证和自主阅读意识,还要求教师通过课后反馈,及时了解学生学习中遇到的困难和需求,教师再根据学生的需求,不断调整和改进群文阅读词汇教学策略。

四、群文阅读词汇教学与学科核心素养

词汇教学不仅要承担促进学生语言知识学习的任务,同时也要承担培养学生英语学科核心素养的任务。《教育部关于全面深化课程改革落实立德树人根本任务的意见》提出了核心素养这一重要概念,指出研制与构建学生核心素养体系是推进课程改革深化发展的关键环节。[1] 随着高中英语课程改革的不断推进,课程目标从培养学生的综合语言运用能力向培养学生的英语学科核心素养转变,教学任务逐渐围绕"立德树人"和"学科核心素养"展开。[2] 目前,很多英语界专家和中学教师就如何在中学英语教学中培养学生核心素养进行了大量研究,但这些研究主要聚焦在阅读教学,较少关注在语言知识教学中培养学生英语学科核心素养的问题。也许有不少教师认为,核心素养的培养只能在阅读教学中实现,词汇教学和核心素养培养不存在太多关联。这种观点显然是错误的,英语学科核心素养的培

---

[1] 百度官网.教育部关于全面深化课程改革落实立德树人根本任务的意见[EB/OL].(2014-03-30)[2020-04-30].https://baike.baidu.com/item/教育部关于全面深化课程改革落实立德/13826627? fr=Aladdin.

[2] 王蔷.从综合语言运用能力到英语学科核心素养——高中应用课程改革的新挑战[J].英语教师,2015(16):6-7.

养和落实应该渗透到英语教学的方方面面。教师不仅要在英语阅读教学中关注学科核心素养的培养,还应该在英语听力教学、词汇教学、语法教学中重视学生核心素养的培养。

词汇教学中培养学生英语学科核心素养不但必要,而且可行。词汇教学与阅读教学一样承担着学科核心素养培养的重要任务。词汇学习是英语学习过程中极为重要的内容和环节,是发展学生语言能力、培养学生英语学科核心素养的重要基石。① 《课标》指出,英语课程内容由六大要素组成,即主题、语篇、语言知识(语音知识、词汇知识、语法知识、语篇知识和语用知识)、文化知识、语言技能和学习策略。这六大要素是一个相互关联的有机整体,由一系列语言与思维相结合的学习活动将它们联系在一起,构成六要素整合的英语学习活动观,指向英语核心素养的培养与发展。② 很显然,词汇教学与英语课程其他内容一样,是发展学生学科核心素养的基础。词汇教学只有以发展学科核心素养为落脚点,教师才有可能尝试性地摆脱传统的词汇教学方式,去探究和选择更有效、更科学、更优化的词汇教学手段与策略,从而实现词汇教学效果的最大化。

(一)群文阅读词汇教学与英语学科核心素养的培养

学科核心素养是学科育人价值的集中体现,是学生通过学习而逐步形成的正确价值观念、必备品格和关键能力。英语学科核心素养主要包括语言能力、文化意识、思维品质和学习能力。英语学业水平考试和高考都应该在考查学生英语语言运用能力的同时,渗透对文化品格、思维品质和学习能力的考量。对语音、词汇、语法、语用、语篇和文化知识的考查应渗透在英语理解能力和表达能力的考查之中,不应孤立地考查这些方面的知识点,更不应机械地考查对知识的记忆情况。③ 基于此,在词汇教学过程中,教师应该注重语言环境的创设,让学生借助语言的理解和表达达到词汇学习的目的。群文阅读词汇教学给学生提供了"群文"阅读语言环境,学生在多文本语篇中熟知、理解和内化目标词汇,这契合了《课标》对词汇考查的标准和要求,也契合了《课标》对英语学科核心素养的考量。

---

① 黄岳辉.基于"接受"和"产出"特征分析的词汇教学研究[J].新课程评论,2017(2):83-91.

②③ 教育部.普通高中英语课程标准(2017年版)[M].北京:北京师范大学出版社,2018.

阅读是高中阶段学生语言能力提升和思维发展的重要载体,阅读教学历来是高中英语教学的主阵地。在当前的英语课程改革中,教师要引导学生以探究主题意义为目的,以语篇为载体,在理解与表达的实践中,融合知识学习与技能发展,通过一系列思维活动,形成结构化知识,在分析问题和解决问题的过程中,发展思维品质,塑造文化品格,学会学习,形成正确的价值观,促进英语学科核心素养的形成与发展。[①] 群文阅读词汇教学融阅读教学与词汇教学于一体,给学生提供群文阅读语言环境,让学生在多文本语篇情境中认知和运用词汇,词汇学习是基于学生阅读与单元话题相同或相似的一组"群文",通过大量、反复接触同一话题的主题词汇的过程中发生的。群文阅读词汇教学策略创新了词汇教学的固有方式,摆脱了传统"灌输式"的词汇教学模式,体现了语言学习与语言运用的协调统一,提高了词汇教学效果,同时有助于英语学科核心素养在英语教学中的培养和落实。

1. 群文阅读词汇教学有助于发展学生的语言能力

影响语言学用的因素是相通的,学与用不分离。"学相伴"增加了"用相随"的可能性,与正确的语境相伴而学,就可以规避母语语境空缺。具体一点来说,就是尽可能在正确的相关因素陪伴下学习外语词句。比如,单词至少要用在短语中,短语至少要用在句子中,句子至少要用在语篇中,所有这些语言成分要尽可能用在人际互动的动态情境中。在人际互动中、在动态的情境语境中学习语言,能够放大相关因素的启动效应,增加学过能用的可能性。也就是说,语言能否学好,不仅取决于语言本身的操练是否熟练,而且还取决于伴随语言学习的语境是否有助于启动语言的后续使用。[②]《课标》提出了指向学科核心素养的英语学习活动观,明确活动是英语学习的基本形式,是学习者学习和尝试运用语言理解与表达意义、发展多元思维、塑造文化品格、形成学习能力的主要途径。活动观的提出为落实课程总目标提供了有力保障,是变革学习方式、提升英语教与学的效果的重要举措。英语学习活动的设计应以促进学生英语学科核心素养的发展为目标,引导学生基于口头和书面语篇所提供的主题情境,通过获取与梳理、概括与整合、实践与内化、分析与评价、迁移与创新等一系列相互关

---

① 关媛.基于文本解读的英语学科核心素养培养[J].中小学外语教学(中学篇),2017(2):20-24.

② 王初明.外语是怎样学会的[M].北京:外语教学与研究出版社,2010:105.

联的学习活动和多种互动交流方式,梳理、整合、阐释和评判语篇意义,感知和比较文化异同,获得积极的价值观;创造性地表达个人观点、情感和态度;运用有效的策略与方法,提升学英语和用英语的能力。①

鉴于此,语言能力的发展是通过语言的"学"和"用"的相互结合实现的,而语言的"学"和"用"的结合正是通过《课标》提出的英语学习活动观来实现的。教师要避免以讲解语言知识点为主的教学方式,要引导学生认识到学习语言的目的是能够在真实语境中运用所学知识、理解意义、传递信息、表达个人情感和观点、比较和鉴别不同的文化和价值观。为此,在英语教学中,教师应该遵循学习活动观理念,设计基于单元主题语境、指向英语学科核心素养的学习活动,引导学生积极参与课堂学习活动,通过听、说、读、写、看的训练发展语言能力,促进语言的综合运用能力。群文阅读词汇教学理念重视语言的"学""用"结合,在群文阅读词汇教学过程中,学生在多文本阅读中学习和运用单元主题词汇,遵循了语言学用结合的原则。群文阅读词汇教学流程中的教学环节和教学活动体现了《课标》中的学习活动观的理念,活动围绕主题语境设计,学生通过参与主题引领的学习活动表达个人观点、发展语言运用能力。

2. 群文阅读词汇教学有助于培养学生的思维品质

语言与思维有着千丝万缕的联系。语言是思维的工具,也是使思维外显的手段。思维需要借助语言,而语言学习(包括学习母语和母语以外的语言)又能促进思维的发展。思维品质是思维在逻辑性、批判性、创造性等方面表现的能力和水平。② 思维品质的发展有助于提升学生分析和解决问题的能力,使他们能够从跨文化视角观察和认识世界,对事物做出正确的价值判断。高中英语课程应达成的思维品质目标是:使学生能辨析语言和文化的具体现象,梳理、概括信息,建构新概念,分析、推断信息的逻辑关系,正确评判各种思想观点,创造性地表达自己的观点,具备初步运用英语进行思考、创新思维的能力。从理论上讲,任何学科的教学都涉及各种各样的思维活动,都有助于促进学生思维品质的发展,但是在具体教学中,要结合学科特点设计思维活动。③ 郭宝仙、章兼中强调,应该从英语学科特点

---

①③ 教育部.普通高中英语课程标准(2017年版)[M].北京:北京师范大学出版社,2018.

② 程晓堂.在英语教学中发展学生的思维品质[J].中小学外语教学(中学篇),2018,41(3):1-7.

和英语学科中思维的内涵出发,根据学生思维发展的规律和特点,设定教学目标并开展有效教学,促进语言能力和思维能力的协同发展。①

群文阅读词汇教学的一个显著特征是在多文本阅读中学习和运用词汇,学生在课内外完成同一个主题的多文本阅读,反复接触同类主题词汇,达到词汇习得的目的。群文阅读中的读不是简单读,不是泛泛而读,而是有目的地阅读。在整个教学活动中,学生的阅读活动是完整而有意义的,学生在阅读中学习和应用词汇,在阅读中建构"群文"文本意义,在阅读中体验和感受文化,这种寻求意义的阅读过程极大地激发学生的好奇心和求知欲。单元主题词汇教学是群文阅读词汇教学的首要教学目标,但不是唯一的教学目标。在群文阅读教学过程中,教师通过建立同一主题的多个文本的连接,通过文本阅读读后"思维探究"任务的设置,目的在于发展学生阅读能力的同时,发展学生的思维能力。另外,群文阅读词汇教学中的活动是基于学生思维发展而设计的,活动融语言、思维和文化于一体,学生在活动中发展了语言能力,提升了文化意识,培养了思维品质。

3. 群文阅读词汇教学有助于提升学生的文化意识

《课标》明确指出,教师要把对文化知识的教学有机融入语言学习的过程中,充分利用语篇所承载的文化和育人价值,通过活动,与学生共同探讨文化的内涵,丰富学生的文化体验,发展学生的文化鉴赏力。也就是说,对于文化知识的教学要注意从外向内的转化。教育所追求的目标就是帮助学生在对主题和语篇展开探究的过程中,通过有层次的多种语言实践活动,将文化知识转化为内在的具有正确价值取向的认知、行为和品格,达到育人的目的。围绕文化知识的教学,教师可采取多种措施:一是结合教材各单元内容,有意识地帮助学生了解英美等国家文化背景知识,理解、分析、讨论语篇所承载的文化内涵和价值取向;二是针对教材中出现的与文化习俗相关的习语、成语、习惯表达、词语组合等,提供背景资料,设计相关情景进行巩固性、交际性操练;三是在学习中遇到英美等国家主要传统节日、著名人物的纪念日、重要事件纪念日、最近重要事件等时,可向学生推荐相关的专题阅读材料,并组织丰富多样的活动让学生感受和体验有关的文化习俗,同时引导学生正确对待不同文化,防止盲目效仿;四是结合课外阅读,创造文化环境,开展主题演讲、文化专题作文比赛、英语诗歌朗诵比

---

① 郭宝仙,章兼中.英语学科中思维能力的培养[J].课程·教材·教法,2017(2):80-86.

赛、知识竞赛、演出英语剧、演唱英语歌曲等活动；五是根据条件适当开展中外学校、学生之间的联系和联谊活动，一方面可从中外交流中直接获得文化知识，另一方面也能促进英语语言技能的提升和跨文化沟通能力的有效发展。①

群文阅读词汇教学是基于同一主题的多文本阅读中进行的。一般来说，为达到词汇教学效果，在开展群文阅读词汇教学中，教师应该在课前组合4~6个群文文本供学生课内、课外阅读，这些文本不但要求有较高的单元主题词汇复现率，而且每个文本的话题必须与单元话题相同或相似。这些"群文"文本蕴含和承载了丰富的单元话题文化信息，拓展了教材文本主题文化知识，弥补了教材文本主题文化信息传递的不足。群文阅读词汇教学是基于语篇承载的文化知识来实现文化知识教学的目标，在"群文"文本阅读过程中，学生不仅能自觉地积累单元主题文化知识，还能在多文本真实的情境中深入理解单元主题文化知识的精神内涵。除此之外，群文阅读词汇教学重视学生在课堂学习活动中进一步学习、理解单元主题文化知识，以加强对中外文化差异的敏感度、增强对中外文化差异处理的灵活性，并将其内化为个人的自觉意识和品行。

4. 群文阅读词汇教学有助于形成学生的学习能力

高中阶段是学生学习能力发展的重要时期，教师要把培养学生的学习能力作为教学的重要目标，在教学过程中为学生发展学习能力创造有利条件，帮助学生在英语学习的过程中，学会如何进行自我选择、评判和监控，培养学生自主学习、合作学习和探究学习的能力。自主学习、合作学习和探究式学习是教育界近年发展起来的重要学习理念和学习方式。就其目标而言，自主学习关注学习者主动、积极的学习动机和自觉、持续的行为能力；合作学习关注学习者与人沟通、合作完成学习任务的能力；探究式学习注重对过程和概念的探究与发现方式，是学生获得结构性知识、发展分析问题和解决问题能力的重要途径。自主、合作、探究式学习对激发学生的学习兴趣，提高学生在课堂活动中的参与度，促进师生间的合作交流具有重要作用，而学生能否有效地开展自主、合作与探究式学习是衡量他们学习能力发展水平的重要指标。学生学习能力的发展无疑需要教师精心的指导和帮助。在教学中，教师要避免包办代替，凡是学生能做到的，就应让

---

① 教育部.普通高中英语课程标准（2017年版）[M].北京：北京师范大学出版社，2018.

他们自主完成。教师要有意识地对学生的学习能力给予指导,如课前合理布置自学活动,课中组织小组合作学习与探究活动,课后布置适量的拓展性作业。此外,教师要在教学中帮助学生感受学习英语的价值和意义,了解英语语言的结构特点和语用习惯,学会选择适合自己的学习方法和策略,主动参与学习活动并尝试自我评价和同伴互评,养成自我反思的习惯,在体验自主学习、合作学习和探究式学习的过程中学会学习。[①]

群文阅读词汇教学把阅读与词汇教学统一起来,学生在阅读中学习认知、理解运用词汇,在有意义的阅读过程中体验词汇学习的成功与快乐。群文阅读词汇教学重视学生自主学习、合作学习和探究式学习意识和能力的培养,体现了"以学生为中心"的教学原则。在群文阅读词汇教学中,单元主题所连接的是一个文本群,在有限的课内时间完成这些文本群的阅读是做不到的。因此,群文文本的阅读必须从课内向课外延伸,从而使学生课内外阅读相结合,实现"展学",这对学生发展自主阅读能力和探究能力具有重要的意义,而群文阅读教学流程中指向核心素养培养的学习活动对培养学生的合作学习和探究学习能力有很大帮助。总而言之,群文阅读词汇教学践行了《课标》提出的英语学习活动观理念,突破了传统词汇教学方式的禁锢,创新了词汇教学方法;改变了教师的教学方式,教师在教学中不再扮演知识"讲授者"的角色,而是充分尊重学生在词汇学习中的主体地位;转变了学生的学习方式,学生在词汇学习中不再是知识的被动"接受者",而是主动学习和主动探究者。

(二)核心素养在群文阅读词汇教学中的培养途径

下面以人教版《高中英语》必修模块三第一单元词汇教学为例,具体阐述在群文阅读词汇教学中培养学生英语学科核心素养的途径。

1. 巧设主题活动,培养学生的语言能力

语言能力是发展学生英语学习其他方面能力的基础和前提,也是英语学科核心素养的"核心"内容之一。主题语境不仅规约着语言知识和文化知识的学习范围,还为语言学习提供意义语境,并有机渗透情感、态度和价值观。教师应该认识到,学生对主题语境和语篇的理解和探究的深度,直接影响学生思维发展水平和语言学习成效。英语教师应该把对主题意

[①] 教育部.普通高中英语课程标准(2017年版)[M].北京:北京师范大学出版社,2018.

的探究视为教与学的核心任务,并以此整合学习内容,引领学生语言能力、文化意识、思维品质和学习能力的融合发展。① 探究单元主题意义,认知、理解和运用单元主题词汇是群文阅读词汇教学的重要教学内容。基于此,在开展群文阅读词汇教学的过程中,教师可以尝试设计与单元主题意义相关的课堂活动,以引导学生通过探究单元主题意义,初识和认知单元主题词汇,发展学生语言能力。

(1)模拟采访。

采访,是一种真实的、有利于发展学生听、说、读等能力的语言情境活动。建构主义认为,学习是在一定的"情境",即社会文化背景下,借助人际间的协助活动而实现的意义建构过程。创设与阅读文本有关的语境,让学生在情境交际中使用语言知识与技能是发展语言能力的有效途径。②

在本课例中,笔者在读前环节设计了一个探究单元主题的"采访"活动,要求学生就单元主题"Festivals around the world"下的"西方节日"相互开展访谈活动(尽可能多地使用单元主题词汇)。以下是两个学生访谈片段(加下划线的词汇为本单元学习的主题词汇):

S1:Jack,I'm quite interested in the Festival "Thanksgiving Day" in your country. Can you tell me something about it?

S2:Oh, of course, I'm glad to tell you something about it. Thanksgiving day, a harvest festival, always takes place in the fourth week in November every year. It is a traditional holiday during which families have a gathering, being grateful that food is gathered for winter and the agricultural work is over …

S1:It sounds very interesting, but what about its origin?

S2:…

(2)制作海报。

基于新课程"英语学习活动观"理念,笔者在本课例读后环节设计了"海报制作"这一探究文本主题的课堂活动。活动要求学生在了解中外传统重要节日的基础上运用本课所学单元主题词汇创作自己的节日(Create

---

① 教育部.普通高中英语课程标准(2017年版)[M].北京:北京师范大学出版社,2018.

② 黄维强.基于核心素养的高中英语阅读教学实践探究[J].中小学英语教学与研究,2017(7):34-38.

your own festival），并制作成海报，然后教师对学生作品进行展示和评价。以下是一个学习小组创作的节日（加下划线的词汇为单元学习的主题词汇）：

Students' Carnival
—A Students' Holiday, No Classes at School

Celebration Date：The fourth Friday of April

Celebration Activities：

On Students' Carnival Day, students <u>dress</u> themselves <u>up</u> and go to school as usual, but there are no classes at school. In the school, students can have fun with each other by taking part in different kinds of activities <u>day and night</u>, such as <u>parades</u>, dancing and singing party or some competitive events organized by teachers. At the end of the day, students can <u>gain</u> some small <u>awards</u> given by teachers. This Friday totally belongs to students because students have no worries about study.

通过开展"采访"和"制作海报"课堂主题活动，学生在真实的语言环境中发展了听、说、读、写、看等方面的语言能力，并通过参与和体验，进一步强化了语言的感知能力。同时，学生通过输出单元主题词汇，在活动中实践了语言学用结合和语言迁移创新。

2. 挖掘文本内涵，强化学生的文化意识

文化意识是对中外文化的理解和对优秀文化的认同，是学生在全球化背景下表现出的知识素质、人文修养和行为取向。《课标》对学生文化意识提出了明确的目标：获得文化知识，理解文化内涵，比较文化异同，汲取文化精华，形成正确的价值观，坚定文化自信，形成自尊、自信、自强的良好品格，具有一定的跨文化沟通和传播中华文化的能力。

依托"群文"文本语境展开词汇教学是群文阅读词汇教学的主要途径。教师在课前除了整合单元教材文本，还需要组合几个与单元话题相关的课外文本，供学生课内外拓展阅读，增加学生接触单元主题词汇的机会。教师在利用教材文本和课外文本教学词汇的同时，可以充分挖掘教材和课外"群文"文本的文化内涵，以提高学生的文化意识，发展学生学科核心素养。

（1）挖掘教材文本内涵。

人教版高中《英语》教材蕴含大量文化内涵丰富的文本素材，通过对文本的研读与学习，学生不仅可以开阔文化视野，增加对英语国家的文化理解，还会加深对本土文化的了解和热爱，从而提高人文素养。① 人教版高中《英语》教材每个单元都有多个文本，在单元教学时，教师往往只注重每个单元主阅读文本的教学，忽略了单元其他教学内容中的文本在教学中的地位。这些文本出现在单元 Using Language 中的听力、阅读部分，或出现在 Workbook 的听力和阅读部分。这些文本都是围绕单元话题而编写，从不同侧面和角度介绍单元话题，具有丰富的多文化色彩，为教学提供了大量的文化素材。在教学中，教师可以把教材中出现的文本整合起来，充分挖掘每个文本的文化内涵，从整体上展开教学设计，以达到提升学生文化意识的目的。

在本课例教学过程中，笔者整合了单元 Reading、Using Language 和 Workbook 里的 3 个阅读文本，充分挖掘 3 个文本相互渗透的文化内涵。比如，单元主阅读文本"Festivals and Celebrations"介绍了 4 种不同的节日类型，即"亡灵节"、"纪念名人的节日"、"庆祝丰收的节日"和"春天的节日"，其中"春天的节日"这部分提到了"狂欢节"，但未进行详细介绍。为了让学生了解西方传统节日"狂欢节"的起源及庆祝方式，教师可以布置学生课后阅读 Workbook 中的阅读文本"Winter Carnival in Quebec"，让学生真正感受"狂欢节"热情的节日氛围与浓厚的文化气息。因此，基于单元主题文化内容在单元不同文本交叉渗透的现象，教师应该通过整合教材同一单元的多个文本，发现文本群中的文化元素的共性，整体把握教学思路，设计教学环节，以达到提升学生文化意识的教学目标。

(2)挖掘课外文本内涵。

群文阅读词汇教学要求教师课前组合若干文本供学生课外拓展阅读。聚焦单元同一话题的课外阅读文本不仅承载了大量单元主题词汇，而且承载了丰富的文化元素。这些文本充实了教材文本的文化内涵，拓展了学生的文化视野，对学生跨文化意识的培养起着重要作用。

基于单元主题并根据教学需要，笔者组合了如下 4 个课外阅读文本，文本信息见表 2-5-14。

---

① 黄维强.基于核心素养的高中英语阅读教学实践探究[J].中小学英语教学与研究,2017(7):34-38.

表 2-5-14 课外阅读文本信息统计表

文本	文本主题	文本篇幅	文本中出现的主题词汇
文本 1	Thanksgiving Day	453 词	12 个
文本 2	Easter	310 词	8 个
文本 3	Duanwu Festival	447 词	10 个
文本 4	Halloween	395 词	9 个

以上是教师根据单元词汇教学和学生文化意识培养的需要组合的4个课外阅读文本。本单元学生文化意识培养的主要内容是学习中外传统节日的由来及其庆祝活动和方式，但由于教材内容编排的局限，教材文本没有出现一些中外传统重要节日介绍，而教师组合的课外阅读文本弥补了这一空缺。"复活节"和"万圣节"是西方重大传统节日，两个节日起源都蕴含很深的西方传统基督文化色彩。本单元教材主阅读文本在不同的节日类型中分别提及了这两个节日，但没有做进一步介绍。基于此，教师组合的以上4个文本中，其中一个文本介绍了"复活节"，一个文本介绍了"万圣节"，旨在让学生通过这些课外文本的阅读深入了解这两个西方传统节日的文化内涵。学生在深刻认识这两个西方节日的同时，会联想到相关的中国传统的节日，如"春节"，并发现中西文化的相通点，从而提升学生的家国情怀意识和对中国传统文化的认同感。

3. 策划读后活动，培养学生的思维品质

英语学科4个维度的素养中，思维品质的培养是最难落实的。因为思维品质的培养取决于教师教学观念的转变和教学能力的提升，需要教师针对文本设计符合自己学生实际的学习活动才能有效完成。读后活动是阅读教学不可分割的一部分。教师在设计读后活动时应紧扣阅读材料，充分挖掘教材的原生价值，创设情境，对话题进行拓展和延伸，并保持一定的深度和开放性，以引起学生的思考，激起学生表达的欲望，同时拓展他们思维的广度和深度。① 在开展群文阅读词汇教学时，教师可以借助"群文"文本，巧设创新性和开放性的读后活动，或从文本主题意义、文本内容、文本语言、作者意图、文本标题等方面设置讨论活动，引导学生大胆质疑、合理评

---

① 张树勇.高中英语读后活动的设计原则与策略应用[J].中小学外语教学（中学篇），2015(10)：12-18.

判,并发表个人看法,以培养学生创新思维和批判性思维品质。

(1)开放性活动。

巧设开放性活动旨在培养学生创新性思维意识和能力。思维活动的创新性是指学生在实践体验活动中,能摆脱思维定式,敢于超越常规,重新架构原有知识,产生新的独特的想法和做法,从而创造性地解决问题。① 在本课例中,学生通过课前、课内阅读群文文本,初识和内化单元主题词汇后,为进一步让学生深化对主题词汇的理解和运用,同时达到培养学生的创新性思维能力的目的,建议教师设计"节日介绍"这一开放性读后活动,活动要求学生仿照教师提供的节日介绍的样例,运用尽可能多的单元主题词汇介绍某个中外传统的重要节日。以下是一个学习小组对中秋节(Mid-Autumn Festival)做的一个介绍(加下划线的词汇为本单元学习的主题词汇):

Mid-Autumn Festival

Mid-Autumn Festival <u>takes place</u> on the fifteenth day of the eighth <u>lunar</u> month every year. It <u>celebrates</u> the beauty of the full moon and <u>harvest</u>. It is the nice time when family and friends <u>gather</u> together and <u>have great fun with</u> each other. It is one of the most important traditional festivals in China that we Chinese people are always <u>looking forward to</u>. On Mid-Autumn Day people give and eat mooncakes, <u>admire</u> the full moon happily with family and friends. The <u>custom</u> of such <u>celebrations</u> has been passed down from generation to generation…

学生在参与活动的过程中,充分激发发散性思维,对本课时学习的有关节日的主题词汇进行实践应用和迁移创新。这一活动把语言、文化、思维融为一体,训练了学生在情境中活用词汇的能力,使"学"和"用"统一起来,同时提升了学生的创新性思维意识和品质。

(2)评判性活动。

巧设评判性活动的目的在于培养学生批判性思维意识和能力。批判性思维能力是指能动、持续和细致地思考任何信念或被假定的知识形式,分析其前提、假设、概念、意涵或结论等,理性评估其清晰性、准确性、精确

---

① 蒋健妹,秦益锋.聚焦学生素养,培养思维品质[J].阅读(教学研究),2016(6):36-38.

性、相关性、逻辑性、公正性、深度和广度等的能力。① 引导学生识别作者观点,对文本语言、作者意图、文本标题等进行大胆质疑和合理评判,对培养学生批判性思维能力至关重要。为达到进一步强化学生认知单元主题词汇和培养学生批判性思维能力的目的,教师可以整合本单元 Using Language 部分的阅读文本"A Sad Love Story",设计一个评判性读后活动,要求学生对文本语言及文本标题进行大胆质疑和合理评判。

活动中学生展开了热烈讨论,就文本语言和文本标题的合理性大胆提出了质疑并做出合理评判。比如,针对文本语言,有一个小组对文本第一段结尾句"He would drown his sadness in coffee"提出了质疑,不理解作者为什么把"借酒消愁"说成了"借咖啡消愁",好奇"咖啡是否能消愁",并建议把该句子改写为"He would drown his sadness in drink"。针对文本标题,该小组的观点是:文本主要讲述的是 Li Fang 在情人节这一天约会失败,文本中附加的"牛郎和织女悲凉的爱情故事"只是一个插曲。因此,文本标题用"An Unhappy Valentine's Day"代替"A Sad Love Story"更妥当。本活动加深了学生对单元词汇的认知,同时培养了学生的评判性意识和能力。

4. 拓展课外阅读,发展学生的学习能力

学习能力是指学生积极运用和主动调适英语学习策略、拓展英语学习渠道、努力提升英语学习效率的意识与能力。《课标》明确了学生应该达到的学习能力目标:进一步树立正确的英语学习观,保持对英语学习的兴趣,具有明确的学习目标,能够多渠道获取英语学习资源,有效规划学习时间和学习任务,选择恰当的策略与方法,监控、评价、反思和调整自己的学习内容和进程,逐步提高使用英语学习其他学科知识的意识和能力。②

课内阅读向课外延伸是群文阅读词汇教学的主要原则和策略,不仅有利于增加学生接触单元主题词汇的频度,而且有利于学生拓展学习渠道、自主安排学生时间,从而形成自主学习能力。

(1)拓展课前阅读。

课前拓展阅读的目的是让学生提前熟悉和认知本课例要教学的单元

---

① PAUL R,ELDER L. Critical thinking:Tools for taking charge of your learning and your life [M].New York:Pearson Education,Inc,2012.

② 教育部.普通高中英语课程标准(2017年版)[M].北京:北京师范大学出版社,2018.

主题词汇。为了让学生初步感知单元主题词汇,笔者给学生组合了两个文本供学生课前阅读(文本1和文本2),并设计了两个读后任务。以下是文本1的片段内容及活动设计:

【文本1】

Thanksgiving Day

Almost every culture in the world has held celebrations of thanks for a plentiful harvest. Thanksgiving, the most truly American of the national holidays in the United States, was first celebrated in 1621 by English settlers of the Plymouth colony.

In 1621, the settlers who have since come to be called the Pilgrims left their native England. They had begun to question the beliefs of the Church of England and wanted to separate from it. They settled in what is now the state of Massachusetts. Their first winter in the New World was difficult as they had arrived too late to grow many crops and … ①

文本1读后任务设计如下:

Task 1:Find the theme words & expressions(主题词汇)occurring in the passage and underline them.

Task 2:Give a brief description of how Thanksgiving Day originated.

【文本2】(略)

(2)拓展课后阅读。

课后拓展阅读的目的是进一步巩固学生对本节课所学词汇的理解和记忆。在本课例中,笔者给学生组合了两个文本供学生课后延展阅读(文本3和文本4),并设计了相关读后任务。以下是文本3的片段内容及活动设计:

【文本3】

Duanwu Festival(Dragon Boat Festival)

The Dragon Boat Festival is an exciting event in China. It is held on the fifth day of the fifth lunar month, usually in June. The day is set aside in memory of the death of Qu Yuan, the famous Chinese poet and patriot.

Qu Yuan was a high court official of the State of Chu in the period of

---

① 人民教育出版社.普通高中英语课程标准实验教科书(教师教学用书)·英语必修3[M].北京:人民教育出版社,2007:12-15.

the Warring States. Qu Yuan wrote beautiful and passionate poems for his country against the evil officials.

Eventually, he became disillusioned and he took his own life by drowning himself in the Milo River …

文本3读后任务设计如下：

Task 1:Find the theme words & expressions(主题词汇)occurring in the passage and underline them.

Task 2:What kind of person do you think Qu Yuan is? Please use three adjectives to describe him.

【文本4】(略)

课前、课后拓展群文阅读给学生提供了更自由、更宽松的学习环境。在课外阅读中，学生可以自主安排阅读时间、自主选择阅读方式完成阅读任务，这有利于促进学生养成自主学习习惯、形成自主学习能力。

普通高中的培养目标是进一步提升学生综合素质，着力发展核心素养，使学生具有理想信念和社会责任感，具有科学文化素养和终身学习能力，具有自主发展能力和沟通合作能力。高中英语词汇教学中培养学生学科核心素养不仅必要，而且可行。教师应通过设计主题突出，具有综合性、关联性和实践性特点的英语学习活动，让学生在学习活动中运用语言、体验文化、训练思维、表达观点，努力在英语词汇教学中实践英语学科核心素养的培养和落实。

五、群文阅读词汇教学与"情智英语"

当代教育呼唤两大精神：一是科学精神，二是人文精神。科学精神的核心是"智"，人文精神的核心是"情"。开启学生情智，是为了使我们的下一代成为富有科学精神和人文精神的新公民，这和英语课程改革的宗旨"提高学生语言素养，发挥应有育人功能"是相吻合的。[1] 提升语言素养、获得语言知识是英语教育的目标，但不是唯一目标。除提高学生英语语言素养外，英语教育还承担着育人这一重要任务。那么，教师如何在英语教学中，在提升学生语言素养的同时又发挥其育人功能呢？这是我们每一个英语教师应该去思考的一个问题。"情智英语"教学很好地回答了这个问题，

---

[1] 汤素云.在初中英语课堂中实施情智教学的尝试[J].广西教育,2014(25):98-99.

"情智英语"着眼于"情"和"智"的统一,构建情智交融的课堂。情感和思维的培养是英语教学的双重任务,英语教学缺乏情感和思维就如同一个躯体没有了血肉和灵魂,一个没有向上情感的学生不可能进一步发展思维,一个不会思考问题的学生不可能有健全、独立的人格。"情智英语"构建"情""智"共生、共存的英语课堂,情智课堂既关注学生情感品质的培养,又重视学生思维品质的提升和智慧的生成,"情智英语"教学是科学精神和人文精神的和谐统一。

群文阅读词汇教学融阅读教学和词汇教学于一体,给学生提供群文阅读语言环境,让学生在多文本语篇情境中认知和运用词汇。词汇学习是基于学生阅读与单元话题相同或相似的一组"群文",通过大量、反复接触同一话题的主题词汇的过程中发生的。群文阅读词汇教学的创新之处在于把词汇学习与阅读紧密联系在一起,把"群文"阅读语篇作为词汇学习的语言大环境,摆脱了传统脱离语言情境、"灌输式"的词汇教学模式,体现了语言学习与语言运用的协调统一。群文阅读词汇教学引导学生通过广泛阅读自觉习得单元主题词汇,阅读材料是教师根据学生学情、兴趣经过精心筛选组合而成的。这些阅读材料集知识性、文化性和时代性于一体,有很强的可读性,能极大地吸引学生的阅读兴趣,点燃学生的阅读热情,从而激发学生"情智",达到情智教育的目的。群文阅读词汇教学在实现词汇教学目标的同时,还提升了学生的阅读素养和阅读水平。通过大量"群文"文本阅读,学生开阔了视野,拓展了课外知识,增强了文化意识,提升了思维品质,提高了学习能力,从而发展了英语学科核心素养。

第二节　隐喻思维词汇教学

一、隐喻思维理论

什么是隐喻?什么是隐喻思维?也许,对很多中学英语教师来说,隐喻是个陌生的概念。但我们认为,作为一名英语教师,了解和掌握隐喻、隐喻思维的概念及其在词汇形成过程的内部运行机制是很有必要的,也是非常重要的。从字面意思看,隐喻似乎是一个比较抽象的东西,但我们可以从以下几个概念比较全面、深刻地把握其实质意义和内涵。

(一)隐喻

隐喻是我们赖以生存的一个概念。美国语言学家 Lakoff 和 Johnson(1980)认为,对于大部分人来说,隐喻不是寻常的语言,而是诗意的想象和修辞多样性的一种策略,非同寻常。隐喻通常被看成语言文字的特征,而非思想和行为的特点。基于此,大多数人认为没有隐喻的存在,他们依然可以自如地生活,而我们发现事实恰恰相反。不论是在语言上还是在思想和行动中,日常生活中隐喻无处不在,我们思想和行为所依据的概念系统本身是以隐喻为基础的。这些支配着我们思想的概念不仅关乎我们的思维能力,它们也同时管辖我们的日常运作,乃至一些细枝末叶的平凡细节。这些概念建构了我们的感知,构成了我们如何在这个世界生存以及我们与其他人的关系。因此,我们的这个概念系统在界定日常现实中扮演着举足轻重的角色。我们的概念系统大部分是隐喻的,我们的思维方式,我们每天所经历所做的一切都充满了隐喻。但是我们的概念系统不是我们平时能够意识到的,我们每天所做的大部分琐事都只是按照某些方式或多或少地在自动思维和行动。这些方式是什么却并非显而易见。要搞清楚这些,一个方法就是研究语言。既然交流是基于我们用以思考和行动的同一个概念系统,那么语言就是探明这个系统是什么样子的重要证据来源。基于语言学证据(linguistic evidence),我们发现普通的概念系统,究其实质,大都是隐喻的,并且找到了一种方式来仔细鉴定那些建构我们如何感知、如何思考、如何行动的隐喻究竟是什么。这种方式就是通过另一种事物来理解和体验当前的事物。[1]

隐喻是生动形象、广为运用、素来为人们所青睐的艺术修辞格。隐喻就是利用不同事物的抽象的"相似点"来"打比方","相似点"可以是外在的形、色、声、味,也可以是内在的理、性、情、感,性质相异事物的抽象的共性像纽带一样自然巧妙地将它们联系起来。隐喻以浅显说明深奥,以具体说明抽象,以熟悉说明生疏,并创造生动的意境和形象,使人在恍然大悟中感

---

[1] 乔治·莱考夫,马克·约翰逊.我们赖以生存的隐喻[M].何文忠,译.杭州:浙江大学出版社,2015:1-2.

受到言语者所喻之妙,从而产生满足和信服的快感。①

(二)隐喻思维

隐喻不仅是一种修辞手法,还是一种认知和思维方式。西方学者对隐喻的研究呈现出多视角多领域、交叉交织、相互辉映的局面。古希腊哲人亚里士多德既研究隐喻的修辞功能,又研究其认知功能,只不过没有明确提出这个术语罢了。20世纪以来,随着认知语言学的兴起,隐喻上升到思维领域,其认知功能及对人类思维的推动得到了普遍认可和高度重视。Richard(1936)论述了隐喻的要素、特征等,并最先探讨隐喻的认知功能。② Lakoff 和 Johnson 认为,隐喻不仅仅是语言的事情,也就是说,不单是词语的事情。相反,人类的思维过程在很大程度上是隐喻性的。Lakoff 和 Johnson 合著的 *Metaphors We Live By* 一书开辟了语言学研究的新天地。这本书将语言就是隐喻的认识提升到一个新的高度,使隐喻的研究从此摆脱了以文学和修辞为本的传统隐喻的束缚,正式步入认知科学的新领域。Lakoff 认为,隐喻不是语言的表面现象,而是一种深层的认知机制,它组建了我们的思维,形成了我们对世界的判断,使语言结构化、系统化,从而具有巨大的生成力。③ 隐喻不仅是一种语言修辞手法,而且是一种认知手段和思维方式。认知隐喻思维是思维方式的一种,是隐喻形成和理解过程中人脑通过联想和类比推理进行的相似性替换并创造出新的概念组合及其关系的过程。④ 认知隐喻的哲学基础为"体验哲学",即人们对隐喻的认识靠的是以前的身体经验和知识。也就是说,隐喻的理解涉及两个认知域:源域(source domain)和目的域(target domain)。隐喻就是以一个认知域的经验来理解另一个认知域的经验,源域的部分特点被映射(mapping)到目的域上,后者因前者而得到部分理解。

(三)范畴化

范畴化是人类认知世界的一种手段。人类认知方面一个很重要的能

---

①② 谭卫国.英语隐喻的分类、理解与翻译[J].中国翻译,2007(6):42-46.

③ 吴莉.概念隐喻的分类及其在语言教学中的认知力[J].齐齐哈尔大学学报(哲学社会科学版),2005(6):102-104.

④ 王洪刚,杨忠.试论隐喻思维的特点及功能[J].东北师大学报(哲学社会科学版),2003(2):86-91.

力就是将外界事物进行分类(categorize),这个过程就被称为范畴化(categorization)。被归为一类的事物一定是在某方面有着相似之处。在人类思维、知觉、行动和语言方面,范畴化的过程是最基本,也是必不可少的。同时范畴及范畴化与文化之间有着千丝万缕的联系。① 1989年,Taylor认为,可以对语言进行范畴化,一个多义词所形成的语义范畴的各个义项地位是不同等的,有典型义项(或中心义项)和边缘义项之分,其典型义项就是原型义项,它往往是人们首先获得的,也是语符最原始、最基本的义项(即核心义项),语义范畴就是围绕这个原型义项不断向外扩展而形成的。范畴化的一个基本方法就是依据图式表征进行范畴化,即人类在感知体验和互动的基础上逐步形成意象图式和认知模型,再在此基础上进行范畴化和概念化。② 认知语言学认为,人们对客观世界的认识不是杂乱无章的,而是通过范畴化的方式完成对世界的认知。多义词的中心义项和其他义项之间的关系不是任意的,而是基于相同的意象图式形成一个范畴。各义项在词义范畴中的地位是不同的,具有最多属性的中心义项成为范畴中的典型,即为词汇的原型义。王洪刚、杨忠(2003)在对思维范畴化过程中,将隐喻思维归于继归纳推理和演绎推理被视为第一种思维(从特殊到一般)和第二种思维(从一般到特殊)后的第三种思维:从特殊到特殊的横向思维,是同一水平左右推移的思维模式。隐喻思维的使用拓展了认知的纵横范围,起着解读隐喻意义的"桥梁"作用,决定着隐喻的生命力。③

(四)意向图式

意象图示来自身体经验,是认知语言学理论中的重要概念。早在古希腊时,哲学家就曾论及图示(scheme/schema)。"意象"常作为心理学术语,多指一种心理表征。Lakoff和Johnson于1980年在 *Metaphors We Live By* 一书中将"意象"用于隐喻分析这一术语,他俩于1987年各自都将"意象"和"图示"两个术语结合成"意象图示(image schema)"。Lakoff和Johnson所说的"意象图示"是指人类在与客观外界进行互动性体验过程中

---

① 王兆臻.范畴及范畴化的三大理论[J].西部皮革,2016(24):265.
② 黄卫平.英语介词的隐喻化认知解读——以over的空间意象图式及语义分析为例[J].疯狂英语:教师版,2012(3):138-140.
③ 黄宝燕.基于类推模型的隐喻思维在语言认知过程中的研究[J].外语与翻译,2016(1):49-55.

反复出现的常规性样式,它们主要起意向性抽象结构的功能。Lakoff 主要论述了 7 类意象图示:容器、始源—路径—目标、连接、部分—整体、中心、边缘、上下、前后。Turner 指出,意象图式来自感知和互动,是一个在我们感觉经验中反复出现的框架模式。Langacker 则强调了意象图式是高度抽象的构型,是基于我们日常物理性经验之上的,如物体沿始源经空间途径移向目标、容器及其所容之物等。意象图式是身体对经验的反复体验和总结,是对自己身体和周围空间的理解。意象图式主要是以空间关系为基础,再通过隐喻等方式扩及至其他认知域。①

(五)结构隐喻、方位隐喻与本体隐喻

根据词汇隐喻义形成的认知理据,隐喻可分为结构隐喻、方位隐喻和本体隐喻三大类。

1. 结构隐喻(structural metaphor)

结构隐喻指以一种概念的结构来构造另外一种概念,使两种概念叠加,将描述一种概念的词语用于描述另一种概念。随着人类对客观世界和自我认知的深入,人们学会从不同角度去看待一个实体,把它看作具有不同特征的实体。此外,"实体可以是物质的,也可以是心理的"。② 在英语中此类隐喻比比皆是。隐喻概念"Time is money"这一结构隐喻中,时间概念是通过金钱概念来组织和理解的,构成金钱概念的许多概念被映射到时间概念上。

2. 方位隐喻(orientational metaphor)

方位隐喻,又叫空间隐喻,指参照空间方位而组建的一系列隐喻概念。空间概念来源于人们与大自然的相互作用,是人们赖以生存的最基本概念:上—下、前—后、深—浅、中心—边缘等。在实践活动中,人们的认知思维、认知往往会不自觉地运用许多方位词投射到抽象的、非空间方位概念上,通过叠加形成隐喻概念。例如,I'm in high spirit. He's really low these days. I'm feeling up.在这些句子中,用的是 Happy is up 及 Sad is down 这

---

① 李彦君.意象图式视域下对多义词现象的研究——以介词 through 为例[J].语言新探,2018(6):129,131.

② LAKOFF G,JOHNSON M. Metaphors we live by[M].Chicago:The University of Chicago Press,1980.

样的空间隐喻。① 说话人是借用这些具体的方位概念去喻指一些抽象的概念或抽象关系。这样的隐喻概念及其语言表述不是任意的，而是在一定物质和文化的经验基础上发展而形成的，也说明了人类思维及语言进化的心理过程。

3. 本体隐喻（ontological metaphor）

人类最初的生存方式是物质的，在人类与自然的互动中，人类把对物质的认知经验作为理解抽象概念的物质基础，由此而派生出另一类隐喻——本体隐喻。这类隐喻是指人们将抽象和模糊的思想、感情、心理活动、事件、状态的无形的概念看作具体有形的实体，特别是人体本身。Lakoff 和 Johnson 认为，本体隐喻又分为 3 种：实体或物质隐喻（entity/substance metaphor）、容器隐喻（container）和拟人隐喻（personification metaphor）。实体隐喻是指人们用简单具体和形象有形的实体与物质去认识较为复杂的概念，通过抓住实体的特征来理解抽象的、模糊的概念；容器隐喻认为人体本身是一个容器，有里外之分，并将其投射于人体以外的其他抽象概念，如田野、地区、事件、行为、活动、状态等进行认知和理解；拟人隐喻是一个涵盖众多隐喻的一个总的范畴，其范畴内的每一个隐喻选择人的不同方面或看待人的不同方式（即人的概念）来认知和理解世界上的其他现象②，换言之，将人的概念如动机、性格、行为投射到其他非人物体上，来认知和理解他们。例如，have time on one's hand（"time"作为"实体"）；We're out of trouble now（"trouble"作为"容器"）；The fact argues against the standard theories（"The fact"作为"人"）。在以上的 3 个句子中，运用了实体、容器和拟人 3 种本体隐喻来表达抽象、模糊、无形的概念。③

二、隐喻思维与词汇教学

隐喻思维与词汇教学有密切关联性，隐喻思维运用于词汇教学的意义和价值主要体现在以下几个方面。

---

①② LAKOFF G, JOHNSON M. Metaphors we live by [M]. Chicago：The University of Chicago Press，1980.

③ 蔡向麟.概念隐喻及其类型的认知分析[J].长城，2011(4)：203-204.

(一)隐喻思维是词义拓展的源泉

隐喻作为一种重要的认知工具,与多义词的形成有着密切的联系。隐喻思维在多义词的形成和领会过程中发挥着重要作用,是词义拓展的源泉。语言与思维的相互关系历来是最复杂、最有争议的,但有一点似乎可以达成共识,即思维是语言的基础,语言是思维的工具和外在表现形式。语言和思维的这一关系决定了语言的方方面面,体现着人类隐喻思维的特征。一词多义普遍存在于语言中,是词汇语义学意义关系类型中最吸引学者研究兴趣的话题,也是词汇教学的难点之一。语言学家们从意义扩展、发展轨迹、多义聚合的特点、意象图式理论、概念隐喻理论、家族相似性等各个角度、多个层面来研究词汇的多义性。词义的延伸不是任意的,而是系统的、有规律的。每个新义的形成都与我们的隐喻思维有关,遵循一定的认知规律。[①] 多义词的产生在本质上源于词的隐喻性表达。人们首先认识的是能够感知的、直观的、具体的事物,然后通过联想,把已知事物与一些新认识的、具体或抽象概念的事物相联系,进而找到它们的相关点,这样就产生了两个认知域之间的映射,由此而产生了新义。[②]

譬如,在英语中的"head"一词的词义拓展就是隐喻思维的结果,其词义演变过程如下:

head and ears 全身,完全
The horse lost by a head. 那匹马以一头之差输掉。
She is two heads taller than he is. 她比他高一个头。
head office 总公司,总店
head boy 尖子(学生)优等生,班长
the head of corporation 公司的负责人
I did the figuring in my head. 我心算了一下。
She has a good head for mathematics. 她有数学天赋。
charged four dollars a head 每人付五美元
20 heads of cattle 二十头牛

英语中"head"转喻的运用还体现在词性的变化上,被用作动词和形

[①] 陈树平.浅谈隐喻思维能力与英语词汇教学[J].山东省农业管理干部学院学报,2009,23(5):185-186.
[②] 李瑛.认知隐喻思维与多义词教学[J].中国外语:中英文版,2006(5):53-56.

容词:
>head for town 朝着城镇的方向前进
>The minister headed the committee. 这位部长负责委员会。
>the head librarian 图书管理员组长
>the head name on the list 单子上的第一个名字

"head"的词义中表示"人或动物的头部"的含义最基本,优先产生了原型意义,其他义项与这一义项有某种关联成为同一语义范畴。人们通过对"头"的认识,就抽象概括出了一些意象图式,如 HEAD IS ROUND(头是圆的),HEAD IS TOP(头是顶端),HEAD IS STARTING POINT(头是起点) and HEAD IS MIND(头是心智)等,这些词义的延伸就是隐喻思维的结果。①

(二)隐喻思维优化了词汇教学方式

学与思的脱节固化了传统、低效的词汇教学方式。当前,高中英语词汇教学普遍存在思维缺位现象。许多英语教师词汇教学方式僵化、单一,不注重学生创新语言思维能力的培养,因缺乏思维培养和训练,学生对多义词的理解和记忆仅停留在表层;忽略了词义渊源及词义演变和转化的思考和探究,割裂了词语与意义之间的深层联系,这不利于学生对词汇的深度学习。在高中英语词汇教学中,多义词是教学的重点,也是难点。英语词汇普遍存在一词多义现象,很多词汇围绕其核心词义被引申出几个或多个词义,记忆起来十分困难。隐喻将词汇的多重语义融汇在一起,建立一条清晰的语义链;学生在掌握这些词汇的基本意义的同时,可以通过语义链很容易掌握语义链上的其他意义。词汇学习是一个极为复杂的心理认知过程。隐喻思维能帮助学习者将词汇学习置于客观世界、人类经验及认知语言结构和意义中,从而提高英语词汇习得效果。隐喻思维有助于学生理解英语构词与词性转换,有助于学生加深对词义的理解,并了解词汇的文化内涵。运用相关隐喻认知理论可以使词汇教学方法更符合人类的认知规律,从而有利于学生更为有效地掌握词汇学习方法。②

---

① 陈树平.浅谈隐喻思维能力与英语词汇教学[J].山东省农业管理干部学院学报,2009,23(5):185-186.
② 高倩,曹桂杰.隐喻思维在英语词汇学习中的作用[J].文艺生活·文艺理论,2014(7):234.

由此可见,隐喻思维创新和优化了词汇教学方式,强调词汇习得过程中的心理和认知活动过程,并以此激发学生语言创新性思维。同时,隐喻思维的运用克服了传统词汇教学的不彻底性,提高了学生对词汇不同语义的记忆效果和领会深度,从而大大改善了词汇教学效果。总之,隐喻思维运用于词汇教学是英语教学的一个重要手段和策略,是英语词汇教学的一个有益补充。因此,在词汇教学过程中,教师要有目的地提高和培养自身和学生隐喻思维意识和能力,以确保隐喻思维词汇教学的有效开展,切实转变传统词汇教学方式,减轻学生词汇学习负担。

(三)隐喻思维促进了词汇教学的学思融合

《国家中长期教育改革和发展规划纲要》(以下简称《纲要》)是党中央、国务院对我国未来十年教育事业发展进行的全面谋划和前瞻性部署,是当前和今后一个时期教育工作的行动纲领和指南。《纲要》指出"注重学思结合。倡导启发式、探究式、讨论式、参与式教学,帮助学生学会学习",这说明了学思结合教学思想统揽其他教学方法,指明了学思结合在教学过程中的重要性,表明了学思结合要体现课堂教学,彰显学思结合的教学地位。[①]孔子说:"学而不思则罔,思而不学则殆。"意思是说只读书而不肯动脑思考,就会感到迷惑,只是一味空想而不肯读书,就会精神倦怠而无所得。这句话,我们可以看作孔子所提倡的学习方法就是学习与思考要紧密结合在一起。"语言和思维有'血脉般'的联系,语言和思维、文化不可分割,是高层次思维的介质,在思维和文化品格上具有育人功能。"[②]人类思维的过程需要语言,思维的成果也需要语言表达出来。比如我们认识客观世界,形成了概念,这种概念就需要用词语把它表达出来,没有语言,没有句子,也就没有了表述的依托,思维恐怕也不存在了。所以,语言是思维最有效的工具,语言参与了思维的形成和产生的全过程。语言和思维是相互适应的,思维发展水平有多高,语言的发展水平就有多高。[③]

英语具有培养"学"和"思"的双重功用。英语的"学"是指学习语言知

[①] 百度文库.学思结合,提高英语教学效果[EB/OL].[2020-05-9].https://wenku.baidu.com/view/e4207deac67da26925c52cc58bd63186bdeb926d.html.

[②] 程晓堂,赵思奇.英语学科核心素养的实质内涵[J].课程·教材·教法,2016(5):79-86.

[③] 刘子君.浅析语言和思维的关系[EB/OL].[2020-05-9].https://wenku.baidu.com/view/59ae62c308a1284ac8504378.html.

识和培养语言技能,"思"是指形成思维能力。英语教学中促进学生语言和思维的协同发展非但必要而且可行。然而,我国的英语教学普遍注重综合语言运用能力的训练,特别是语言知识的传授,过分强调语言的交际功能,忽略了学生思维的培养。① 隐喻思维正是词汇教学学思结合的契合点。

(四)隐喻思维有助于核心素养的培养

隐喻思维词汇教学体现了英语学科核心素养内涵在英语教学中的要求。首先,隐喻思维在词汇教学中的运用有助于学生思维品质的发展。《普通高中英语课程标准》(2017年版)把课程目标从综合语言运用能力转向了学科核心素养,其中思维品质被列为英语学科核心素养的关键要素之一。这就意味着思维品质,特别是高阶思维能力的培养是基础教育阶段所有学生的普遍性要求。② 作为核心素养的思维品质,既不同于一般意义的思维能力,也不同于语言能力核心素养中的理解能力和表达能力,而是与英语学习紧密相关的一些思维品质,如理解英语概念性词语的内涵和外延;把英语概念性词语与周围世界联系起来;根据所给信息提炼事物共同特征,借助英语形成新的概念,加深对世界的认识;根据所学概念性英语词语和表达句式,学会从不同角度思考和解决问题。③ 在词汇教学中培养学生运用隐喻思维认知词义拓展的意识和能力就是提升学生词汇学习过程中的思维品质。其次,隐喻思维在词汇教学中的应用有助于学生自主学习、探究学习能力的发展。对词汇的不同隐喻义的理解过程是学生的一个探究学习过程,也是一个自主学习过程。自主学习、探究学习能力是学生借助隐喻思维学习词汇的前提和基础,学生不具备一定的自主探究学习能力是不可能深层理解词汇的隐喻含义的。隐喻思维词汇教学的实施有赖于学生自主、探究学习能力,反过来,学生的自主、探究学习能力又会推动隐喻思维词汇教学的有效开展。

---

① 文秋芳,周燕.评述外语专业学生思维能力的发展[J].外语学刊,2006(5):76-80.
② 张金秀.英语学科思维品质培养面临的困境与对策[J].中小学外语教学(中学篇),2016(7):6-11.
③ 程晓堂,赵思奇.英语学科核心素养的实质内涵[J].课程·教材·教法,2016(5):79-86.

三、隐喻思维词汇教学的实施途径及案例展示

目前,隐喻思维在高中英语词汇教学中的运用没有得到教师的应有重视。很多教师缺乏隐喻理论知识,对隐喻概念及隐喻在词义拓展中的内部机制还很陌生,或者没有充分认识隐喻思维在词汇教学中的地位和作用。因此,在当前的高中英语词汇教学中,运用隐喻思维认知多义词是一个空缺,这是多义词教学效果不理想的根本原因。隐喻意识、隐喻理解和思维能力在很大程度上影响学生对词汇不同词义的理解和认知。因此,培养高中生的隐喻意识和隐喻思维能力势在必行。在课堂词汇教学中,教师可以开展图解式练习,通过图解让学生对隐喻、直接疑问、字典用法、对比分析及习语表达有形象化认识,进而获得隐喻性感知。① 笔者认为,运用隐喻思维开展多义词教学是高中英语词汇教学策略的一个重要补充。在高中英语词汇复习巩固阶段,建议教师可以把各模块的多义词整合起来,集中课时、有针对性地指导学生运用隐喻思维学习多义词。下面就多义词隐喻词义的具体教学途径及相关教学案例,阐述分析如下。

(一)核心词义与词汇教学

2000年,Leech认为,词义延伸主要是通过隐喻或转喻的认知思维方式来实现的。一词多义是语言中的普遍现象,是语言发展的必然结果。根据其历史演变,词义可分为本义和延伸义。前者指词汇的原义(核心义),一般来说是具体的、人类最初认识事物时所给予的意义;后者指从原义延伸出来的意义。② 核心词义,是指一个词的最核心意义。核心词义为源域,其他的义项是目标域,源域是词义延伸的基础。这要求在教学过程中,首先要让学生认知多义词的核心词义,然后再产生联想,进行语义推导。把抽象思维具体化,把语言符号的抽象意义变成可感知的具体意义,即把抽象词义的理解和记忆建立在具体词义的理解和记忆的基础上,使之成为多义词教学的基础。否则,离开对词的本义的正确把握谈隐喻思维下的词义引申将是无源之水。尤其在抽象词义的教学中,教师要以具体的词义为基

---

① 高鸿雁,郜丽娜.隐喻思维能力与英语词汇教学[J].淮北师范大学学报(哲学社会科学版),2012(2):109-112.

② 李瑛.认知隐喻思维与多义词教学[J].中国外语,2006(5):53-56.

础,运用隐喻思维,理解记忆多义词。① 教师可选择不同的方式让学生认知目标词的核心词义(如图文、语境、演示等),避免简单、直接地给学生呈现目标词的核心词义。

作为横向思维的隐喻思维具有非常规发散性、跳跃性和发散性特征,具有跨度大、自由度高的特点,具有开拓性和独创性的特点。② 在多义词隐喻义的认知教学中,教师要重视隐喻联想的重要性,避免直接传授其隐喻义,并且应当充分发挥隐喻联想的发散性特征,引导学生通过相似性联想对词义进行猜测,发现词汇的新义。③ 鉴于此,教师可以借助思维导图搭建思维支架,引导学生以目标词的核心词义为原点,从不同方向联想目标词的隐喻词义。

下面分别以多义词"rough"和"absorb"的隐喻词义教学为例,讨论如何利用核心词义教学多义词。

【教学案例1】

以多义词"rough"的隐喻义教学为例。

1."rough"的核心词义认知

首先,教师可呈现如下一组句子,让学生认知"rough"的核心词义:

①If a surface is rough, it is uneven and not smooth.

②Her hands were rough from hard work.

通过阅读,学生能借助以上两个句子中的语境自主认知"rough"的核心词义"粗糙的,不平的"。

2."rough"的思维支架搭建

学生不具备凭空想象获得某个词汇隐喻义的能力。因此,在学生准确认知了"rough"的核心词义后,展开隐喻联想前,教师可利用思维导图给学生搭建以核心词义为中心的发散思维支架。设计"rough"的发散思维导图时,教师应首先建立以其核心词义为中心的思维支点,并围绕该支点呈现"rough"的源域所映射的不同目的域(如 sea、time 等)。然后,教师试图建立源域和目的域之间的某种联系(如"一个波涛……的海面","一段心境……的时光"等),帮助学生围绕"rough"的核心词义展开其隐喻词义联

---

①③ 董银燕.隐喻思维能力与英语词汇教学[J].长江大学学报(社会科学版),2009(1):280-282.

② 黄宝燕.基于类推模型的隐喻思维在语言认知过程中的研究[J].外语与翻译,2016(1):49-55.

想（图 2-5-3）。

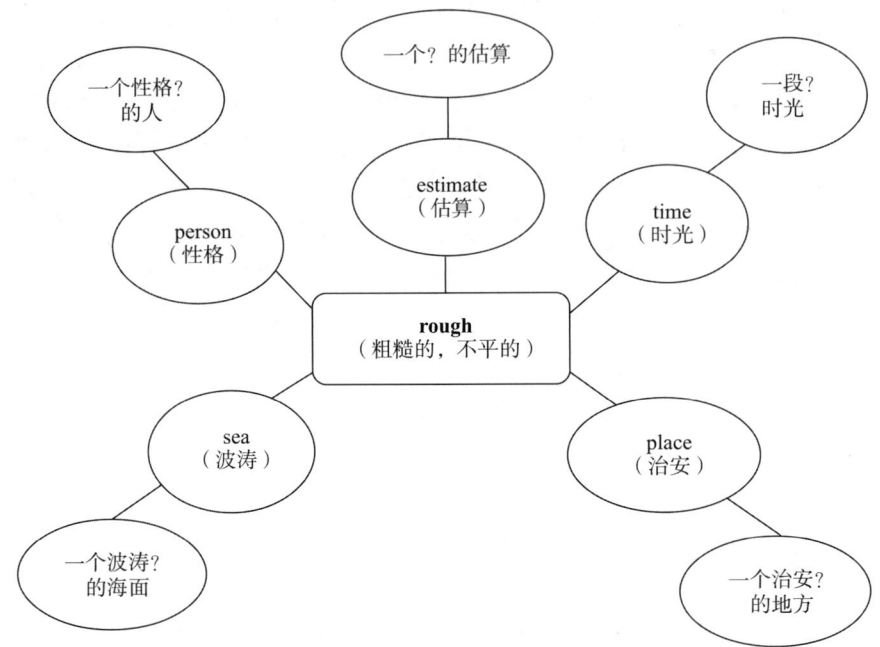

图 2-5-3 "rough"隐喻词义联想思维导图

3."rough"的隐喻词义联想

搭建好思维支架后，教师利用思维导图有意识地引导学生建立"rough"的源域和目的域，核心词义和隐喻词义之间的联系，并根据思维导图的提示联想"rough"的隐喻词义。接着，教师帮助学生认知分析"rough"的隐喻词义：

词典里排列的"rough"的第一个释义"粗糙的，不平的"是其本义（核心义），其余词义均为延伸出来的隐喻义。我们可以从"rough"的核心义获得具体、直观的感知："rough"是和一个平面相关联的，该平面是凹凸不平的，平面可以是路面、衣服（表面）、桌面等。然后通过联想把源域"平面"映射到其他目的域上，如"海面""时光""性格"等。当新的认知域和源域产生关联点时，新的词义就出现了：不平的海面—汹涌的海面，不平静的时光—艰难的时光，不平的性格—粗暴的性格等。以上分析表明，"rough"的中心义项和其他义项间的关系不是任意的，而是基于相同的意象图式形成一个范畴。不平的海面、时光和性格等这些意象图式是隐喻思维拓展的基础，"rough"词义的延伸就是基于其核心词义隐喻思维的结果。

然后，教师请学生仔细阅读以下句子，根据句子的语境理解"rough"的隐喻含义：

①This is just a rough sketch but it gives you the idea.

②Rugby is a very rough game.

③Don't be too angry with her—she's had a very rough time of it lately.

④This is a rough part of the town.

⑤In such bad weather, the ship was struggling against the rough waves in the sea.

教师试着请学生翻译以上例句中"rough"的隐喻义，然后把各句译文呈现出来供学生参考：

①这仅是个粗略的草图，但它给了你一个想法。

②橄榄球是一项粗野的运动。

③不要生她的气——她最近过得很不好。

④这是该镇治安很乱的地方。

⑤在如此恶劣的天气里，轮船在海中顶着巨大的风浪艰难行进。

【教学案例2】

以多义词"absorb"的隐喻义教学为例。

1. "absorb"的核心词义认知

首先，教师可呈现如下一组句子，让学生认知"absorb"的核心词义：

①Plants absorb nutrients from the soil.

②Black objects absorb heat more.

③They noted that the grass can absorb and control the spread of harmful waste water, like those from pig farms.

通过阅读，学生能借助以上3个句子中的语境自主认知"absorb"的核心词义"吸收（液体、光、热等物质）"。

2. "absorb"的思维支架搭建

在学生准确认知"absorb"的核心词义之后，教师利用思维导图给学生搭建以核心词义为中心的发散思维支架，让学生通过思维支架对"absorb"的隐喻义产生联想。设计"absorb"的发散思维导图时，教师应首先建立以其核心词义为中心的思维支点，并围绕该支点呈现"absorb"的源域所映射的不同目的域（如 knowledge、money、time 等）。然后，教师试图建立源域和目的域之间的某种联系（如"人或事物—知识""人或事物—钱"等），帮助学生围绕"absorb"的核心词义展开其隐喻词义联想(图2-5-4)。

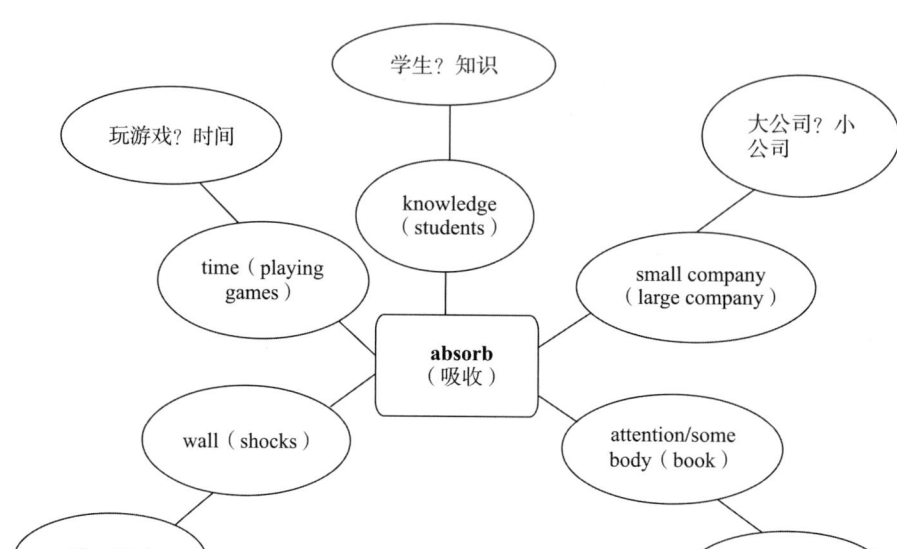

图 2-5-4 "absorb"隐喻词义联想思维导图

3. "absorb"的隐喻词义联想

搭建好思维支架后,教师利用思维导图有意识地引导学生建立"absorb"的源域和目的域,核心词义和隐喻词义之间的联系,并根据思维导图的提示联想"absorb"的隐喻词义。接着,教师帮助学生认知分析"absorb"的隐喻词义:

词典里排列的"absorb"的第一个释义"吸收"是其本义(核心义),其余词义均为延伸出来的隐喻义。我们可以从"absorb"的核心义获得具体、直观的感知:"absorb"的核心词义"吸收",指的是一种物体(如海绵)"吸收"另一种物体(如液体),被吸收的物体(如液体)存留在吸收物体(如海绵)的里面,并成为其一部分。基于此,我们就能很自然地通过联想把源域"液体"映射到其他目的域上,如"信息、知识""钱""时间""注意力""小公司"等。当新的认知域和源域产生关联点时,新的词义就出现了:(学生)吸收知识—(学生)理解知识,(玩游戏)吸收时间—(玩游戏)消耗时间,(大公司)吸收小公司—(大公司)吞并小公司,(坚固的墙壁)吸收震波—(坚固的墙壁)消减(缓冲)震波等。以上分析表明,"absorb"的中心义项和其他义项间的关系不是任意的,而是基于相同的意象图式形成一个范畴。吸收知识、时间、小公司、震波等这些意象图式是隐喻思维拓展的基础,"absorb"词义的延伸就是基于其核心词义隐喻思维的结果。

然后,教师请学生仔细阅读以下句子,根据句子的语境理解"absorb"的隐喻含义:

①I haven't really had time to absorb everything that he said.
②The video was totally absorbing the children's attention.
③More and more newspapers was absorbed into the Murdoch empire.
④Defence spending absorbs almost 20% of the country's wealth.
⑤The solid walls absorbed much of the impact of the explosion.

教师试着请学生翻译以上例句中"absorb"的隐喻义,然后把各句译文呈现出来:

①我真的没有时间去理解他说的一切。
②这个视频完全把孩子给吸引住了。
③越来越多的报纸被默克多王国给吞并了。
④国防开支几乎消耗了这个国家百分之二十的财富。
⑤这些坚固的墙体在很大程度上缓冲了(吸纳了)爆炸的冲击力。

【案例分析】

英语中有许多多义词的词义都是依据其"核心词义"拓展、延伸而来的。以上两个多义词教学案例说明,通过搭建思维支架,以词汇的核心词义为原点激发学生隐喻思维是一种非常有效的词汇隐喻词义教学策略。在案例教学过程中,教师利用思维导图搭建思维支架,把抽象思维具体化,把语言符号的抽象意义变成可感知的具体意义,即把抽象词义的理解建立在具体词义理解的基础上,让学生通过联想和类比推理进行相似性替换,推导出新的隐喻词义。思维导图的应然功能为整理信息和扩散思维,具有联想的自由性与广阔性,有利于学生拓宽思维。这种搭建支架的思维活动的训练,不但能促进学生认知生长,而且还能提高多义词习得的效率,使零散的词义记忆变成系统性记忆,让词义有根可寻、有据可依。

(二)空间隐喻与词汇教学

空间隐喻是指用表达空间方位的词语来描绘所要表现的事物。人们通过上/下、高/低、里/外、远/近、深/浅、左/右、中心/边缘等空间关系来表达对事物的认识,并将其他抽象的概念,如情绪、身体状况、数量、社会地位、价值观念、思想感情等投射到空间概念上,用表示空间的词语表达抽象的概念语言。① 首先,英语中的空间隐喻具有非任意性。空间隐喻的喻义是基于人们直接的身体和文化经验,表示空间的方位词语的引申义一般也根植于人类的这些身体经验,所以空间隐喻义的映射往往是遵循了人们的认识规律,通过相对简单的、具体有形的、熟悉的领域映射到相对复杂和抽象概念的理解。因此,空间隐喻的这种对应映合不是任意和随机的。其次,空间隐喻具有系统性。比如,Happy is up;sad is down 定义了一个连贯的体系,而不是孤立的、随机的个案。②

一方面,英语中存在大量方位介词或副词,这些方位小品词词义多而复杂,靠死记硬背是很难应付的,但如果能借助空间(方位)隐喻思维把这些方位词的不同意义归类到同一个语义链条上,那学习起来就容易多了。英语介词或副词是一种虚词,其词义较多,且语义抽象。1980 年,认知语言学家 Lakoff 和 Johnson 解释了人们常以熟知的、具体的概念(始源域)去理解不熟悉的、抽象的概念(目标域)。其实,介词的理解也是由一个大家熟悉的领域开始,其多项词义都是由基本释义隐喻延伸来的。2017 年,赵亮指出,空间概念在人类的认知活动中具有基础地位,其他抽象概念的理解常会以空间概念作为基础。③ 另一方面,英语中存在大量短语动词,这些短语动词中的介词多是一些具有空间隐喻意义的方位小品词。教师可以通过小品词的空间隐喻义认知分析,帮助学生理解和习得短语动词的隐喻词义,促进短语动词多层含义的有效教学。

首先,以方位小品词"up"和"down"的隐喻义教学为例,探讨如何运用空间隐喻思维认知方位词的多层隐喻含义。

【教学案例 1】

以方位小品词"up"和"down"的隐喻义教学为例。

1."up"和"down"的具体空间义认知

教师先呈现如下两组句子,让学生认知"up"和"down"的具体空间含义:

---

① LAKOFF G,JOHNSON M.Metaphors we live by[M].Chicago:The University of Chicago Press,1980.

② 贾艳春,米晓丽.英语中"up"和"down"的空间隐喻研究及教学启发[J].英语广场:学术研究,2015(5):13-14.

③ 粟茜.介词 up 和 down 的概念隐喻意义研究[J].智富时代,2019(7):445.

①She picked her pen up from the floor.

②She put her pen down on the desk.

③The boy was already up when his father came into his bedroom to wake him up.

④The boy lay down again when his father went out.

呈现以上例句后,教师引导学生归纳小品词"up"和"down"的具体空间意义:"up"指"向较高的位置移动","down"指"向较低的位置移动"。或者说,"up"指空间上高的位置,"down"指空间上低的位置。

2."up"和"down"的空间隐喻义认知

教师请学生阅读如下例句,让学生联想"up"和"down"的空间隐喻词义,并帮助学生展开认知分析:

①When Sang Lan was in hospital, many famous people went to see her to cheer her up.

② The boy didn't do well in his mathematics exam, which let his mother down badly.

③Grandma seems to be up today. I hope it lasts.

④John is down with flu today.

⑤The output of rice is going up.

⑥ The US government is determined to cut down the defence expense.

⑦That family has certainly come up in the world.

⑧The down—market provides foods that meet the demand of the poor.

通过分析以上例句,学生发现"up"和"down"的词义可以从具体空间概念迁移到抽象概念,如"情绪好坏(高低)"(例句①②);"身体好坏"(例句③④);"数量多少"(例句⑤⑥);"社会地位高低"(例句⑦⑧)。接着,教师帮助学生认知分析"up"和"down"的空间隐喻词义的形成:

"up"和"down"的具体空间意义是"空间位置的高低",其具体的空间域被映射到其他目的域上,如情绪状态、身体状况、数量、社会地位等。当"up"和"down"的空间域被映射到"情绪状态"域时,就产生了"Happy is up;sad is down"这样的隐喻,这是基于人们对生理状态的普遍认知:人们高兴、快乐、精神愉悦的时候总是精力充沛、昂首挺胸,整个精神状态是向上的;而悲伤、难过、失望时总是会心情沉重、双肩下垂、低头弯腰。所以,

"up"常常用以隐喻幸福、高兴和积极的精神状态,"down"常常用以隐喻悲观、消极的精神状态。当"up"和"down"的空间域被映射到"身体状况"域时,就产生了如下隐喻:Health and life are up; sickness and death are down(或 Consciousness is up; unconsciousness is down 或 Goodness is up; badness is down),这是因为人们普遍认为,人在健康、清醒、身体状态好的时候,总是处于活跃的直立状态;而人在生病、失去意识、身体状态差的时候,总是处于躺着的状态。因此,"up"常常用以隐喻身体健康的、有意识的、良好的状态,"down"常常用以隐喻身体生病的、无意识的状态。当"up"和"down"的空间域被映射到"数量"域时,就产生了隐喻"More is up; less is down",这是因为如果一件东西被放在一堆东西之上,那么高度会增加;如果一样东西被拿走,高度就会降低。因此,"up"常常用以隐喻数量的增加,"down"常常用以隐喻数量的减少。而当"up"和"down"的空间域被映射到"社会地位"域时,就产生了隐喻"High status is up; low status is down",因为在原始社会,人的地位是由一个人的力气决定的,身材高大的人往往力气大,所以地位相应也高。因此,"up"常常用以隐喻社会地位高,"down"常常用以隐喻社会地位低。

3. 与"up"和"down"相关词汇隐喻义认知

英语中有一些与"up"和"down"意义相关联的词汇,这些词汇可以借助"up"和"down"的隐喻义生成对应的隐喻含义,这些词汇有:"high"和"low"、"top"和"bottom"等,"high"和"top"有"up"的隐喻义,"low"和"bottom"有"down"的隐喻义。教师可以请学生模仿"up"和"down"的隐喻义猜测如下句子中含有 high、low、top、bottom 短语的隐喻含义:

①We were still high on our victory over the champions.
②She's still feeling pretty low about failing that exam.
③He makes every decision in our company. He is the top dog.
④The unlucky man is at the bottom of the ladder.
⑤By now Vivien Westwood had reached the top of the tree.
⑥This kind of vegetable has a high content of vitamin C.
⑦When my father heard the good news, he felt on top of world.
⑧We bought the house when prices were at rock bottom.
⑨Evidently, this kind of TV sets is not popular with people because the bottom drops out of the market(价格暴跌).
⑩With men like Gould in high office, it was easy for the military to

influence policy.

通过与"up"和"down"隐喻义比较,学生能比较快速地将上述例句中含有的"high"和"low"、"top"和"bottom"等词的短语的隐喻含义归纳为:表示情绪高低或好坏(例句①⑦表示情绪高,例句②表示情绪低);表示数量或价格高低(例句⑥表示数量高,例句⑧⑨表示数量或价格低);表示社会地位高低(例句③⑤⑩表示社会地位高,例句④表示社会地位低)。然后,教师请学生具体给出以上例句中含有"high"和"low"、"top"和"bottom"等词的短语的具体隐喻含义。最后,教师把以上例句的翻译呈现给学生,让学生准确理解"high"和"low"、"top"和"bottom"的不同隐喻义:

①我们仍然在为我们战胜了冠军而高兴。
②她还在为那次考试不及格而闷闷不乐。
③公司里的每一个决定都是他做出的,他是个有权势的人。
④这个不幸的人,他处在社会的底层。
⑤此时,费文斯特伍德已达到时装界的顶峰。
⑥这种蔬菜维生素 C 含量很高。
⑦当我的父亲得知那个好消息时,他欣喜若狂。
⑧我们是在房价最低时买了这栋房子。
⑨很显然,这款电视机现在已经不受人们的喜爱了,因为它的销售价在暴跌。
⑩有古尔德这样身居高职,军队很容易对政策的走向施加影响。

通过以上环节的学习,学生对"up"和"down"的显性隐喻有了比较全面和深刻的认知,但英语中还存在一些词汇或短语体现了"up"和"down"的隐性隐喻,教师也可以进一步帮助学生拓展学习:

①All the classmates were on cloud nine when learning that the team from our class had narrowly beaten the football team from Grade Two yesterday.

②On hearing the wonderful news, the whole family were all over the moon.

③Thinking about the coming summer vacation always gives me a lift.

④His heart suddenly sank when he heard of the bad results.

⑤I was waiting for the result as my heart dropped.

教师先请学生同伴讨论、猜测以上例句中画线部分的单词或习语的含义,然后帮助学生对这些词汇进行隐喻认知分析:以上 4 个例句没有出现显性的"up"和"down"、"high"和"low"、"top"和"bottom"等词,但句子中的词或短语隐含了"上"和"下"的含义,因此具有类似的空间隐喻义。其中,例句①②③中的"on cloud nine""over the moon""lift"隐喻"情绪高涨",例句④⑤中的"sank"和"dropped"隐喻"情绪低落"。最后,教师把以上例句的整句译文呈现给学生:

①昨天当获知我们班的足球队险胜二年级足球队时,所有同学都兴奋不已。

②一听见这个好消息,整个家庭都高兴得雀跃起来。

③一想到即将到来的暑假,我就感到振奋。

④当他听说糟糕的结果时,他的心情突然变得沉重起来。

⑤我悬着心在等待结果。

除以上词之外,英语中还存在大量类似的隐性隐喻词,教师可以引导学生在理解时学会举一反三。

接下来,以短语动词"go through"为例,讨论如何利用短语动词中小品词的空间隐喻认知分析,教学短语动词的隐喻词义。

【教学案例2】

以短语动词"go through"的隐喻义教学为例。

1. "Through"的空间隐喻认知

认知分析小品词"through"的空间隐喻前,教师先通过以下例句让学生认知"through"的具体空间意义:

① They were suddenly plunged into darkness as the train went through the tunnel.

②He had to push his way through the crowd to get to her.

③The new ring road stops all the traffic driving through the center of town.

呈现以上例句后,教师引导学生归纳小品词"through"的具体空间意义:"穿过,贯穿"(从一端到另一端)(例句①);"穿过,通过"(某个人群或区域等)(例句②③)。显然,"穿过"就是"through"的具体空间基本意义。

然后教师请学生阅读如下例句,让学生尝试联想"through"的空间隐喻词义,并帮助学生展开认知分析:

①He kept quiet all through the breakfast.

②He has just been through the most difficult period in his life.

③I haven't finished writing the book yet; I am just halfway through the book now.

通过分析以上例句,学生发现"through"的词义可以从具体空间概念迁移到抽象概念,如"在整个……期间"(例句①);"经历,渡过"(例句②);"完成,做完"(例句③)。接着,教师帮助学生认知分析"through"的空间隐喻词义:

"through"的具体空间意义"从一端到另一端"可以映射到时间域,使人们获得对时间的新认知。由此,"through"产生了时间概念的隐喻义"在整个……期间",例句①中"through the breakfast"正是从空间的"一端到另一端"映射到时间的"(一端)起点到(另一端)终点"。同时,"through"的空间基本意义也可映射到状态域上,产生"经历,渡过"等隐喻词义(例句②)。而例句③中"through"的隐喻义"完成,做完"是"through"的空间基本意义映射到事物的过程当中。

2."go through"的隐喻义认知

认知小品词"through"的空间隐喻义后,教师呈现以下例句让学生根据"through"的空间隐喻义推导出"go through"的隐喻词义:

①The soldier went through the two world wars.

②His relationship with Mary went through four stages.

③I have gone through too much money this month.

④He went through the magazine quickly.

根据小品词"through"的空间隐喻词义的认知,学生很容易发现以上例句中"go through"与"through"具有相同或相似隐喻词义:例句①②中"go through"的语义是"经历,渡过";例句③④中"go through"的语义分别是"用完(钱),看完(杂志)"。

3."through"的其他短语动词隐喻义认知

完成"go through"的教学后,教师可以利用"through"的空间隐喻义对部分含有"through"的其他短语动词的隐喻义展开拓展教学,让学生学会举一反三:

①It is hard to see how people will get through the winter.

②Peter starts looking through the mail as soon as the door shuts.

③It was her determination that pulled her through the darkest moments of the war.

④This money will see you through this year.

⑤ Read through it carefully, see the referenced articles for background, and then re-read as needed.

通过阅读这些例句,学生能认知"through"构成的其他短语动词的隐喻词义与小品词"through"的空间隐喻义存在关联性和相似性。例如,以上例句①"get through"的语义是"渡过";例句②"look through"的语义是"从头到尾查看";例句③"pull through"的语义是"让……渡过";例句④"see through"的语义是"让……渡过";例句⑤"read through"的语义是"从头到尾读完"。

【案例分析】

从以上方位介词隐喻义的教学实例中,我们发现空间隐喻对介词的语义拓展发挥着重要作用。所以,我们在理解介词语义时,要通过句子分析介词所表达的隐喻意义和体现的隐喻概念,这对我们掌握和理解介词的用法是十分必要的。然而,在传统英语教学中,教师常常在语境中解释介词的语义,并没有意识到隐喻的重要性,对隐喻的投射规律未曾重视,而且大多数情况下,英语学习者只是通过"固定搭配"死记硬背介词和介词短语,结果是知其然而不知其所以然,在这种情况下,学生很容易混淆,极容易记错一词多义的介词用法。了解空间概念的知识,可以帮助学生系统地掌握介词的用法和各项语义的内在联系。因此,教师可以通过讲解介词词义的相关性和联系性,使学生更好地掌握介词的意义和用法。总而言之,在讲解介词的语义和用法时,教师应从认知角度讲解一些语句体现的隐喻概念和由此概念拓展其他隐喻概念的相关性,这有助于学生深刻理解介词的意义,更容易记住并加以灵活运用。① 在英语语言中,介词是一种高频词汇,用法灵活,词义变化多而复杂,如果不借助隐喻概念帮助学生理解介词各种词义的形成过程,学生很难真正掌握其用法和意义。鉴于此,在介词教学实践中,教师要自觉把空间隐喻思维渗透到教学中去,帮助学生提高对介词词义的理解深度和广度,从而提高介词的教学效果。

在教学含有方位介词或副词的短语动词的隐喻义时,教师要引导学生先聚焦在短语动词的方位小品词的隐喻义认知上,从方位小品词的空间隐喻义向短语动词的隐喻义延伸拓展。动词和方位介词或副词构成的短语动词是英语习惯搭配中的普遍现象,这些短语动词的语义延伸和其中的方位介词或副词的空间隐喻义存在内在联系。因此,利用短语动词中的方位

---

① 李明.空间隐喻拓展研究对英语介词教学的启示——以介词"in"教学为例[J].文教资料,2014(35):181-182.

小品词的空间隐喻义来推导短语动词的多层语义,能够培养学生词汇学习过程中的空间隐喻思维意识,从而提高短语动词的教学效果。以上教学案例2仅以方位小品词"through"为例,讨论了如何利用方位介词或副词的空间隐喻来教学短语动词。除"through"外,英语中还存在很多空间隐喻义丰富的方位介词或副词,这些介词或副词的空间隐喻义对其构成的短语动词的词义学习同样很有帮助。

(三)实体隐喻与词汇教学

正如人体空间方位的认知经验可以产生方位隐喻,我们对物体(特别是我们的身体)的体验提供了极其广泛的实体隐喻基础,即我们把对事件、活动、情绪、思想等看作实体或物质。实体隐喻主要指实体和物质隐喻,它指的是把经验视作实体或物质,通过后者来理解前者,就可以对经验做出相应的物质性描写,如指称、范畴化、量化、分类等。① 英语中大量多义词或多义短语正是实体隐喻思维的结果。在词汇教学中,教师可以引导和帮助学生认知分析多义词的实体隐喻义,培养学生实体隐喻思维意识,提高词义理解和学习效果。

下面分别以多义词短语"break up"和多义词"fuel"的隐喻词义教学为例,讨论如何通过多义词实体隐喻义的认知分析,教学多义词。

【教学案例1】

以短语"break up"的隐喻词义教学为例。

1."break up"的核心词义认知

教师可以在以下不同语境中呈现"break up",让学生通过解读语境信息理解和认知其核心词义:

①In spring the ice on the lakes breaks up.

②The big stones are to be broken up by a gravel machine.

③Break up the chocolate and melt it.

④The ship went aground(搁浅) and started to break up.

通过处理以上例句各文本信息,学生能自主认知"break up"的核心词义"打碎,敲碎,粉碎,破碎",即一个实体或物质(如巧克力、冰块等)因为某种外力而"破碎"。

---

① LAKOFF G,JOHNSON M.Metaphors we live by[M].Chicago:The University of Chicago Press,1980.

2."break up"的隐喻词义认知

认知"break up"的核心词义后,教师呈现以下例句,让学生在不同语境中认知"break up"的不同隐喻词义:

①Civil war could come if the country breaks up.

②His first marriage broke up.

③A neighbor asked for the music to be turned down and the party broke up.

④When do you know this semester will break up?

⑤Having been affected by cancer for many years, he is quite broken up now.

⑥The woman broke up after the sudden death of her husband.

学生阅读以上例句,初步认知例句中"break up"的词义后,教师帮助学生进一步认知分析"break up"的隐喻义:以上例句中的本体不是具体的实物或物质,而是某种抽象的事件、活动、情绪、思想等。当这些事件、活动、情绪、思想被看作实体或物质时,"break up"的实体隐喻词义就产生了。接着,教师要求学生归类"break up"的隐喻词义,并完成表2-5-15的填写。

表2-5-15 "break up"隐喻词义归类表

核心词义	隐喻词义	文本例句
打碎,敲碎,粉碎,破碎	(国家、婚姻等)分裂,解体	①②
	(晚会、学期等)结束,解散	③④
	(身体、情绪或精神等)衰弱,垮掉	⑤⑥

分析以上"break up"的隐喻词义归类表可以发现,例句①②中的"国家、婚姻"可视作一种"关系"被喻为一个实体,因某种原因"分裂或解体(破碎)",例句③④中的"晚会、学期"可视作一种"活动"被喻为一个实体,因某种原因"结束或解散(破碎)",例句⑤⑥中的"他和那个女人"可视作一种"情绪或精神"被喻为一个实体,因某种原因"衰弱,垮掉(破碎)"。

3."break"的其他短语动词隐喻义认知

认知"break up"的隐喻义后,教师请学生运用实体隐喻思维认知分析"break"构成的部分其他短语动词的隐喻词义,以扩大词汇学习的量。教师可呈现如下几组句子供学生研读:

①My car broke down on my half way home last night.

②If you carry on working like this, you'll break down sooner or later.

③Why don't you break a branch off the tree and make a walking stick?

④British was about to break off the diplomatic relations with Libya.

⑤They kissed, then she broke away from him and ran to the window.

⑥After that, he broke away from his family and never contacted them again.

通过研读以上3组句子(例句①②,例句③④,例句⑤⑥),学生发现每组例句的第一个例句是"break"短语动词的核心词义,第二个例句是其隐喻词义,这些短语动词的隐喻词义都是实体隐喻思维的结果。例句①"break down"是指车辆(实体)"坏了";而例句②中,人的身体(健康)这一抽象的东西被视作(实体)车辆"坏了(垮掉)"。例句③"break off"的词义是"折断"树枝(实体);而例句④中,英国和利比亚的关系这一抽象概念被视作(实体)树枝"断了(中断了)"。例句⑤"break away from"是一个身体从另一个身体"挣脱",在这里的身体是实体;而例句⑥他和家人的关系被视作(实体)身体之间的相互"挣脱(脱离)"。

【教学案例2】

以多义词"fuel"的隐喻词义教学为例。

1."fuel"的核心词义认知

首先,教师呈现以下例句,让学生通过解读句子的语境信息理解和认知其核心词义:

①Coal is one of the cheapest fuels.

②The fire is going out. Could you please add some fuel to it?

③Don't leave the engine leave on. It wastes fuel.

通过加工以上例句中的文本信息,学生能清楚地认知"fuel"的核心词义为"燃料",即一种实体或物质(如汽油、煤、木柴等)。

2."fuel"的隐喻词义认知

帮助学生认知"fuel"的核心词义之后,教师呈现以下例句,请学生猜测"fuel"的隐喻词义:

①His behavior is only fuel to her jealousy.

②The blame from the parents was nothing but fuel to the poor girl's distrust in herself.

③A burst of loud cheers from the fans was great fuel to every member of the football team.

④What the teacher said added much fuel to the boy's passion for his studies.

帮助学生认知以上例句中"fuel"的隐喻义前,教师可以先请学生尝试翻译以上 4 个句子,看看学生对"fuel"一词隐喻义的理解程度,考查学生是否具备一定的隐喻意识和能力。然后,教师给出如下翻译,供学生参考:

①他的行为只能使她更加妒忌。

②父母的责怪只会让这个可怜的女孩更加不相信自己。

③球迷突然的一阵欢呼、呐喊给每一个足球队员增添了斗志。

④老师的一番话点燃了这个男孩的学习热情。

学生充分理解了句意之后,接着教师对"fuel"一词的隐喻义分析如下:

"fuel"的核心词义是"燃料","燃料"是一种实物或物质,但以上例句中的本体不是具体的实物或物质,而是某种抽象概念,当这些抽象的概念被看作实体或物质时,"fuel"的实体隐喻词义就产生了。以上例句中的"fuel"可以理解为"刺激因素""煽动物""火上添油的东西""使(怨气、怨恨、斗志)更激烈的东西""为……提供能量的东西"等抽象概念,这些概念就是从具体实物概念"燃料"隐喻得来的。

3. "fuel"动词化的隐喻义认知

词汇的含义随着词性的变化而变化,但其隐喻义仍然保留在变化了的词性当中,了解这一点对拓展词汇学习的广度和深度有着重要意义。认知词汇的隐喻义不能只限于一个词的某一种词性,要向它的其他词性延伸拓展,这样才能丰富和深化对词汇的理解和学习。帮助学生认知了"fuel"作为名词的核心义和隐喻义之后,教师可以进一步拓展教学其作为动词的隐喻义。教师请学生阅读以下例句,试着借助"fuel"名词的隐喻义猜测其作为动词的意义:

① The attempts to stop the strike only fueled the workers' resentment.

②The Iraq War greatly fueled the hatred between the Iraqi people and American people.

③His passionate speech fueled the people's patriotic enthusiasm.

④You can be fueled just by a cup of coffee.

教师可以先请学生尝试理解以上各例句中的动词"fuel"的含义,并完整地翻译整个句子,然后给学生提供以下参考译文:

①制止罢工的企图只能使工人更加不满。

②伊拉克战争在很大程度上加剧了伊拉克人民和美国人民之间的仇恨。

③他热情的演讲点燃了人们的爱国情怀。

④只要喝一杯咖啡,你就有精力了。

学生充分理解了句意之后,教师对"fuel"作动词用产生的隐喻词义分析如下:

从以上例句中,我们可以归纳出动词"fuel"的含义为:"使某种情感恶化或更加强烈"或"使……充满了能量",其准确意义可以理解为"激化""加剧""点燃""助推"等。很显然,动词"fuel"的这些含义是其名词的隐喻义"刺激因素""煽动物""火上添油的东西""使(怨气、怨恨、斗志)更激烈的东西"的动词化。

【案例分析】

以上两个教学案例探讨了如何利用实体隐喻思维理解和认知多义词"break up"和"fuel"的隐喻词义。通过教学案例的过程展示,我们发现当抽象的事件、活动、情绪、思想等被喻为一个实体或物质时,词汇的核心词义就向隐喻词义转化。在对词汇隐喻词义进行认知分析时,学生很容易把抽象的概念与具体实体的某种"形状""特征""状态""功能"联系起来,根据抽象概念和具体实体之间的某种相似性,学生自然就习得了词汇的隐喻词义。两个教学案例清晰地阐述了实体隐喻在词义拓展中的运行机制,从中不难发现实体隐喻词义拓展的认知过程并不复杂。高中英语词汇中有相当一部分词汇的意义是实体隐喻的结果。因此,在词汇教学中,教师应该通过对词汇的隐喻词义的认知分析,帮助学生养成实体隐喻思维意识,发展实体隐喻思维能力,学会借助实体隐喻思维认知和学习多义词,改变词汇学习方法,发展自主学习和探究学习词汇知识的能力,从而提高词汇隐喻词义的认知和学习效果。

概言之,隐喻作为一种语言现象,是人们感知和体验现存社会的认知工具,它深植于人类的语言、思维和文化中,是语言理解和语言习得中必不可少的工具,在语言文化发展中起着主要的、决定性的作用。在社会发展过程中,人类文明的演化都将语言置于一种不断发展和演化的流变过程中。语言的发展变化从某种意义上讲,首先反映在词汇的变化之中。随着词汇内涵的不断丰富,如何分析和界定词义,已成为现代语言学面临的一个重要问题。语词的意义生成过程既丰富又复杂,但又不是无章可循,任何一种语言体系都具备扩展语义体系的功能和手段,运用隐喻实现语义的转移是世界上各种语言体系衍生、扩展、改变词义的最重要手段之一。① 隐喻的工作机制有助于加深学生对词汇的理解和记忆。因此,在词汇教学中,教师应该注重学生隐喻思维意识和能力的培养,帮助学生了解词汇意义拓展的内部机制,让学生从隐喻思维认知的角度加深对多义词词义的理解,使学生获得词汇的深度知识,从而减轻学生词汇学习负担,提高词汇教学效果,发展学生英语学习的"情智"。同时,培养学生的词汇学习能力,发展英语学科核心素养。当然,要帮助学生对词汇的意义获得隐喻认知,首先教师要具备丰富的隐喻思维知识,了解概念隐喻的分类及不同隐喻类型的隐喻认知机制。目前,中学英语教师对隐喻思维在词汇教学中的应用研究还不多,隐喻这个话题很少在中学英语教学交流研讨中被关注或探讨,原因在于了解隐喻概念的教师很少,即便有"先知先觉"的教师在研讨过程中抛出"隐喻"这一概念,也得不到广泛认同。对大多数中学英语教师而言,隐喻还是一个比较生疏的概念,或者一些教师对隐喻的理解只停留在语言修辞的层面,认为隐喻是语文教学的事,与英语教学没有关联。由此可见,在中学教师中普及隐喻知识显得非常迫切和必要,只有教师掌握了隐喻的相关知识,具备隐喻意识和隐喻思维,英语多义词教学才更有效、更具有思维的深层性。

四、隐喻思维能力的培养策略

长期以来,外语教学多将重点放在对目标语的理解上,忽略了对思维能力的培养。近年来,认知语言学的不断发展,为我们提供了一个审视外语教学的全新角度。现代认知语言理论认为,语言学习的过程,不是仅仅拘泥于对文字本身的理解,而是重新认识、构建和理解语言的全过程。因此,外语教学的最高目标是培养学生对目标语的全面掌握,外语教学的重要任务是帮助学生掌握正确的认知语言的方法,从而理解和把握目标语表层和深层信息,进而提高使用目标语的能力。为此,学生理解乃至使用隐喻的能力应该得到重视,所以隐喻能力的培养必然成为外语教学不可或缺的一部分。外语教学中引入隐喻能力的培养,符合认知规律,能发挥学习

---

① 章素苹.隐喻:语义变化的要素及其在词汇教学中的意义[J].长春教育学院学报,2011,27(5):122-125.

者的主观能动性。外语教师首先要充分吸收和利用隐喻研究成果,为学习者提供含有大量隐喻目标语认知隐喻的语言材料;其次,要在教学中详尽地解释各种语言现象背后的理据,把零散的语言现象通过隐喻组合起来,形成语义网络;最后,要鼓励学生使用隐喻性表达方式,对学生掌握目标语的水平评判不单纯以形式上的正确与否作为唯一标准,而应参照目标语认知框架等方面的因素。① 的确,在当前的高中英语词汇教学中,教师显然过于重视词汇知识的讲授和理解,忽略了对学生运用隐喻思维学习词汇的能力,这不利于词汇的深层信息的理解,导致词汇学习的浅层化和表层化。思维能力是英语学科核心素养内涵的关键要素之一,思维能力的培养应该渗透到英语教学的方方面面,包括词汇教学。

隐喻认知思维能力在语言学习中的重要性已经得到了学界的广泛认可。而如何有效地培养学生的隐喻认知思维能力的问题则急需学界做进一步研究。早在1984年,Ortony就指出如何利用隐喻的认知功能帮助学习者利用已知来求解未知是隐喻研究的重中之重;而首位把隐喻认知能力引入二语习得领域的则是Danesi,其认为在二语表达过程中应该从辨别新隐喻和使用新隐喻来培养二语学习者的隐喻认知思维能力。近年来,不少学者也开始对语言教学课堂中学生隐喻认知思维能力的培养模式和策略进行了探究。其中,Boers建议先让学习者解释母语中的抽象概念增进他们对隐喻的普遍性认知和隐喻内涵的理解,然后教师可按照隐喻主题组织归纳隐喻实例并演绎给学习者;Littlemore建议学习者用概念隐喻猜测法来寻找源域与目标域的重合部分,并进行类比推理形成映象。② 由此可见,隐喻思维在词汇认知学习过程中的意义和作用及隐喻思维能力的培养历来得到语言认知学界的学者的高度关注和重视。语言学家,如Danesi(1992)、Boers(2000)和Littlemore(2002)都提出了培养学习者隐喻思维能力的具体设想,这些设想为中学教师培养学生英语思维能力提供了指导性建议。由于隐喻概念的抽象性这一客观事实的存在,教师在培养学生隐喻思维能力的过程中必须考虑到学生隐喻的认知基础及隐喻认知上存在的困难,在培养方法和策略上要基于学生的学情,要遵循"循序渐进原

---

① 唐燕萍.浅谈外语教学中隐喻思维能力的培养[J].南京审计学院学报,2006(4):40-42.

② 吴小芳.隐喻能力培养调查研究[EB/OL].(2019-07-24)[2020-05-20].https://wenku.baidu.com/view/012169a1571252d380eb6294dd88d0d232d43cc5.html.

则"。如 Danesi 所说,"在二语表达过程中应该从辨别新隐喻和使用新隐喻来培养二语学习者的隐喻认知思维能力",学生隐喻思维能力的培养主要是通过学生认知新隐喻和使用新隐喻的过程中实现的。

下面就如何在高中英语词汇教学中培养学生隐喻思维能力问题展开策略上的探讨。

(一)借助英语词典,培养学生隐喻思维意识

隐喻意识的培养是隐喻思维能力培养的基础。在参照语言意识定义的基础上,龚玉苗把隐喻意识理解为语言学习者对隐喻形式及功能增强了的察觉程度和敏感程度。语言学家认为,在语言教学过程中,意识的强调及提高有助于提高语言教学效果。在教师的指导下,语言学习者要能够意识到隐喻的重要性及普遍性,认识到隐喻不仅仅是一种修辞手段,还具有构成词汇、句子、语篇的语言学功能,同时是人类认识和理解世界的重要认知工具和思维方式。① 要培养学生的隐喻意识,教师首先要提高学生对隐喻思维重要性的认识,学生应该充分认识到多义词词义形成的本质因素是隐喻,是隐喻的作用导致了多义词多种词义的生成。明确了隐喻是词义生成的根本原因后,才能发挥学生学习隐喻知识的主观能动性,才能提高隐喻意识的培养效果。加强了学生对隐喻思维重要性的认识之后,教师又该如何培养学生的隐喻思维意识呢?

词典作为语言习得的参考书和工具,是学习者在自主学习过程中获取语言知识的一个重要来源。随着隐喻和语言关系研究的深入,词典编纂者们在编写词典时,越来越重视隐喻理论在词典编纂中的应用。麦克米伦系列词典直接地将隐喻理论应用于词典中,隐喻与多义词、词组搭配以及习语等关系密切,隐喻能更好地解释这些现象和意义。2000 年,赵彦春和黄建华指出,隐喻是认知词典学的眼睛。他们探讨了如何在认知学习词典中明示义项之间的隐喻关系,如何根据概念隐喻构建词汇模块,以提高学习者的词汇学习能力。他们认为认知学习词典应提供语境效果,具体包括:①明示二语隐喻过程;②建立概念隐喻模块。②

---

① 高鸿雁,邰丽娜.隐喻思维能力与英语词汇教学[J].淮北师范大学学报(哲学社会科学版),2012(2):109-112.

② 蔡燕茹.概念隐喻理论在英汉学习词典编纂中的应用研究[EB/OL].(2017-08-24)[2020-05-19].https://max.book118.com/html/2017/0823/129633018.shtm.

词典不但是词汇学习的重要工具,而且是培养学生隐喻思维意识的一个"语料库"。因此,教师要充分发挥词典在英语词汇学习中的功能作用,指导学生在课内外经常查阅词典,以某个词汇在词典里的第一个词义——"核心词义"为中心,识别该词汇在词典里其他义项的隐喻表征和隐喻信息,逐步培养和增强自己对隐喻形式和功能的察觉程度和敏感程度,从而达到发展隐喻思维意识的目的。

【教学案例】

下面以人教版高中《英语》必修模块五第二单元多义词隐喻词义教学为例,具体探讨如何借助英语词典培养学生隐喻思维意识。

借助词典培养学生隐喻思维能力的基本教学策略是课前学生借助词典学习单元多义词,自主探究单元多义词的隐喻含义,形成初步的隐喻意识,然后课内请学生在班级与同学分享交流心得和展示学习成果,最后教师针对这些多义词的隐喻义展开详细的认知分析,进一步强化学生的隐喻意识。学生自主探究学习是培养学生隐喻意识的关键环节,教师要重视引导学生主动从词典里获得多义词的隐喻信息和隐喻表征,主动自主建构隐喻知识,教师在教学过程中只扮演"指导者"的角色,这体现了"情智英语"教学的基本理念。该策略的教学步骤如下所述。

1. 布置课前学习任务

首先,教师要对整个单元的所有词汇进行筛选,整合出单元词汇表中具有隐喻词义的多义词,针对这些多义词的学习设置相关学习任务,并列表呈现给学生。然后,教师布置学生以小组合作的方式课后通过查阅词典自主完成学习任务,每个小组完成一个多义词的学习任务,建议用图示(思维导图)呈现学习成果,供课堂分享交流。本单元多义词及学习任务见表 2-5-16。

表 2-5-16 人教版高中《英语》模块五第二单元多义词及学习任务表

多义词	rough, fold, break down, break away from, currency
学习任务	任务 1:借助词典学习以上多义词的核心词义。 任务 2:借助词典列举出以上多义词的隐喻词义。 任务 3:建构思维导图呈现核心词义和各个隐喻词义,并尝试领会多义词的各个隐喻词义与其核心词义存在的相似性和关联性。

2. 课内分享学习成果

课堂上,教师请各小组组长轮流上台展示各个多义词的核心词义和隐喻词义的关系图,并要求解释各个隐喻词义和核心词义存在的相似性和关联性。图 2-5-5 所示是一个小组建构的动词短语"break down"的核心词义与其各个隐喻词义的关系图。

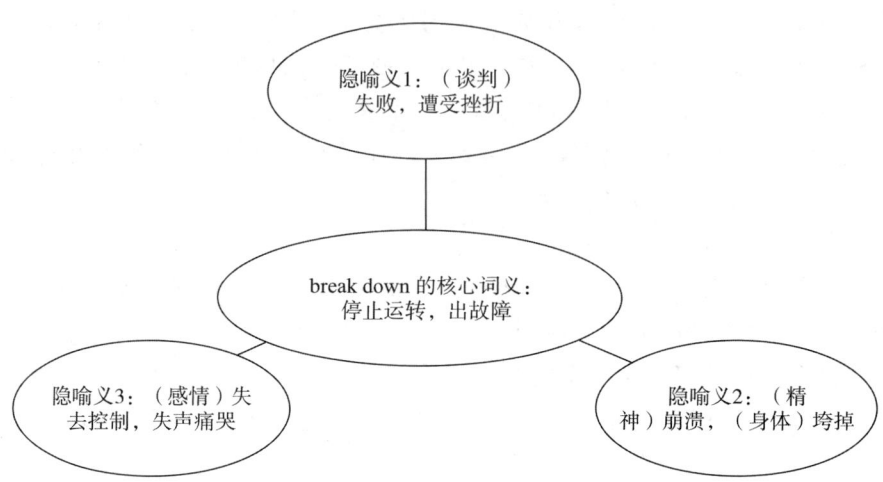

图 2-5-5 "break down"的核心词义与隐喻词义关系图

3. 拓展分析词义形成

学生完成分享交流各自学习成果后,教师可以利用学生制作的各个多义词的核心词义及其隐喻词义的关系图帮助学生进一步逐个分析各个多义词的隐喻词义的形成,让学生加深对隐喻词义形成的认知和理解,以增强学生的隐喻思维意识,达到培养学生隐喻思维能力的目的。下面以"break down"为例,展示教师运用隐喻思维理论分析"break down"的隐喻词义的形成过程:

"break down"在词典里的第一个释义是"停止运转,出故障",这是其本义或核心义,其隐喻词义有:"失败,遭受挫折","(精神)崩溃,(身体)垮掉","(感情)失去控制,失声痛哭"。另外,词典里还有"break down"充当及物动词用时的几个语义:"弄坏,打破";"分解";"改变固有想法";"把……分类、把……分成",这些词义与"break down"的核心词义"停止运转,出故障"有一些关联,但关联性不是很强。这里重点分析"break down"充当不及物动词时所隐喻出来的 3 个隐喻含义。教师可以这样运用隐喻思维理论中的实体隐喻来指导学生理解和认知"break down"的 3 个隐喻词义:"break down"的核心词义"停止运转,出故障"是指一个实体"坏了,出故障了",其延伸出来 3 个词义"失败,遭受挫折"、"(精神)崩溃、(身体)垮掉"和"(感情)失去控制,失声痛哭"都是其核心词义实体隐喻的结果,即某个"实体"映射到"谈判""身体""精神""感情"等抽象概念上。这些抽象的概念被视为一个实体,因某种外在原因"出现故障了"。"break down"的隐喻词义认知分析结束后,教师可以给学生呈现如下例句,让学生在例句中进一步理解和巩固"break down"的核心词义和隐喻词义:

①The elevators in this building are always breaking down. 这栋楼里的电梯总出故障。

②Peace talks have broken down over the question of reparations(战后赔款)。和谈因战后赔款而破裂。

③If Tim carries on working like this, he'll break down sooner or later. 如果蒂姆继续这样工作,身体迟早会垮掉。

④If I go to the funeral, I'll break down. 要是我去参加葬礼,我会忍不住痛哭。

【案例分析】

词典是一个巨大的"语料库",有"取之不竭"的英语学习资源。一本高级词典不仅汇聚了词汇的不同意义,还承载了词汇各种意义的最小语境单位——句子,学习者可以自主、自由地探究词典里赋予的每个词的词汇知识,并依托词典中的例句所含的语境信息加深对这些词汇知识的学习和理解。词典是一个知识库,也是一个"老师",当学习者有疑问时,可以向这位"老师"无条件求助。英语学习者借助词典学习词汇在一定程度上摆脱了教师对词汇知识学习的过分干预,这对培养学习者自主探究学习能力有很大帮助。隐喻知识的获取不是光靠教师的"讲解"和"传授"就能实现的,而是需要依靠学生自觉、自主地去探究和建构,只有这样,学生才能逐步发展隐喻意识和隐喻能力。以上教学案例正是基于学生主动建构隐喻知识这一理念而设计的,教师充分尊重学生在词汇学习过程中的主体地位,引导学生积极主动参与词汇学习过程。学生通过课前自主、合作、探究学习完成教师所布置的与隐喻相关的几个学习任务,再通过不同小组的课内展示交流活动以及教师的适当指导,达到多义词的隐喻词义学习、理解和认知的目的。总之,在教师的指导下借助词典学习多义词的隐喻词义,既能培养学生自主学习词汇的习惯和能力,又能让学生亲身体验和感知词典里包含的每一个多义词的丰富隐喻信息和表征,从而增强学生的隐喻认知和理解能力,提升学生的隐喻思维意识。

(二)利用思维导图,延伸学生隐喻思维广度

思维导图是英国学者东尼·博赞依据大脑的放射性特点发明的一种

可视化的、发散性的思维工具。思维导图又叫心智图,它是一种将思维图像化的技巧,也是将知识结构图像化的过程,它利用色彩、图画、代码和多维度层次等图文并茂的形式来增强记忆效果。① 思维导图通常将某一主题置于中央位置,主题的主干作为分支向四周放射,每条分支上使用一个关键词,各分支形成一个连接的节点结构,整个图看上去像人的神经网络图。② 思维导图是一种能有效培养学生发散性思维的图示工具,作为横向思维的隐喻思维又具有非常规发散性、跳跃性和发散性特征。基于隐喻思维的这种发散性特点,在教学词汇隐喻词义的过程中,教师可以利用思维导图,诱导学生围绕多义词的核心词义展开发散思维,以延伸学生隐喻思维的广度。

【教学案例】

下面以人教版高中《英语》选修模块八第一单元多义词"take in"的隐喻词义教学为例,讨论如何利用思维导图,延伸学生隐喻思维的广度。

1. 教学"核心词义"

在构建思维导图诱发学生隐喻思维前,教师先让学生认知"take in"的核心词义,学生在认知"take in"的核心词义的基础上,再展开其隐喻词义的拓展联想。教师呈现下面一组句子来教学"take in"的核心词义:

①Tissues(纸巾)take in water easily.

②Spong(海绵) is a kind of material which can take in large quantities of liquid.

通过对以上一组句子的理解,学生领会了"take in"的核心词义是"吸收"(纸巾或海绵吸收液体物质)。

2. 构建思维导图

认知了"take in"的核心词义后,教师给学生构建一个思维导图。利用思维导图中提供的隐喻词义延伸的提示内容,引导学生展开与提示内容相关的词义联想,如图 2-5-6 所示。

3. 诱导隐喻思维

构建好思维导图后,教师可以设计诱导、启发学生隐喻思维的问题或给予学生适当提示,有意识地引导学生建立核心词义与隐喻词义之间的联

---

① 东尼·博赞,巴利·博赞.思维导图[M].北京:中信出版社,2009.
② 东尼·博赞.思维导图大脑使用说明书[M].北京:外语教学与研究出版社,2005.

图 2-5-6 "take in"隐喻义联想思维导图

系。比如,教师可以针对每一个隐喻词义设计如下问题,诱发学生隐喻思维:

①What will an asylum(收容所) do to a homeless person?

②What will the police do to a murderer?

……

设计好诱发学生隐喻思维的问题或提示后,紧接着教师请学生根据问题或提示联想和猜测"take in"的各个隐喻词义。学生猜测隐喻词义活动结束后,教师用PPT展示"take in"隐喻词义的思维导图,让学生对照自己的猜测与思维导图所标注的"隐喻义"是否一致或大体一致,如图2-5-7所示。

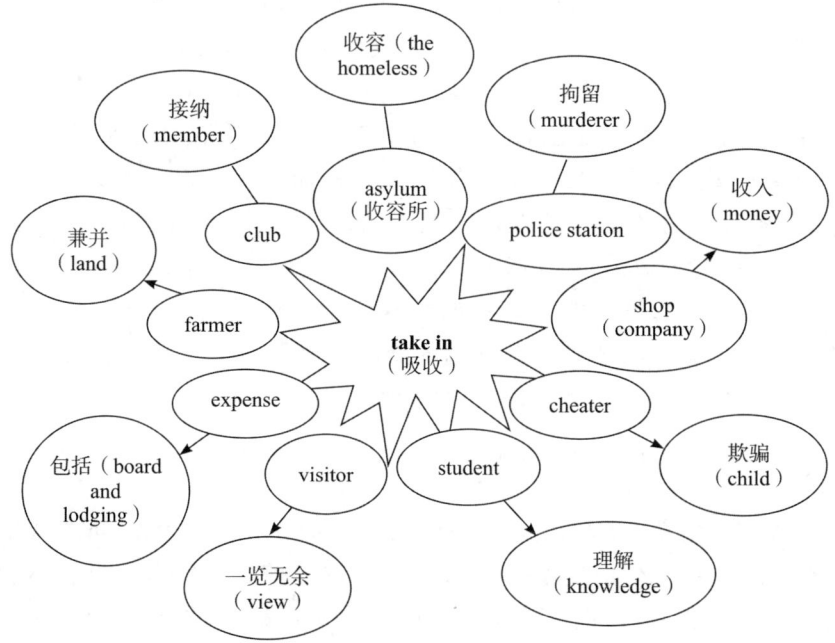

图 2-5-7 "take in"隐喻词义思维导图

最后,教师就"take in"的隐喻词义的形成做如下分析:

"take in"的核心义(或原型义)是"吸收",即指某种物体"吸收"了另一种物体(原意中的另一种物体一般指"液体"类的东西)。当"液体"被映射到其他东西,如知识、无家可归的人、成员等,同时"吸收"的主体物也随之变化时,"take in"的新的语义——"隐喻义"就产生了。比如,(学生)"吸收"(知识),即(学生)"理解"(知识),(骗子)"吸收"(小孩),即(骗子)"欺骗"(小孩),(商店或公司)"吸收"(钱),即(商店或公司)"挣进"(钱),(警察局)"吸收"(犯人),即(警察局)"拘留"(犯人),(收容所)"吸收"(无家可归的人),即(收容所)"收容"(无家可归的人),(俱乐部)"吸收"(成员),即(俱乐部)"吸纳"(成员),(农场主)"吸收"(土地),即(农场主)"兼并"(土地),(费用)"吸收"(食宿),即(费用)"包括"(食宿),(游客)"吸收"(风景),即(游客)"饱览"(风景)等。在教师做以上"take in"的隐喻义认知分析前,学生已经通过思维导图对"take in"的隐喻义展开了发散性思维联想,学生的发散性思维联想基本与以上教师给出的"隐喻义"意义接近,再经过教师的精准分析,学生对"take in"的所有隐喻词义就完全理解和掌握了。

【案例分析】

以上教学案例的目的在于通过构建思维导图拓展学生隐喻思维的广度。在案例教学过程中,教师利用思维导图,把抽象思维具体化,把语言符号的抽象意义变成可感知的具体意义,即把抽象词义的理解建立在具体词义的理解的基础上,让学生通过联想和类比推理进行相似性替换,推导出新的隐喻词义。思维导图用于整理信息和扩散思维,具有联想的自由性与广阔性,有利于学生拓宽思维。这种搭建支架的思维活动的训练,不但能提升学生对多义词隐喻义的认知能力和水平,而且还能提高多义词习得的效率,使零散的词义记忆变成系统性记忆,让词义学习有根可寻、有据可依。因此,在教学多义词隐喻词义时,教师应首先利用提示词给学生搭建展开隐喻义发散思维联想的支架,确保学生在隐喻联想时不会出现方向上的偏差。借助思维导图教学多义词的隐喻词义既培养了学生的发散思维能力,又提高了多义词隐喻词义的教学效率。

(三)依托文本语境,拓展学生隐喻思维深度

在隐喻识解中,认知语境起着至关重要的作用。有什么样的认知语境,对隐喻就有什么样的识解。所以当我们在理解隐喻时,如果本体和喻体之间不存在相似性,也就是说从字面意义来理解话语时,字面意义解释

不通、不合交际互动原则,便从隐喻的角度来理解;如果有充足的语境,我们就可以直接从语境中理解隐喻含意。因此,隐喻的理解与语境有着密切关系。离开语境的隐喻不是一个真正的适当的隐喻,语境为隐喻的合理理解提供所需的一切因素。所以,对隐喻的理解是在对语境的理解的基础上完成的,只有正确地理解了语境,才能更好地理解把握隐喻意义,才能更好地达到进行交际的目的。① 在语言环境中,特别是篇章文本语言环境中,学生能从语境提供的信息中多角度、深层理解词汇的隐喻义,因此从语境中理解多义词的隐喻词义能拓展学生隐喻思维的深度。

【教学案例】

下面以人教版高中《英语》必修模块五第三单元多义词"take up"的隐喻词义教学为例,讨论如何依托文本语境,拓展学生隐喻思维的深度。

1. 学习认知"核心词义"

如前所述,核心词义是一个词的最基本意义,是学生理解隐喻词义的核心和基础。因此,在教学"take up"隐喻词义前,教师先要让学生学习和认知其核心词义。教师可以借助思维导图给学生提供几个句子,在不同句子中呈现"take up"的同一核心词义,请学生通过解读每个句子的语境信息学习和认知"take up"的核心词义,如图2-5-8所示。

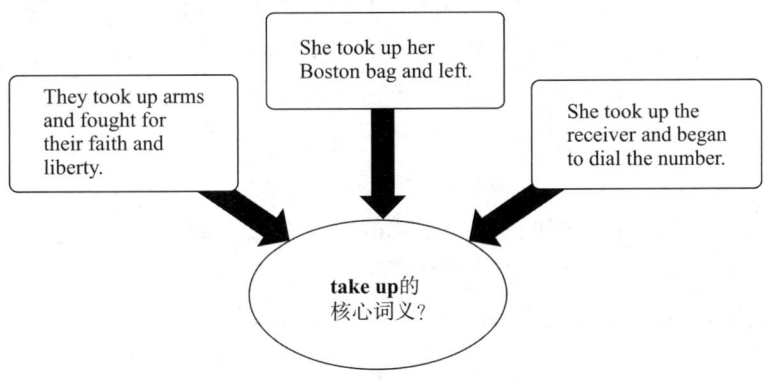

图 2-5-8 "take up"核心词义认知图

通过以上3个句子中提供的语境信息,学生能比较容易地通过思维的聚合认知"take up"的核心词义为"拿起(某物)"。

---

① 梁雪清.认知语境与隐喻理解[J].空中英语教室(社会科学版),2011(4):72-73.

2. 初步认知"隐喻词义"

学习和认知了"take up"的核心义之后，教师把课前创设好的以一些较简单的句子为单位的"微语境"展现给学生，引导学生通过这些"微语境"理解"take up"的隐喻词义：

①I hope that they will take up this challenge.

②When did you give up medicine and take up literature?

③"I am not the first president to take up this cause," he said,"but I am determined to be the last."

④He insisted that we should take up this matter at the meeting.

⑤Combine exercise and leisure. Take up fun activities that force you to exercise and have fun.

⑥Harry took up the story at the point where he had left off just now.

⑦Reward systems should encourage people to take up and apply new skills.

⑧I am about to take up a paid internship（实习）to help out with costs backs in Ohio.

⑨The furniture takes up too much space in your room.

教师先请学生朗读并试着翻译以上例句，特别要关注学生对每个句子中的"take up"是怎么理解和翻译的，看看学生是否能根据简单句子提供的语境猜测出"take up"的隐喻词义。然后，教师呈现每个句子的译文，请学生重点留意以下参照译文中加下划线的地方，初步认知"take up"的不同隐喻词义：

①我希望他们将很快<u>接受</u>这个挑战。

②你什么时候放弃医学，<u>开始学习</u>文学呢？

③"我不是<u>开始做</u>这项事业的第一个总统，"他说，"但我决定是最后一个。"

④他坚持认为我们应该在会上<u>着手讨论</u>这个问题。

⑤把锻炼和休闲结合起来，<u>参加</u>有趣的活动可以促使你锻炼并玩得快乐。

⑥哈利从他刚才停下来的地方<u>重新开始</u>讲这个故事。

⑦奖励制度应当鼓励人们<u>接受</u>和应用新技能。

⑧我之后回俄亥俄州学校<u>参加</u>一个有偿实习，可以帮助支付现在这笔开支。

⑨家具占据了你房间太多的位置。

3. 深化认知"隐喻词义"

学生对"take up"的各个隐喻词义有了初步认知后，教师可继续给学生呈现一些较复杂的句子，让学生通过解读句子中更丰富的语境信息进一步深化对"take up"各个隐喻词义的理解和认知。

① But Mr. Gyursany admits his government cannot take up the responsibility to pay automatically 13th month wages and pensions, because we do not know from where to cover the expenses.

② We will take up these issues and offer some advice on how to structure your transactions in Part 3 of this series.

③ The researchers believe that the cancer does not take up new mitochondria(线粒体) with every new host, rather that this functions as an occasional repair mechanism(机制) to replace faulty mitochondria.

④ But you do not have to be a radical to worry about the might of organizations that can live for ever and take up residence in dozens of countries at once.

⑤ I found out later they were discussing how much time the encounter(会晤) would take up on the local news programs that evening and if my picture would be in the paper the following day.

教师可组织学生小组讨论商议，综合语境信息确定以上复杂句式中的"take up"的隐喻词义，并完整给出整个句子的译文，然后请各小组交流分享思考的过程与结果。最后，教师提供参考译文如下：

①不过，久尔恰尼承认，他的政府不能承担自动支付第十三个月的工资和退休金的责任，因为我们不知道这笔费用从什么地方出。

②在此系列的第三部分中，我们将讨论这些问题并提供一些关于如何构造应用程序的建议。

③研究人员相信，肿瘤不是在每一个新宿主身上都获取新的线粒体，而是用来取代有问题的线粒体的一种偶然的修复机制。

④但你不必以激进的想法去担忧那些组织的权势，虽然这些组织能够永远存在并且可以同时存在于许多国家。

⑤我随后发现他们正在讨论的是这次会晤会在当晚地方新闻节目中占据多长时间以及我的照片会不会在第二天的报纸中出现。

接着，教师结合以上例句就"take up"的隐喻词义做如下具体认知分析：

"take up"的核心词义是"拿起(某物)",被拿起的东西是一个"实体",当具体"实体"被映射到其他一些抽象目的域时,如"文学""事业""挑战""责任""时间(空间)""故事""活动"等抽象概念时,其隐喻词义就产生了,如"开始(文学)""开始(事业)""接受(挑战)""承担(责任)""占据(时间、空间)""开始(故事)""参加(活动)"等。这些隐喻词义与"take up"的核心词义"拿起"密切关联,如"开始(文学)"即"拿起(文学)","接受(挑战)"即"拿起(挑战)","承担(责任)"即"拿起(责任)"等。

4. 学生归纳小结

教师帮助学生认知了"take up"的隐喻词义之后,再呈现以上例句,要求学生重新阅读各个例句,总结归纳"take up"的所有隐喻词义,并完成表2-5-17 的信息填写。

表 2-5-17 "take up"的隐喻词义

隐喻词义	例句	隐喻词义	例句
接受		承担(责任)	
开始(学、从事、染上、讨论、存在等)		参加(活动)	
占据(时间、空间)		继续(中断的故事)	

【案例分析】

罗纳德卡特认为,如果我们把目标词放置于其他词群的相互关系中进行教授,同时教授的方法又能使学习者对目标词产生一定的"认识深度",目标词就更容易被学习者所掌握。利用联想的方法把目标词置于一个大的语义环境之下,且联想的组合越紧密,目标词汇就越容易被记住。[①] 以上教学案例从"语境"的角度讨论了学生隐喻思维能力的培养问题,在语境中学习和建构语言知识,是"情智英语"教学主张的重要内容。语境是语言存在并产生意义的载体,也是学生实现隐喻的识别与理解的载体,依托语境信息学习目标词的隐喻词义能拓展学生隐喻思维的深度,增强隐喻词义的理解和认知效果。

在词汇教学中,教师应该帮助学生了解词汇意义拓展的内部机制,让学生从认知的角度进一步加深理解,使他们获得词汇的深度知识。这能极

---

① 吕俊华.概念隐喻理论在英语词汇教学中的应用[EB/OL].(2011-08-24)[2020-05-22].http://d.wanfangdata.com.cn/thesis/Y1876072.

大地丰富学生的语言表现力,提高学生灵活运用语言的能力。[1] 隐喻作为一种基本的认知模式,其映射过程可以帮助我们更好地理解那些相对抽象、缺乏内部结构的概念。运用隐喻思维指导词汇教学,有利于学生深度理解词汇的意义来源,从而提高词汇教学效果。因此,教师有必要在词汇教学中应用适当教学策略培养学生隐喻思维意识,提升学生隐喻思维能力。

五、隐喻思维词汇教学与深度学习

(一)深度学习的概念

"深度学习"是近年教育改革研究中热度很高的一个词。深度学习的概念,源于30年来计算机科学、人工神经网络和人工智能的研究。2006年,加拿大多伦多大学计算机系辛顿教授(Hinton G)在《科学》上发表了《利用神经网络刻画数据维度》的文章,探讨了应用人工神经网络刻画数据的学习模型,首先提出了深度学习(deep learning)的概念和计算机深度学习模型,掀起了深度学习在人工智能领域的新高潮。这篇文章的两个主要观点是:第一,多隐藏层的人工神经网络具有优异的特征学习能力,学习到的特征对数据有更本质的刻画,从而有利于可视化或分类;第二,深度神经网络可以通过"逐层初始化"(layer-wise pre-training)来有效克服训练和优解的难度,无监督的逐层初始化方法有助于突破浅层学习模型。[2] 在人工智能领域,深度学习其实是一种算法思维,其核心是对人脑思维深层次学习的模型,通过模拟人脑的深层次抽象认知过程,实现计算机对数据的复杂运算和优化。来自脑科学、人工智能和学习科学领域的新成就,必然引起教育领域研究者的深刻反省。也正是在辛顿的"深度学习"概念明确提出后,教育学领域特别是教育技术的深度学习才日益活跃起来。[3] 早在1956年布鲁姆在《教育目标分类学》里关于"认知领域目标"的探讨中,对认

---

[1] 何锋.空间隐喻在高中英语词汇教学中的运用[J].中小学外语教学(中学篇),2015(2):36-41.

[2] HINTON G E,SALAKHUTDINOV R R.Reducing the dimensionality of data with neural networks[J].Science,2006,313(5786):504-506.

[3] 郭元祥.深度学习:本质与理念[J].新教师,2017(7):11-14.

知目标的维度划分就蕴含了深度学习的思想,即"学习有深浅层次之分",将教学目标分为了解、理解、应用、分析、综合、评价6个由浅入深的层次。学习者的认知水平停留在知道或领会的层次则为浅层次学习,涉及的是简单提取、机械记忆符号表征或浅层了解逻辑背景等低阶思维活动;而认知水平较高的深层理解、应用、分析、综合和评价则涉及的是理性思辨、创造性思维、问题解决等相对复杂的高阶思维活动,属于深层学习。①

深度学习,或深层学习是美国学者 Ference Marton 和 Roger Saljo 1976 年在一篇《论学习的本质区别:结果和过程》的文章中首次提出了的一个关于学习层次的概念。② 他们在一项关于阅读能力的实验研究中,明确探讨了阅读学习的层次问题。通过让学生阅读文章并进行测验,发现学生在阅读的过程中运用了两种截然不同的学习策略:一种是试图记住文章的事实表达,揣测接下来的测试并记忆,即表层学习(surface learning);另一种是试图理解文章的中心思想和学术内涵,即深层学习(deep learning),也被译为深度学习。深度学习的学习者追求知识的理解并且使已有的知识与特定教材的内容进行批判性互动,探寻知识的逻辑意义,使现有事实和所得出的结论建立联系。浅层学习和深层学习在学习动机、投入程度、记忆方式、思维层次和迁移能力上有明显的差异。深度学习是一种主动的、高投入的、理解记忆的、涉及高阶思维并且学习结果迁移性强的学习状态和学习过程。③ 近10年来,在中小学深度学习研究方面最有影响的当属加拿大西盟菲莎大学(Simon Fraser University)艾根(Egan K)教授领衔的"深度学习"(learning in depth,LID)项目组所进行的研究,其成果集中体现在《深度学习:转变学校教育的一个革新案例》(*Learning in Depth: A Simple Innovation That Can Transform Schooling*)等著述之中。④ 该研究探讨了深度学习的基本原则与方法,分析了深度学习对学生成长、教师发展和学校革新的价值与路径,并在加拿大部分中小学进行实验研究。其核心成果聚焦课堂学习和教学问题,即使是关于教师教育中深度学习的研

---

① 安德森.布卢姆教育目标分类学[M].修订版.北京:外语教学与研究出版社,2009.

② MARTON F,SALJO R. On qualitative difference in learning:Outcome and process[J].British Journal of Educational Psychology,1976(46):4-11.

③ 郭元祥.深度学习:本质与理念[J].新教师,2017(7):11-14.

④ KIERAN E.Learning in depth:A simple innovation that can transform schooling[M].London,Ontario:The Althouse Press,2010.

究,也聚焦于教师的学习过程和学习方式。① 艾根所开展的深度学习研究项目超越了单一教育技术学视野的研究,不仅仅是关于教学设计、学习技术和学习环境开发的研究,而是基于建立新的学习观和知识观,对教学活动与学习过程做出了新的阐释。艾根的研究实现了从深度学习向深度教学的转向。艾根的深度学习研究更明确地指向了学生对知识的学习所到达的深度,以及教师通过对知识的处理引导学生逐步到达一定的学习深度。这一深度学习的过程是一个逐步深化的学习过程,要求教师在教学过程中引导学生着眼于知识的深层次理解和深度处理。该项研究表明,深度学习的研究开始从单一的学习技术研究转向了对教学过程的关注,注重深度学习与深度教学的关联性和一致性,深度学习的研究呈现出向深度学习与深度教学相结合的转向。②

(二)深度学习的内涵

深度学习是一种基于理解的学习,是指学习者以高阶思维的发展和实际问题的解决为目标,以整合的知识为内容,积极主动地、批判性地学习新的知识和思想,并将它们融入原有的认知结构中,且能将已有的知识迁移到新的情境中的一种学习。③ 深度教学的"深度"是建立在完整而深刻地处理和理解知识的基础之上的。艾根在深度学习的研究中,首次从知识论的角度,论述了深度学习的"深度"的含义。他认为"学习深度"具有3个基本标准,即知识学习的充分广度(sufficient breadth)、知识学习的充分深度(sufficient depth)和知识学习的充分关联度(multi-dimensional richness and ties)。知识学习的充分广度与知识产生的背景相关,与知识对人生成的意义相关,与个体经验相关,也与学习者的学习情境相关。如果教学把知识从其赖以存在的背景、意义和经验中剥离出来,成为纯粹的符号,便成为无意义的符号、无根基的概念知识。知识学习的充分深度与知识所表达的内在思想、认知方式和具体的思维逻辑相关,深度学习把通过知识理解来建立认识方式,提升思维品质,特别是发展批判性思维作为核心目标。

---

① KIERAN E."Learning in depth" in teaching education[J]. Alberta Journal of Educational Research,2013,59(4):705-708.
② 郭元祥.深度学习:本质与理念[J].新教师,2017(7):11-14.
③ 安富海.促进深度学习的课堂教学策略研究[J].课程·教材·教法,2014(11):57-62.

所以说,深度学习是一种反思性学习,是注重批判性思维品质培养的学习,同时也是一种沉浸式、层进式的学习。深度学习强调学习过程是从符号理解、符号解码到意义建构的认知过程,这一过程是逐层深化的。知识学习的充分关联度,是指知识学习指向对多维度地理解知识的丰富内涵及其与文化、想象、经验的内在联系。知识学习不是单一的符号学习,而是对知识所承载的文化精神的学习。同时,通过与学生的想象、情感的紧密联系,达到对知识的意义建构。从广度,到深度,再到关联度,学生认知的过程是逐层深化的。所谓意义建构,即从公共知识到个人知识的建立过程,都需要建立在知识学习的深度和关联度之上。①

安富海认为,深度学习有以下 4 个特征。其一,深度学习注重知识学习的批判理解。深度学习是一种基于理解的学习,强调学习者批判性地学习新知识和思想,要求学习者对任何学习材料保持一种批判或怀疑的态度,批判性地看待新知识并深入思考,并把它们纳入原有的认知结构中,在各种观点之间建立多元连接,要求学习者在理解事物的基础上善于质疑辨析,在质疑辨析中加深对深层知识和复杂概念的理解。② 其二,深度学习强调学习内容的有机整合。学习内容的整合包括内容本身的整合和学习过程的整合。其中内容本身的整合是指多种知识和信息间的连接,包括多学科知识融合及新旧知识联系。深度学习提倡将新概念与已知概念和原理联系起来,整合到原有的认知结构中,从而引起对新的知识信息的理解、长期保持及迁移应用。其三,深度学习着意学习过程的建构反思。建构反思是指学习者在知识整合的基础上通过新、旧经验的双向相互作用实现知识的同化和顺应,调整原有认知结构,并对建构产生的结果进行审视、分析、调整的过程。其四,深度学习重视学习的迁移运用和问题解决。深度学习要求学习者对学习情境的深入理解,对关键要素的判断和把握,在相似情境能够做到"举一反三",也能在新情境中分析判断差异并将原则思路迁移运用。③

从本质上看,教育学视野下的深度学习不同于人工智能视野下的深度

---

① 郭元祥.深度学习:本质与理念[J].新教师,2017(7):11-14.
② 杜娟,李兆君,郭丽文.促进深度学习的信息化教学设计的策略研究[J].中国电化教育,2013(10):15-16.
③ 安富海.促进深度学习的课堂教学策略研究[J].课程・教材・教法,2014(11):57-62.

学习,不是学生像机器一样对人脑进行孤独的模拟活动,而是学生在教师引导下,对知识进行的"层进式学习"和"沉浸式学习"。"层进"是指对知识内在结构的逐层深化的学习,"沉浸"是指对学习过程的深刻参与和学习投入。离开了教师的教学和引导,学生何以"沉浸"?因此,深度学习只有走向深度教学才更具有发展性的意义和价值。同时,我国新一轮基础教育课程改革以来,课堂教学改革依然存在着诸多表层学习、表面学习和表演学习的局限性,"学习方式的转变"往往演变成了教学形式的改变,诸如教与学在程序上的简单翻转和在时间上的粗暴分配。其所体现出来的知识观、价值观、教学观、过程观依然陈旧落后,以学科知识、学科能力、学科思想和学科经验的融合为核心的学科素养依然未能得到实质性的渗透。[①]

(三)隐喻思维词汇教学与深度学习

深度学习与深度教学密切相关,教师的深度教学有助于引导学生的深度学习;反之,学生的深度学习会促进教师的深度教学。深度学习和深度教学是学校教育的两个重要方面。教师的深度教学对学生的深度学习可以起到引导和激励作用,学生的深度学习对教师的深度教学可以起到促进和推动作用。从知识体系的角度来说,学生的深度学习包括纵向和横向两个方面的深度学习。纵向,学生应该对某知识点进行深入的探究以达到透彻的理解和深刻的认知;横向,学生应该能综合利用已学过的本学科知识和相关学科知识探究解决在学习中遇到的各种具体问题。针对学生的深度学习,教师的深度教学就应该从纵横向两个方面引导学生进行深入思考和深入探究,综合利用各学科知识研究解答学习中的疑难问题。[②] 引导学生开展深度学习的深度教学要求教师必须转变教学观念,追求教学的发展性,不仅关心学生学习后知道了什么,更要关心学生在价值观念、思维方式、生活方式等方面发生了怎样的精神发育。教师通过教学,努力使学生的经验世界从不同方面持续丰富,在此基础上促进其经验世界与以知识为典型的社会文化进行沟通和转化,并实现对这些文化知识个性化和创生性的占有,学生通过感知与理解、抽象与移情、感悟与升华、体验与反思等活动过程,生成新的意义。同时,要使师生在教学过程中真正建立起特殊的

---

① 郭元祥.深度学习:本质与理念[J].新教师,2017(7):11-14.
② 吴孙富,秦丽,张圣涛.例谈深度学习与深度教学的关系[J].化学教学,2016(5):22-16.

"人—人"关系,就要把师生的教学活动当作有机整体,而不是将"教"与"学"各作一方来处理;就要把教学过程看作师生为实现教学任务和目的,围绕教学内容,通过共同参与、对话、沟通、合作等一系列活动,产生交互影响,以动态生成的方式推进教学活动的过程。我们把促进学生深度学习的教学称为"深度教学"。其"深"并非指学习内容的难度,对它的衡量主要是从学习行为的投入度、学习兴趣的激发度、学习内容的理解度、学习结构的关联度、学习思维的活跃度、学习反思的批判度、学习资源的生成度、学习意义的体验度、学习应用的迁移度、学习拓展的延伸度等方面进行。要达成学生学习的这些深层变化,要求课堂教学发生相应的变革。①

隐喻思维词汇教学是对传统词汇教学方式的一种深刻变革和创新,从根本上摆脱了以教师为中心、以知识传授为主的传统词汇教学的弊端。隐喻思维词汇教学是一种词汇"深度教学",它有助于引导和推动学生深度学习、探究英语词汇的意义来源。隐喻思维词汇教学体现了艾根提出的有关深度学习的3个基本标准:知识学习的充分广度、知识学习的充分深度和知识学习的充分关联度。从知识学习的广度上说,隐喻思维词汇教学关注词汇意义产生的背景和渊源,关注词汇意义的形成与经验之间的联系,关注词汇学习情景的创设,而不是脱离其得以存在的背景、意义和经验把词汇知识的学习当作一种纯粹的语言符号、无根基的概念知识来教授给学生。从知识学习的深度上理解,隐喻思维词汇教学注重培养学生隐喻思维能力,帮助学生通过运用隐喻思维认知方式深层化理解词汇的拓展和延伸词义。隐喻思维词汇教学是一种培养和提升学生思维品质,使学生深入探究词义的意义,促进学生沉浸式、层进式学习的一种词汇教学手段和策略。从知识学习的关联度讲,隐喻思维词汇教学能够把词汇意义的探究学习活动与文化、想象、经验联系在一起,学生通过发散联想达到词汇知识和意义的建构。总而言之,隐喻思维词汇教学从广度、深度和关联度3个层面上促进学生词汇学习和认知过程的逐层深化,引导学生在学习情境中深入理解词汇隐喻词义的形成过程,培养学生词汇意义的迁移运用和举一反三的能力。

---

① 伍红林.论指向深度学习的深度教学变革[J].教育科学研究,2019(1):55-60.

六、隐喻思维词汇教学与"情智英语"

现代教育不应只是知识的传输,而应是唤醒学生的灵魂、解读学生的内心世界、推动学生心灵深处教育的变革。正如苏霍姆林斯基所说:"学生来到学校里,不仅仅是为了取得一份知识的行囊,更主要的是为了变得更聪明。"而情智课堂正是我们教育者运用自己的情感和智慧作用于被教育者,以培养情感为先导,以情育情,以情萌智,使受教育者的情感和思维相互融合协调发展。[①]"情智英语"教学主张构建"情智"交融的英语课堂,英语课堂既要有浓厚的情感,更要有深层的思维。思维品质是英语学科核心素养的重要内容和核心内涵,英语学科和其他所有学科一样承担着培养和发展学生思维的任务。英语"情智"课堂的最终目标是发展学生思维,启迪学生智慧,建构学生健全的人格。那么,在课堂教学中智慧是如何生成的呢?"智慧生成于教学过程,智慧生成于学习活动,智慧生成于学生思维提升。智慧生成的前提是教师为学生提供了预设与支架。"[②]智慧教育的核心是培养学生的创造性思维能力和解决问题能力。[③] 很显然,智慧生成的关键是靠思维,思维是智慧生成的助推器。为此,在英语教学中我们要努力建构思维课堂,提升学生在英语学习中的思维品质。

隐喻思维词汇教学实践了"情智英语"教学的理念和内涵。隐喻思维是一种创新性思维,将隐喻思维运用于词汇教学是高中英语词汇教学的一种创新,这种教学上的创新必然激发学生语言学习的创新思维,引导学生深度参与学习,培养学生敏锐的观察力、丰富的想象力,发展学生思维能力,提升学生思维品质,从而促进学生知识与智慧的生成。从生成论的视角看,生成是以原有知识基础、动因以及学习能力空间为前提条件,以问题情景的刺激为驱动,通过重组已有知识、技能,形成新的问题解决策略。[④] 隐喻思维词汇教学以构建"智慧生成"的思维课堂为关注点,从词汇知识学习的充分广度、词汇知识学习的充分深度和词汇知识学习的充分关联度3

---

① 王伟.构建情智课堂 培养数学思维[J].学周刊:中旬,2016(10):96-97.
② 李袆,王伟,钟绍春,等.智慧课堂中的智慧生成策略研究[J].电化教育研究,2017(1):108-114.
③ 唐烨伟,樊雅琴,庞敬文,等.基于网络学习空间的小学数学智慧课堂教学策略研究[J].中国电化教育,2015(7):49-54.
④ 庞维国.创新性学习:生成论的视角[J].当代教育科学,2007(5):6-8.

个维度促进学生对词汇的深度学习,让学生形成有价值、思维型、终身受用的词汇学习策略。在教学过程中,学生以原有知识——词汇的原有词义,即核心词义或原型词义为基础,以教师预设的隐喻思维支架及教师提供的语境信息为条件和驱动,展开隐喻思维联想,延伸拓展词汇的各种隐喻词义,建构词汇的深层意义,展现和发展学生"情智"。

第三节 "放、收、创"思维型词汇教学

一、"放、收、创"词汇教学模式的构建

"放→收→创"教学模式是以"思维为导向"的一种词汇教学模式,是一个从发散思维(放)→聚合思维(收)→创新思维(创)的思维教学过程。这个模式体现了思维从低级向高级递进的次序,符合学生思维的发展规律。发散思维(divergent thinking)、聚合思维(convergent thinking)和创新思维(creative thinking)在思维活动中是互相联系、互相依赖、相辅相成、辩证统一的。首先,发散思维和聚合思维互为条件。发散思维在解决问题的思考过程中,从已有的信息出发,尽可能向各个方向扩展,求得多种不同的解决问题的办法,而这些不同的解决办法需要通过聚合思维进行重新组织和推理,以求得唯一正确解决问题的办法。很显然,没有发散思维,就不会有聚合思维;没有聚合思维,发散思维就失去了存在的意义。其次,发散思维和聚合思维是创新思维的前提和基础。创新思维是思维发展的最终目的,要实现创新思维,必须经过发散思维和聚合思维。也就是说,要实现创新思维,先要经过发散思维开阔思路,再借助聚合思维进行集中和求同。

"放、收、创"教学模式遵循了词汇教学的一个原则:突出语境,反复呈现,学以致用。这个原则要求词汇教学要有整体性和系统性。整体性是指设计一个课时的教学活动,对一个单元词汇表中的重点词汇进行整体、集中教学。系统性是指所设计的课时词汇教学过程要形成一个系统。在这个系统里,教学各个环节的设计要有利于学生的思维朝纵深方向发展。"放、收、创"教学模式的教学过程由3个环节组成,每个环节的教学活动都

体现了该环节的思维特点,即发散思维(放)、聚合思维(收)、创新思维(创)。学生通过完成层层递进的思维学习任务,对所学词汇的不同词义的理解逐步加深,最终达到能熟练运用词汇的教学目的。

"放、收、创"词汇教学解决了传统词汇教学中学生词义理解狭隘、"学用"脱节问题。在教学过程中,教师借助思维导图和语境信息,诱导学生发散思维,广泛联想和拓展目标词汇的词义,达到理解和认知词汇多种词义的目的。同时,教师在教学的最后环节通过创新思维训练活动实现了词汇学习与词汇运用的统一。另外,"放、收、创"词汇教学也解决了传统词汇教学中词汇的孤立讲解、轻词汇学习的语境创设问题。在传统词汇教学中,教师往往孤立地、烦琐地把词汇的各种用法一股脑地"灌输"给学生,而不是通过创设语言学习环境,引导学生在语境中思考、体验、感悟和认知词汇的意义和用法,由于缺乏真实语言情境,学生对词汇意义的理解仅仅是浅层的,而"放、收、创"词汇教学重视语境在词汇学习中的作用,教师不是脱离语境孤立地教授词汇,而是让学生在不同语境领会词汇的不同意义,深层学习词汇的用法。"放、收、创"词汇教学模式冲破了传统词汇教学"以教师为中心"的束缚,而以激发学生主动参与、积极思维为主线,充分尊重学生学习的主体意识和主体地位,从而大大提高了词汇教学效率。

二、"放、收、创"词汇教学模式的理论依据

(一)发散思维

美国心理学家吉尔福德(Guilford)早在1967年就提出了有关智力结构模型的新图式,他认为智力是众多特殊能力的复合体,这些能力可以由材料来源的4种内容(图形、符号、语意、行为)、心理活动的5种操作方式(认知、记忆、发散思维、聚合思维、评价)和作为结果的6种产物(单位、类别、关系、系统、转换、应用)等组合构成一立方体模型,共120种。其中,他将思维分为发散思维与聚合思维,这对后来研究创造力具有开拓性意义。吉尔福德认为,人在解决问题时,思维常常从"同一来源中产生各式各样为数众多的输出",即在一段时间内不拘一格地朝着多种方向去探寻各种不同的方法、途径及答案,这种呈散射型或分叉型的思维模式就叫"发散思维"。由于它较少受传统观念束缚,不轻易苟同于一种现成的说法或不急

于归一,且往往能出现一些奇思异想,因此也称作"求异思维"或"开放式思维"。① 发散思维具有以下这些特点:第一,思维敏捷,具有短时间内迅速做出反应的能力。第二,思路开阔,具有产生多种新颖设想的能力。第三,思路灵活,应变性强,具有创造性运用学过的知识解决问题的能力。第四,思路独特,具有独立思考,提出多种独特方案的能力。发散思维发达者,思路开阔,思想活跃,想象力丰富,便于发现,便于选择,因而发散思维是极为珍贵的,思维发散性的恰当应用也就特别重要。英语教学中很有必要在重视辐合思维训练的同时,加强发散思维训练,培养学生的发散思维能力,以体现英语教学中以教师为主导、学生为主体的原则;增强学生学习英语的主动性和自觉性,促进个性发展和进行创造性学习。②

(二)聚合思维

聚合思维是指从已知信息中产生逻辑结论,从现成资料中寻求正确答案的一种有方向、有条理的思维方式。聚合思维法又称为求同思维法、集中思维法、辐合思维法、同一思维法等。聚合思维法是把广阔的思路聚集成一个焦点的方法,它是一种有方向、有范围、有条理的收敛性思维方式,与发散思维相对应。聚合思维也是从不同来源、不同材料、不同层次探求出一个正确答案的思维方法。根据吉尔福特的研究,聚合思维是一种更倾向于集中的、聚焦的、逻辑的思维方式。与发散思维者更喜欢答案开放性的问题相比,聚合思维者更喜欢结构良好,更多地需要逻辑推理能力的正规问题和任务。与发散思维者比,聚合思维者明显地具有更强的情感控制能力,好像是把不同的生活方面,分置在不同的格子里。③ 聚合思维具有如下特征:第一,封闭性。聚合思维是把许多发散思维的结果由四面八方集合起来,选择一个合理的答案,具有封闭性。第二,连续性。发散思维的过程,是从一个设想到另一个设想,具有一定的连续性。聚合思维是一环扣一环的,具有较强的连续性。第三,求实性。发散思维所产生的众多设想或方案,一般来说多数都是不成熟的、不实际的,我们必须对发散思维的结

---

① 吉尔福德.创造性才能—它们的性质、用途与培养[M].施良方,沈建平,等译.北京:人民教育出版社,1991.
② 丛滋杭.发散思维理论与英语写作教学——论多媒体网络技术的运用[J].浙江树人大学学报:人文社会科学版,2007(6):98-102.
③ 王鑫.发散思维和聚合思维对外语学习行为的影响初探[J].三门峡职业技术学院学报,2013(2):47-49.

果进行有效筛选。被选择出来的设想和方案是按照实用的标准来决定的,是切实可行的,这样的聚合思维就会表现出很强的求实性。第四,聚焦性。这种思维方式会围绕问题进行反复思考,有时甚至停顿下来,使原有的思维浓缩聚拢,形成思维的纵向深度和强大的穿透力,在解决问题的特定指向上思考,积累一定量的努力,最终达到质的飞跃,顺利解决问题。①

(三)创新思维

创新思维,即创造性思维,是指以新颖独创的方式解决问题的思维过程。创造性思维不仅能揭露客观事物的本质及其内部联系,而且能在此基础上产生新颖、独特、具有重大社会价值的思维成果。它是人创造力的核心成分,是人类思维的高级形式,是人类思维能力的最高体现,是人类意识发展水平的标志。创造性思维既具有一般思维活动的某些特点,又具有不同于一般思维的独特特征,表现在如下几个方面:第一,思维结果的首创性、独特性和新颖性。创造性思维是在一般思维成果上发展起来的,在这种思维过程中,没有现成的可借鉴的解决问题的方案,必须打破惯常解决问题的思维模式,将已有知识、经验进行改组或重建,独辟蹊径,创造出不同寻常的思维成果。第二,运思过程的非逻辑性。创造性思维具有极大的非逻辑性和跳跃性。创造性思维打破了思维的逻辑规则,发挥创造想象的补充和预见功能,通过自由、灵活地联想,把抽象模糊的概念具体化、明朗化,提出预设性假设或模型,确定创造性解决问题的合理方向。第三,思维形式的综合性。在创新思维过程中,不是靠某种单一的思维形式,而是由多种思维形式有机地结合在一起,得到高度统一的结果。其中,既有与实物具体情境相联系的形象思维,又有与抽象概念相联系的抽象思维;既有作为新观点、新设想产生基础和准备阶段所进行的分析思维,又有新观念产生瞬间所表现出的直觉、灵感、顿悟等非逻辑性思维形式(它们和逻辑思维前后为序、相互补充);既有为力求创新而进行的发散、多向思维或求异思维,又有为攻克难关而进行的收敛、集中思维或求同思维。思维形式多样,表现各异、有机整合、相互促进、相互补充。第四,强烈的目标指向性。在整个创造性思维活动中,所要解决的创造性问题会像磁石一般地吸引创

---

① 百度百科.聚合思维[EB/OL].[2020-05-25].https://baike.baidu.com/item/%E8%81%9A%E5%90%88%E6%80%9D%E7%BB%B4/1392705?fr=aladdin.

造者,使其着迷,使其忘掉周围的一切,全身心地投入创造性活动。①

(四)建构主义理论

建构主义(constructivism)系认知心理学的一个分支。建构主义学派学者维特罗克认为,学习过程即是学习者原有的认知结构与环境中接受的新信息相互作用,主动选择信息、注意信息和构建信息的意义。基于建构主义的学习过程是从对该感觉经验的选择性注意开始的。20世纪后期,建构主义从"新知识论"的角度唤起了人们对于以往客观主义对知识观的反思。维柯(Vico)认为,主体不能直接通向外部世界,而只能通过利用内部建构去组织经验和发展知识,杜威(Dewey)、皮亚杰(Piaget)和维果茨基(Vygotsky)发展了建构主义,并将其运用于课堂和儿童学习与发展。皮亚杰"认识论"认为,在建构某种世界模式时,儿童必定经历不同的认知过程。在《理解就是创造》中,他认为,对儿童心理发展的理解和掌握,教师应注意两个基本过程:其一"同化",其二则为"顺应"。"同化"(或称整合),即是认知主体把外界刺激所提供的信息整合到原有的认知结构中的过程;"顺应"(或称变革),则是主体的认知结构因外部信息的刺激或影响发生变革。换言之,发现是学习的本质,理解的过程即是创造的过程,或者是通过再创造进行重构,从而使每个认知主体成为有能力的创造和生产的人,而不仅仅是简单机械复制的劳动者。因此,同化是认知结构的整合,是量变,是图式扩充;而顺应就是认知结构的革命,是质变,是图式质变。②

从知识角度看,建构主义认为知识是认知主体主动建构的结果,学习是认知主体的一个意义建构的过程,教学是引导学生从原有知识的基础上获得新的知识的过程,教师是学生主动建构意义的促进者、合作者和指导者。建构主义学习理论强调学生是认知的主体,认为学生要从被动的知识的接受者转变为能够利用原有的知识经验,借助一定的情境和别人的帮助,利用相关的学习材料,通过意义建构的方式进行学习的知识主动建构者。皮亚杰认为学生在与周围环境的相互作用的过程中,逐步建构关于外部世界的知识,从而使自身结构得以发展。该理论要求教师要认识到应以

---

① 百度文库.创造性思维及其培养[EB/OL].(2011-07-27)[2020-05-23].https://wenku.baidu.com/view/b8369829cfc789eb172dc83c.html.

② 谢芬芬.基于建构主义理论的外语语音教学策略[J].广东农工商职业技术学院学报,2014(1):76-79.

学生为中心,强调他们对知识的主动探索和发现,及对所学知识的主动意义建构。教师要从知识的传授者转变为学生主动建构知识的指导者、帮助者和支持者。这种教学模式要求教师在教学过程中采用全新的教育思想和教学方法,充分调动学生的主动性、积极性和参与性。①

三、"放、收、创"词汇教学模式的实施原则

实施"放→收→创"词汇教学模式,应遵循以下 3 个教学原则。

(一)"语境化"原则

"语境"这个概念最早是由波兰人类语言学家马林诺夫斯基(Malinowski)提出的。他指出"语境即话语的环境和话语所处的情境。话语和情境紧密地结合在一起,语言环境对理解者来说是必不可少的。如果没有语境就没有词义"。马林诺夫斯基把语境分为话语语境、情境语境和文化语境 3 类,话语语境即字、词、句、段等的前后可帮助确定其意义的上下文;情境语境则是指语篇产生的环境;文化语境是指某种语言赖以根植的民族里人们思想和行为准则的总和。后来,英国语言学家费斯(Firth)对语境进行了更为深刻的研究,他指出"语言只有在具体语境中才有意义"。由此可见,语境对语言具有解释性和制约性,而词汇是构成语言的基本要素。词汇同样依附于语境并受语境的影响,只有在语境中教授词汇才是有意义的。② 语境是词汇学习必不可少的要素,词汇教学离不开语境,词汇教学必须遵循"语境化"原则。也就是说,教师在词汇教学过程中应创造更多的直接使用语言的机会,让学生沉浸在语言环境中,进行有意义的交流,让学生在语境中明确词义、消除歧义。

"放→收→创"词汇教学是一种以发展学生思维为导向的教学模式,但在教学过程中学生的思维是在具体语言情境下发生的,离开了语言情境,学生的思维就失去了目标,也就没有了意义。因此,实施"放→收→创"词汇教学必须基于"语境化"这一教学原则,这就要求教师针对单元所要教学的重点目标词汇创设与之相关的适切的语境,让学生在语境中发展思维、

---

① 陈莉明.建构主义理论下的英语视听说教学模式探究[J].淮海工学院学报,2013(22):84-86.
② 魏统红.基于语境下的高中英语词汇教学[J].课堂内外:教师版,2015(8):45.

习得词汇。

(二)"生活化"原则

根据著名教育家陶行知先生关于"生活即教育"的教育思想,生活与教育是一致的。生活决定教育,教育要通过生活才能发出力量而成为真正的教育。当前英语教育的弊端之一就在于英语教育与学生的现实生活和可能生活脱离,教育没能作用于学生的生活方式,从而丧失了生活和成长的意义。从人的存在、人的生活角度及社会国际化的趋势来看,英语教育是学生通向可能生活的中介,因而英语教育应该首先成为一种生活化的教育。基于这一点,作为教育第一资源——教师,我们应该重视自己,主动转变教学行为,对传统的教师角色进行重新定位和理解。作为英语教师,我们更应该遵守"生活即教育"这一原则,使英语教学真正成为一门实践课,加强对学生策略指导,鼓励学生通过体验、实践、讨论、合作、交流、探究等方式发展听、说、读、写能力。课堂上构建良好的英语生活化课堂语言环境,课下组织丰富多彩的课堂活动,使学生在用中学,在学中用,真正达到培养语言能力的目的。[①] 教学生活化的本质是尊重学生在学习中的主体地位,教会学生如何学会学习,关注学生在生活中的经验,通过结合现实生活的具体生活事例和素材,引导学生运用所学知识对生活进行思考和探究。

首先,英语教学的生活化体现在教学内容的生活化。教学内容是实现教学生活化教学目的的关键因素,在设计教学过程时,教师要尽量选取一些来源于生活、符合学生认知水平的真实语料和素材,这些语料和素材必须贴近学生生活,富有时代气息,能迎合学生的兴趣,给学生以新鲜感,从而极大地激发学生参与学习的主动性和积极性。譬如,在教学单元英语词汇时,教师可以从国内外知名英文报刊(如《泰晤士报》《华盛顿邮报》《纽约时报》等)上选择一些与时事热点相关的文章,从中截取出现教学目标词汇的片段作为教学内容。这些文章具有很强的时效性,文章的话题涉及的知识面广,话题贴近学生生活,涉及社会关注的焦点问题,能引起学生强烈的共鸣和认同感。其次,英语教学的生活化还体现在课堂教学活动的生活化。课堂活动的生活化有赖于教师设计与生活息息相关的学习活动,如教师在设计课堂讨论活动时,所设计的讨论话题应该具有很强的时代性和社

---

① 闵宝霓.教育与生活:论英语教学生活化[J].中国科教创新导刊,2009(30):128-129.

会性,否则学生的讨论活动将变得脱离实际生活、枯燥无味。当然,教学生活化还体现在教师给学生编制的试题、练习及课外学习活动等方方面面的生活化。只有"生活化"渗透到英语教学的整个过程,才能真正落实英语教学的生活化原则。

(三)"思维化"原则

词汇学习能力与思维能力密切相关,词汇学习应该建立在以提高学生思维能力目标基础上。现有研究结果表明,我国的英语学习者在学习过程中,尤其是在词汇学习中,大多依赖死记硬背,缺乏灵活思考、巧妙利用学习策略及主动学习的能力。死记硬背法在语言学习的初级阶段,积极作用比较明显,而在语言学习的高级阶段,则弊大于利。所以在词汇教学上需要对学生思维的系统性和整体性进行加强,培养其发现的能力,使我国英语学习者摆脱束缚思维的、被动的学习方式,从而转向以深层思维为导向的、主动灵活的学习方式。① 的确,尽管新课程改革已经实施多年,但在当前的中学英语教学中,仍然存在教学观念滞后、教学行为过于传统的现象。由于缺乏教师的指导,很多学生还主要依靠死记硬背或被动接受词汇知识来学习词汇,没有主动学习意识,更没有运用思维深层探究学习词汇的能力。

思维是认知事物的前提,没有思维的介入就不会有认知。思维决定着行为主体的言与行,思维方式决定了学生的学习方法和学习效果。为此,把思维引入词汇教学、创设思维型词汇教学模式在当前高中英语词汇教学中显得极为重要。"放→收→创"词汇教学正是一种以"思维为导向"的思维型词汇教学模式。思维是"放→收→创"教学模式的核心要素,思维训练始终贯穿于整个词汇教学过程和学习活动之中。教学过程中的每个教学活动或环节都是以驱动学生主动、积极地思维而设计的。"放→收→创"词汇教学主要聚焦在发散思维、聚合思维和创新思维3种思维形式上。但在学习过程中,学生的思维不仅限于以上3种思维形式,如在发散思维训练教学环节中,学生还会运用分析综合、概括、判断、推理、联想、隐喻等其他思维形式对多义词的意义进行综合推理和拓展。

---

① 于文珍,毛海燕,等.英语词汇学习与思维能力的关系及其对词汇教学的启发[J].教书育人:高教论坛,2012(6):141-142.

四、"放、收、创"词汇教学课例展示

"放、收、创"词汇教学聚焦的是多义词教学。多义词是一种高频词汇,是高中英语词汇学习中的重点,更是难点。教师处理好了一个单元多义词的教学在很大程度上就意味着解决了整个单元的词汇教学问题。为此,在词汇教学过程中,教师应该重视多义词的教学策略,要基于"建构主义学习理论"给学生传授学习多义词的方法和途径,引导学生通过自主体验、自主探究和自主思考构建多义词的意义,从而达到多义词学习的目的。在人教版高中《英语》教材中,每个单元的词汇量虽然很大,但多义词并不多。事实上,教师如果能把主要精力和时间花在这些多义词的教学上,词汇教学就会是一件"事半功倍"的事,因为教师抓住了单元多义词的教学,就如同牵住了"牛鼻子",抓住了问题的关键和要害。所以教师在开展单元词汇教学之前,应该对单元所有词汇进行分类和整合,把单元多义词筛选出来,集中开展重点教学。"放、收、创"词汇教学就是针对单元多义词教学而建构的一种创新型词汇教学模式,其教学路径是一个从"发散思维(放)"到"聚合思维(收)",再到"创新思维(创)"的一个思维递进过程。在该教学流程中,学生通过3个不同层次的思维训练,反复、循环地接触和使用目标词汇,主动在语境信息中理解、认知和建构多义词的各层含义。

"放、收、创"词汇教学不仅适合一个单元多义词的集中教学,还可以作为一种手段运用于词汇的阶段复习教学。例如,在高三词汇专题复习过程中,教师可以从若干模块中整合出所有的多义词展开集中复习教学,这既避免了高三词汇复习常出现的"杂、乱、繁"现象,又突出了重点词汇的复习,同时增强了学生词汇复习的策略意识,因而能在很大程度上提高词汇的整体复习效果。

下面以高三词汇专题复习为例,讨论"放→收→创"词汇教学模式在高中英语词汇教学中的具体实施。

(一)教学内容

本课时教学内容是教学(复习)以下18个单词和短语:call for, reach, take on, promise, against, break down, charge, fail, mark, make, set off, answer for, contain, present, perform, gain, claim, pick up。

以上是教师在高三词汇专题复习阶段整合出来的部分重点词汇,作为

本课时的教学目标词,这些词汇都是一些高频多义词,学生学习起来存在较大困难。这些词汇并不都是人教版高中《英语》教材词汇列表中的词汇,有的是从初中教材中选取出来的词汇,有的是人教版高中《英语》教材中的拓展学习词汇。在高三词汇专题复习前,教师应该花费一定的时间和精力把初高中教材中所学习到的所有词汇进行全面筛选,把一些重点高频多义词整合出来,并安排若干课时开展重点、专项复习教学。

(二)教学目标

(1)能够在不同语境中理解和识别所学目标词汇的不同词义。
(2)能够归纳和概括所学目标词汇的各种常见词义。
(3)能够较熟练地运用所学目标词汇展开创意表达。

(三)教学过程

本课时的教学过程由3个教学环节组成,3个环节分别体现"放""收""创"3个不同的思维层面,是一个从发散思维到聚合思维,再到创新思维和创意表达的思维学习活动过程。

1. 发散思维活动

教师可以设计如下两个发散思维活动:

(1)依托语境拓展词义。

在该活动中,教师请学生根据所提供的相关词汇的语境信息,展开发散思维联想,在不同的语境中猜测和拓展目标词的各种词义。

例如,在教学"break down"时,教师可以创设如下语境,要求学生根据所提供的语境信息发散联想"break down"的多种词义:

①Forbidden City breaks down another barrier. To cater to(迎合)the interests of the increasing number of visitors, Forbidden City will allow visitors to enter into some of the crucial quarters of the Inner Court — once prohibited and punishable by death. The world will soon get to see more of the intriguing Forbidden City, home to generations of Chinese emperors spanning five centuries — at no extra cost(附新闻背景图片)。

②Democratic People's Republic of Korea nuclear talks break down(附新闻背景图片)。

③When Nancy heard the bad news, she broke down.

④The elevators in this building are always breaking down.

又如,在教学"call for"时,教师可以设置如下语境,要求学生根据所提供的语境信息发散联想"call for"的多种词义:

① Visiting Chinese leader Li Changchun has called for stronger bilateral(双边) relations between China and Indonesia while meeting with Indonesian President(附新闻背景图片).

② Teaching calls for patience and devotion.

再如,在教学"claim"时,教师可以设置如下语境,要求学生根据所提供的语境信息发散联想"claim"的多种词义:

① The Philippines' sovereignty(主权) claim over Huangyan Island is "illegal" and against basic principles of international relations, Foreign Ministry spokesman Liu Weimin said here Friday(附新闻背景图片).

② You can claim on the insurance if you have an accident while on vacation.

③ The earthquake has so far claimed over 3000 lives.

当学生猜测词义出现困难时,教师可给予必要的指导和提示。学生利用语境完成每个目标词的词义联想和猜测后,教师给学生呈现各个目标词在以上具体语境中的准确词义。最后,教师请学生翻译并朗读以上例句,以加深学生对目标词汇不同词义的记忆和理解。

(2)借助思维导图拓展词义。

在该活动中,教师先把建构好的思维导图呈现给学生,要求学生先对目标词的旧词义(已学过的词义)展开联想,然后再请学生借助思维导图下方所提供的语境信息拓展联想目标词的新词义。

例如,在教学"fail"一词时,教师给学生呈现如下思维导图(图2-5-9),并请学生先说出"fail"的旧词义(如"失败""不及格"等),然后教师在思维导图的下方呈现课前创设好的语境,要求学生根据语境信息联想和拓展"fail"的新词义:

① William found it increasingly difficult to read, for his eyesight was beginning to fail.

② The plane's engine failed, forcing an emergency landing.

③ I invited my girl friend to come to my graduation ceremony yesterday, but she failed to come.

学生对以上例句中"fail"的词义做出大致猜测之后,教师给学生呈现"fail"在以上例句中的准确词义:例句①中"fail"的词义为"衰退",例句②中

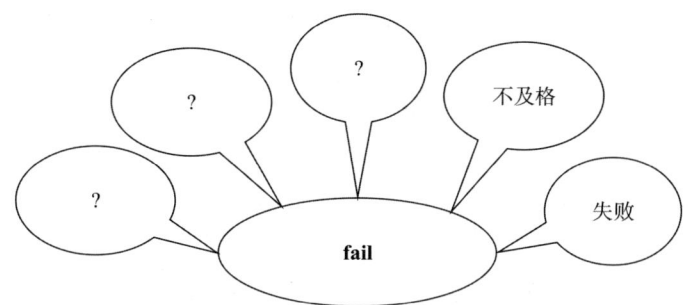

图 2-5-9 "fail"词义拓展思维导图

"fail"的词义为"坏了,出故障",例句③中"fail"的词义为"没能够"。

又如,在教学"charge"一词时,教师给学生呈现如下思维导图(图 2-5-10),请学生先说出"charge"的旧词义(如"收费""负责、主管""控告"等),然后教师在思维导图的下方呈现课前创设好的语境,要求学生根据所提供的语境信息联想和拓展"charge"的新词义:

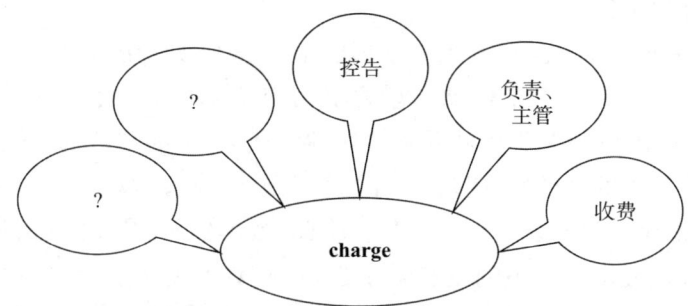

图 2-5-10 "charge"词义拓展思维导图

①He charged his phone with electricity.
②A three-ton rhino is charging towards us.

学生大致猜测出以上例句中"charge"的词义之后,教师给学生呈现"charge"在以上例句中的准确词义:例句①中"charge"的词义为"充电",例句②中"charge"的词义为"冲向"。

再如,在教学"mark"一词时,教师先给学生呈现如下思维导图(图 2-5-11),请学生先说出"mark"的旧词义(如"打分""做标记"等),然后教师在思维导图的下方呈现课前创设好的语境,要求学生根据语境信息联想和拓展"mark"的新词义:

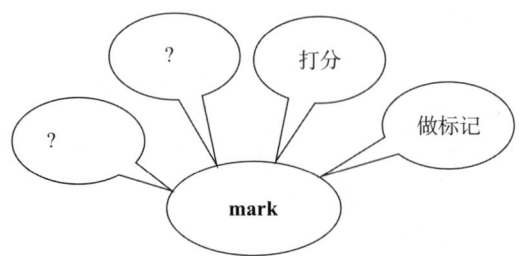

图 2-5-11 "mark"词义拓展思维导图

① His third film marks a major advance in cinematic techniques.

② The government held a festival to mark the town's 200 anniversary.

学生对以上例句中"mark"的词义做出大致猜测之后，教师给学生呈现"mark"在以上例句中的准确词义：例句①中"mark"的词义为"标志着"，例句②中"mark"的词义为"庆祝"。

【设计评析】

发散思维活动的设计目的在于训练学生的发散思维，即以一个目标词或短语作为发散点，学生借助语境提示对目标词的各种词义展开发散联想。在活动中，语境是学生展开发散思维的载体、依据和范围，没有语境信息的支持，学生的发散思维就没有了方向，漫无目的。没有依据、范围和方向的发散思维是没有意义和结果的。因此，教师针对多义词词义设计发散思维活动时，应该给学生创设和提供适切的、真实的、生活化的语言环境，激发学生参与思维活动的兴趣，诱导学生在具体语境信息的指引下展开词义发散联想，培养学生多义词词义拓展能力，从而提高多义词教学效果。

2. 聚合思维活动

教师可以设计如下两个聚合思维活动：

(1)"组织小组讨论"聚合词义。

在该活动中，教师组织学生小组展开讨论，各小组在个体成员发散思维的基础上进行收敛思维（聚合思维），以求得唯一正确的答案。具体地说，在小组讨论过程中，每个学生先独立思考目标词在语境中的词义，然后在小组内提出和分享自己的观点，再经过小组成员讨论达成共识、形成统一意见，达到聚合目标词的新词义的目的。

例如，在教学 answer for, contain, present, perform, gain 几个目标词时，教师可以先给学生呈现以下语境信息：

①No organization was willing to answer for the explosion.

②He was so excited that he could hardly contain himself.

③The manager presented him with the award of the best sales in the region.

③The doctor is performing an operation now.

④My watch gains two minutes every 24 hours.

然后,教师组织学生开展小组讨论,小组每个成员先独立思考,然后在组内提出各自的看法,最后经过小组商议从不同答案中"集中"一个正确答案。这是一个"求同"思维过程,有利于训练学生的聚合思维能力。

(2)"建构思维导图"聚合词义。

在该活动中,教师要求学生利用思维导图中的多个语境信息对目标词的新词义展开发散联想,然后从不同语境中集中求得一个唯一正确的词义。

例如,在教学"set off"一词时,教师先给学生呈现如下思维导图(图2-5-12):

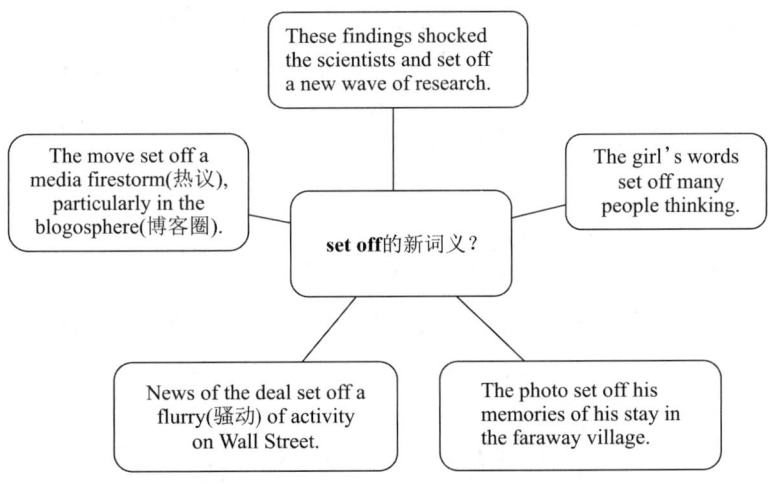

图 2-5-12 "set off"词义聚合思维导图

然后,教师请学生仔细阅读思维导图中的每个语境信息,思考"set off"在每一个语境信息中的词义,最后综合所有的语境信息中的词义"集中"求得"set off"的"唯一"正确的新词义"引起、引发"。

又如,在教学"pick up"一词时,教师先给学生呈现如下思维导图(图2-5-13):

然后,教师请学生仔细阅读思维导图中的每个语境信息,思考"pick

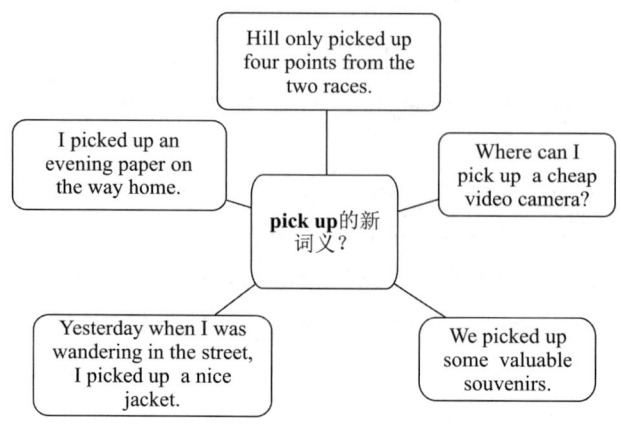

图 2-5-13 "pick up"词义聚合思维导图

up"在每一个语境信息中的词义,最后综合所有的语境信息中的词义"集中"求得"pick up"的"唯一"正确的新词义"得到、买到"。

【设计评析】

小组讨论是发展和训练学生聚合思维的有效途径。在"聚合思维"活动环节的第一个活动中,教师通过小组讨论活动设计,引导小组每一个成员独立思考,然后在小组内分享自己的思考结果,再经过与同伴讨论形成一致意见,从而在小组讨论过程中有效地提升了学生的聚合思维能力。而在第二个活动中,教师通过在思维导图中呈现目标词的不同语境信息,要求学生从不同的语境信息中聚合目标词的一个相同的新词义。以上两个学习活动不仅培养了学生的聚合思维能力,而且提升了学生学习的主体意识,在活动中学生主动参与学习过程、主动建构知识,真正成为学习的主人。

3. 创新思维活动

创新思维活动是基于"学用"结合理念而设计的一个创意表达活动,其设计目的是通过学生运用本课时所学到的目标词汇,培养学生的创新思维能力。开放式作文最大的好处在于能给学生营造一个和谐而轻松的写作气氛,开辟一个广阔而自由的写作天地,发挥学生的主动性和创造性。而创新思维则是帮助学生实现这一目标的有效手段。所谓创新思维,是指不依常规、寻求变异,从不同角度探索、寻找多种解决问题的办法。它具有思维敏捷、思路开阔、思维灵活和思维独特等特征。① 近年来,高考书面表达已经从"封闭式写作"转向"开放式作文",其目的就是考查学生的创新思维能力。因此,在写作教学实践中,教师要重视学生的创新思维和创意表达能力的培养,以适应高考试题的改革和变化趋势。基于此,本节课,教师可以设计一个开放式写作的创新思维活动,活动具体要求和步骤如下:

(1)活动要求。

①运用本课时所学习的目标词汇编写一个完整的故事。

②尽可能多地使用本课时所学习的目标词汇,并在文中用下划线标注出来。

③字数:100字以上。

④完成时间:20分钟。

(2)活动步骤。

①学生独立"创作":

学生独立思考,自主在规定时间内完成故事编写任务。

②同伴分享"作品":

学生写作完成后,与同伴相互分享自己编写的"故事",并展开交流,互相学习和借鉴。

③学生"作品"展示:

学生与同伴分享之后,教师在全班同学面前展示部分学生编写的"故事",并予以适当评价。

④教师"作品"展示:

学生"作品"展示和评价结束后,教师给学生展示自己编写的如下"故事",(加下划线的为本课时教学的目标词汇):

Yesterday I received a call from the manager who interviewed me the other day. He promised to <u>take on</u> me and told me to come to work the next day. Hearing the news, I was too excited to <u>contain</u> myself. Early this morning I <u>set off</u> for the company by car, but unluckily my electric bicycle <u>broke down</u> on the way, because I forgot to <u>charge</u>(充电)it last night, which made me very worried. So I <u>failed</u> to arrive at the company on time. The manager was so angry. He said:"The job you have just been offered

---

① 陈仕清.从开放式英语作文看学生创新思维能力的培养[J].中小学英语教学与研究,2004(8):47-50.

calls for punctuality(守时). If you are late again, you will be dismissed. And you will have to <u>answer for</u> it yourself." I said sorry to the manager and promised him that I would <u>perform</u> better and be <u>present</u> at work on time in future.

【设计评析】

"编写故事"是一个完全开放的创意表达活动。活动中,学生充分发挥了自己丰富的想象力,从各自不同的生活经历、从不同的视角编写出一个个极具创造性和个性化的"故事"。该活动不仅激发了学生创意表达的冲动和兴趣,培养了学生创新思维意识和能力,而且通过学生运用本课时所学习的目标词汇编写故事,达到了词汇学习和运用的协调统一,提高了学生语言运用和语言表达能力,在语言能力和思维品质方面发展和提升了学生的学科核心素养。

英语教学的一切教学活动都离不开思维,词汇教学也不例外。通过把思维引入词汇教学,创建思维型词汇教学模式,学生将从束缚思维的、被动接受知识的词汇学习方式转向以思维为导向、主动建构知识的词汇学习方式,从而增强了学生词汇学习的主体意识,提高了学生词汇学习的主动性和积极性,改善了学生词汇学习的效果,促进了学生"情智"的发展。为此,摒弃传统的以"教师为中心"的"讲授式""灌输式"词汇教学模式,探索新型的"思维型"词汇教学模式,是我们每个英语教师必须要做出的选择。

五、"放、收、创"词汇教学与"情智英语"

"放、收、创"词汇教学是一种以"思维为导向"的词汇教学模式,"语境化""生活化""思维化"是"放、收、创"词汇教学的 3 个基本实施原则。"放、收、创"词汇教学充分体现了"情智英语"教学的内涵特征,是"情智英语"教学在英语词汇教学中的具体实践。"放、收、创"词汇教学中的"情智"特征主要体现在以下几个方面:

其一,"语境化",即"语言的情境化"。"放、收、创"词汇教学是一种"思维型"词汇教学模式,但思维离不开语言情境,学生的思维是在具体语言情境下发生的,情境是学生展开各种思维联想的载体和依据,没有情境因素的存在,学生的思维就没有了根基和范围,思维就会偏离方向,失去目标和意义,思维也就不会有任何结果。"情智英语"即"情感英语","情智英语"即"情境英语",所谓触"景"生"情",即学生因"情境"而萌生"情感",学生对语言学习所产生的积极的兴趣和浓厚的情感源于教师给学生创设和提供的语言学习"情境"。"情境"是语言学习发生和产生积极效果的要素,缺乏"情境"因素,语言学习对学生来说就变得枯燥无味,学生的思维就没有了头绪和方向,学生的学习就不会有好的效果。

其二,"生活化",即"情境的生活化"。"情境的生活化"包括教学内容和教学活动的生活化,即教师给学生提供生活化的教学语料、素材和设计生活化的教学活动,以唤起学生的学习热情,引起学生的共鸣,迎合学生的兴趣。"放、收、创"词汇教学以情境"生活化"为重要原则,所创设的课堂教学情境力求贴近学生生活并富有时代气息,且每个情境以相关图片"相伴",给学生一种生动的、真实的生活感和画面感。"情智英语"关注"生活课堂"的构建,主张"生活即教育",主张课堂教学的一切要素尽可能来源于生活,因为"生活化"课堂才能促进学生进行问题解决和意义建构,才有助于引导学生积极参与、主动思考和主动探求知识,从而发展思维,启迪智慧。

其三,"思维化",即"过程的思维化"。"思维"贯穿了"放、收、创"词汇教学的整个过程。"放、收、创"词汇教学过程从发散思维(放)→聚合思维(收)→创新思维(创),形成了一个"思维"教学链条。"情智英语"即"思维英语","情智英语"即"智慧英语",思维和智慧是"情智英语"教学的重要内涵,思维是智慧的源泉,思维促进智慧生成,思维促成人格构建。"放、收、创"词汇教学摆脱了"以知识为唯一目的"的传统教育观,充分尊重学生主动获取和建构知识的权利,重视学生思维训练和思维培养,关注学生独立人格的塑造。

第六章

"情智英语"阅读教学

在高中英语阅读教学中实施"情智英语"教学是时代的需要,也是新课程改革的召唤。阅读是一个非常活跃、复杂的认知过程。① 张献臣认为,阅读教学的目标定位应该是:获取文本信息,培养阅读技能,学习语言知识,发展思维能力,拓展文化视野,培育思想品格,提升人文素养等。可见阅读教学是英语课程工具性和人文性高度结合的体现。英语课程的工具性包括交流的工具、思维的工具和学习其他学科知识的工具,而人文性则包括文化意识、国际视野、社会责任、思维模式、审美情趣等。② 实际上,阅读过程就是一个"情""智"融合发展的过程。

首先,阅读过程是一个情感体验和升华的过程。传统的阅读教学多强调阅读策略、阅读技巧、阅读模式等,却忽略了阅读者内在的情感因素。现代教育强调以人为本、以学生为中心,教育部在 21 世纪初把情感态度的培养作为高中英语教学的五大课程目标之一纳入了《普通高中英语课程标准》,以引起整个中学外语教学界对它的重视,这要求英语教师在实际教学中研究学习者的情感因素在学习过程中可能带来的影响。③ 随着新课程的实施,我们欣喜地看到高中英语新课标有了革命性的变化,更多地加入了对于学生学习策略、情感态度、文化意识这些人文素养的关注,也体现在目前高中英语新教材的编写上。我们应该深透挖掘和利用教材采用的主题教学法(theme-based approach)和结构功能法(structural-function

---

① 郭宝仙,章兼中.构建我国中小学外语阅读能力的结构框架体系[J].课程·教材·教法,2016(4):23-29.

② 张献臣.基于英语学科核心素养的中学英语阅读教学[J].中小学外语教学,2018(6):1-5.

③ 万平方.情感态度的培养在高中英语阅读教学中的应用研究[EB/OL].(2007-06-03)[2020-05-28].http://www.doc88.com/p-9999967627764.html.

approach)相结合的体系,每个单元都围绕一个主题或话题编写,其中每课的阅读部分材料和练习,均体现了编写者独具匠心、构思巧妙。在日常教学中,教师应充分利用这些材料,渗透编写者的意图,从而切实提高学生的阅读能力。同时渗透情感教育和人文教育。① 阅读过程中的情感涉及两个层面:一是学生内在的情感因素。学生内在的情感因素指学生参与阅读的主动性、兴趣、态度、热情等。被动、消极的阅读态度是不可能开展有效阅读教学的。所以,教师在阅读教学过程中,要通过创设合理、真实、生活化的情境激发学生产生对阅读的强烈"情感",引导学生积极主动地参与到阅读教学活动中去。二是阅读文本中蕴含的情感。每个阅读文本都被赋予一定的情感教育的内涵,教师要充分挖掘阅读教材中的情感、价值观教育内容,通过问题或活动设计让学生在探究学习中体验、感受和发展阅读教材所赋予的积极、正面的情感,以达到情感态度、价值观和人文教育的目的。

其次,阅读过程是一个思维训练和培养的过程。阅读过程中读者需要不断地对输入文本信息进行解码、加工和内化。本质上,阅读过程是一种思维过程,阅读的关键能力是思维。② 英语阅读活动不仅仅是从语篇中获得信息或理解语篇的主要意思。英语阅读教学通常包括预测、思考、寻找信息、理解意思和意图、讨论等环节,这些环节都涉及思维过程。如果能有效地设计和实施这些教学环节,阅读教学将促进学生思维品质的发展。③ 在高中英语阅读教学中,培养和发展学生的思维品质,就是通过引导学生观察、比较语篇,寻找语篇主要信息,归纳并提炼语篇的主旨,分析语篇特点和结构,分析和评价语篇所承载的观点、态度、情感和意图;引导学生建立阅读语篇的思维路径,帮助学生学会观察、比较、分析、推断、归纳、建构、辨识、评价、创新等思维方式,真正从"浅阅读"走向"深阅读",增强思维的灵活性、开放性、逻辑性、评判性和创造性,提升学生的思维品质。④ 阅读是发展学生思维品质,促进学生智慧生成的重要途径。基于此,教师在开展阅读教学的过程中,要引导学生深入解读文本,挖掘文本深层意义,拓展思

---

① 关迪.充分利用英语教材培养人文精神[J].中国科教创新导刊,2009(13):98.

② 林艳,郭强.高中英语阅读思维型教学实践探究[J].中小学外语教学(中学篇),2018(3):29-32.

③ 程晓堂.在英语教学中发展学生的思维品质[J].中小学外语教学(中学篇),2018(3):1-7.

④ 龚胡娟.如何在高中英语阅读教学中培养学生的思维品质[J].中学课程辅导·教学研究,2017(19):68-70.

维训练的深度和广度，以提升学生的思维能力和水平。

概言之，阅读教学是"情"与"智"相互交融的教学，是工具性和人文性的统一。在中学英语教学中，教师应充分体现英语课程的双重属性，即工具性和人文性，充分挖掘英语学科的育人价值。就工具性而言，教师要在英语阅读教学中重视培养学生的两种能力：一是用语言交流的能力，包括理解能力和表达能力，不仅要读得懂，还要说得出、写得出；二是思维能力，包括理解、比较、分析、预测、推断、概括、评价、批判、创新等。此外，还需要培养学生运用英语思维的能力。就人文性而言，每一篇阅读材料，尤其是教材中的课文，都从不同角度渗透了一定的科学知识、文化知识、人文情怀，以及作者的情感、态度和价值观等，这就要求学生不仅要理解作者字面上表达了什么，还要理解其深层所表达的内涵、观点和态度。所以，阅读教学，尤其是课文教学中，教师需要引导学生解读文本，尤其是解读文本的人文价值，进而指导学生成为能阅读、会思考、有文化、有修养的人。① "情智英语"阅读教学体现了新课程理念，发挥了英语学科育人功能，实现了学生学科核心素养的培养任务。

第一节 巧设课前导入，激发学生"情智"

导入是一节课的开始，也是教师进行教学活动的开始。良好的课堂导入能够营造良好的学习气氛，能够调动学生上课听讲的积极性，能够激发学生高昂的求知欲望，能够最大限度地提高课堂教学效果，所以导入恰当与否，直接关系到教学效果的好坏。在新编高中英语教材中，每单元的阅读课文所选的文章大多篇幅较长，内容广泛，很多涉及背景知识和常识，陌生词汇也不少，学生会觉得阅读难度较大而且乏味，这样阅读前的导入就显得十分重要。"好的开端是成功的一半"，因此教师应该根据课文的特点，扮演好"导演"的角色，精心设计并灵活运用"导入"艺术，让学生主动参

---

① 张献臣.基于英语学科核心素养的中学英语阅读教学[J].中小学外语教学，2018(6)：1-5.

与到教学过程中来,使他们对课文的被动阅读转为主动阅读。① 每节课的开始,学生都会有新的期待,精彩的阅读课导入能够激起学生的阅读欲望与兴趣,促使他们带着疑问和好奇去探究阅读文本。其间渗透了文本主题,也降低了阅读难度,学生会把阅读视为一种探究和享受,而不是枯燥无味的文字堆砌。同时,恰当的阅读导入可以激活学生已有的相关背景知识,引导学生展开联想,启发学生思维,帮助理解话题,为读懂阅读文本做好铺垫。② 课前导入的目的和意义有两个:一是把学生带入情境,吸引学生的注意力,启迪学生联想思维,激发学生阅读的兴趣和求知欲;二是引出阅读主题,激活学生已有与阅读主题相关的经验、认识和背景知识,为接下来的阅读教学的开展做好铺垫和准备。阅读导入其实就是激发学生阅读"情智"的一个教学环节。根据阅读文本内容上的不同,教师选择的阅读导入方式和策略也不同。下面结合具体教学案例,介绍几种常见有效的、能激"情"启"智"的阅读课前导入方法。

一、设疑导入

设疑导入是英语阅读教学的一种常见课前导入方法。设疑导入法即所谓"学起于思,思起于疑",是教师通过设疑布置"问题陷阱",学生在解答问题时不知不觉掉进"陷阱",使他们的解答自相矛盾,引起学生积极思考,进而引出新课主题的方法。它的设计思路是:教师提出问题,学生解答问题,针对学生出现的矛盾对立观点,引发学生的争论与思考,在激起学生对知识的强烈兴趣后,教师点题导入新课。③

【导入案例】

人教版高中《英语》选修模块七第二单元阅读课文:Satisfaction Guaranteed。

【导入设计】

首先,教师通过课件展示一些家用机器人在一个女主人家"工作"的照

---

① 王宝.高中英语阅读教学课堂如何导入[EB/OL].(2018-09-09)[2020-05-30]. https://wenku.baidu.com/view/f82ebae6690203d8ce2f0066f5335a8103d26669.html.
② 余培军.浅析高中英语阅读课的导入与案例[J].学周刊·上旬刊,2016(4):174-175.
③ 张海红.浅谈高中数学课堂导入的方法与技巧[J].神州,2012(3):298.

片,学生看完照片后,教师指着一张机器人和女主人相处较为"亲密"的照片问学生:Is it possible for a hostess to fall in love with her household robot? 接着,教师引出课文中家用机器人 Tony 和女主人 Claire 这两个角色,请学生阅读文章看看 Tony 和 Claire 之间的情感是如何发展的。

【设计思路】

本单元阅读语篇 Satisfaction Guaranteed 讲述了一个智能、家用机器人 Tony 来到女主人 Claire 家之后,帮助她做家务及帮助她解决了生活中所遇到的问题和烦恼。Tony 的出现不仅提高了 Claire 家的品位,而且提高了 Claire 的社会形象。随着故事的发展,Claire 渐渐被 Tony 英俊的外表和智慧所吸引,并对 Tony 产生了依恋之情。在文本中,Claire 对 Tony 的情感变化是故事发展的一条主线。导入环节中问题设计旨在让学生对 Claire 和 Tony 之间情感如何发展和演变产生强烈的好奇心,从而激发学生阅读的兴趣和欲望,达到导入阅读主题的目的。

二、情境导入

情境导入是英语阅读教学中最常用的一种导入方式。情境导入法是指教师利用语言、设备、环境、活动、音乐、视频、绘画等手段,创设一种与阅读主题发生关联的教学情境,以激发学生对文本阅读的情感和兴趣,同时诱导学生思维,触发学生对相关阅读主题的已有经验、认知的发散联想。情境导入法以其生动、真实的生活化情境使学生处于积极学习的状态,是一种非常有效的课前导入方法。

【导入案例】

人教版高中《英语》选修模块七第二单元阅读课文:A Night the Earth Didn't Sleep。

【导入设计】

教师先利用多媒体给学生播放一个有关"地震灾害知识"的宣传片片段。地震灾害知识宣传片播放结束后,教师提出以下问题让学生思考和回答:Do you know what signs will occur before an earthquake breaks out?

【设计思路】

播放地震灾害知识宣传片段的目的是把学生带入、感受地震发生的情境,激发学生阅读的兴趣和热情,同时借助宣传片让学生了解相关的地震知识,为接下来的阅读教学做好主题内容及情感上的铺垫。视频观看结束后,教师向学生提出有关地震前兆的问题,目的是连贯、自然地导入阅读主题。

三、思维导图导入

思维导图是一种帮助人们思考和解决问题的思维可视化工具。它顺应了大脑的自然思维模式,以直观形象的方法让我们的各种观点自然地呈现出来。利用思维导图导入新课能有效激发学生对某一话题展开发散联想,帮助学生建立新旧知识之间的联系。

【导入案例】

人教版高中《英语》选修模块六第三单元阅读课文:Advice From Grandad。

【导入设计】

首先,教师提出如下问题请学生思考和回答:Have you ever smoked? If so, have you become addicted to smoking? 然后,教师提出关键性问题:Do you know any harms smoking causes? 并在黑板上构建如下思维导图的框架(图 2-6-1),请学生发散联想吸烟对健康的害处。

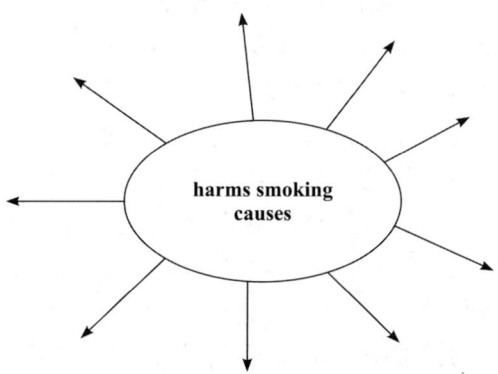

图 2-6-1 "吸烟有害健康"思维联想图

【设计思路】

本单元阅读语篇"Advice From Grandad"是爷爷写给孙子的一封信,信中爷爷以自己的亲身体会向孙子说明吸烟容易上瘾的原因,吸烟的危害和戒烟的方法,告诫孙子要戒掉吸烟的坏习惯,崇尚健康生活方式。其中,有关吸烟的危害问题是课文重点涉及的内容,孙子只有认识到吸烟的多方面的严重危害,才会下定决心戒烟。利用建构思维导图导入阅读文本,能够很快激活学生对"吸烟危害"的已有认知,并诱导学生通过发散联想产生新的认知。

第二节 深入文本解读,生成学生"情智"

"语篇"是作者的语意预制,它以语义为核心,通过话题内容和内在逻辑在作者和读者之间建立心理关联,以期实现话题共鸣,从而达到信息的有效传递。一个语意完整的语篇突出的特征在于其"语篇性",1981年,De Beaugrande 和 Dressler 提出了语篇的 7 个标准,即衔接、连贯、意图性、可接受性、信息性、情景化、互文性。教学中围绕以上标准设计的基于文本信息的分析、综合、推理、概括、评价等多种活动,皆与科学合理的文本解读紧密相关。因此,提高文本解读能力是教师基于语篇内容培养学生学科核心素养、提高课堂教学实效和学生学习质量的关键。① 在阅读教学中,文本是阅读教学的材料,文本解读的执行者是教师和学生。学生在教师的引领下,对文本进行诠释,再现文本所要传达的信息。②

文本解读是教师和学生双方的任务,需要教师和学生共同来完成。首先,教师在课前解读文本,有效设计教学活动。教师课前对文本解读的深度直接影响教学活动设计的有效性和合理性。语篇是英语教学的基础资源,语篇赋予语言学习以主题、情境和内容,并以其特有的内在逻辑结构、文体特征和语言形式,组织和呈现信息,服务于主题意义的表达。因此,深入研读语篇,对教师把握主题意义、挖掘文化价值、分析文体特征和语言特点及其与主题意义的关联具有重要意义,是教师落实学科核心素养目标、创设合理学习活动的重要前提。③ 文本解读是准确定位教学目标、合理选择教学内容、进行有效教学设计的对话过程。在这一过程中,教师解读文

---

① 王蔷.从综合语言运用能力到英语学科核心素养——高中英语课程改革的新挑战[J].英语教师,2016(16):6-7.
② 赵斯明.语篇分析:阅读文本解读之本[J].英语学习(教师版),2016(6X):15-16.
③ 教育部.普通高中英语课程标准(2017 年版)[M].北京:人民教育出版社,2018.

本的角度和深度直接影响到学生对文本的理解和体会。① 其次,学生在课内解读文本,有效开展学习活动。在课内,学生在教师的指导下,通过参与学习活动,从文本意义、文本结构、作者意图、语言特点等方面对文本展开解读。学生与教师对于同一文本的理解不尽相同,在文本解读过程中,不可用教师的感知取代学生的体验。教师应把学生的阅读需求放在首位,充分考虑学生可能遇到的阅读障碍,并分析这些障碍是否源于对文本内容的理解偏差或深层思维品质、文化意识知识的欠缺,进而在文本解读中探寻克服阅读障碍的可能途径。②

文本解读融语言学习和意义探究于一体,是一个深度学习的过程,是一个"情智"生成的过程。在文本解读过程中,学生提升了语言能力和文化意识,发展了思维品质和学习能力,同时体验了文本的情感态度和价值取向,提升了文本鉴赏和评判能力。下面结合具体教学实例从4个方面阐述文本解读的内容和过程。

一、解读文本结构,探究主题意义

文本即语篇,是英语阅读教学的重要载体。学生与文本信息之间的交互应建立在整篇文章理解的基础之上,而不是局限于词汇、句子或碎片化信息的获取。文本结构是支撑文本信息的框架,学生对文本结构的把握,能够帮助学生在阅读中快速获取主要信息、预测故事发展趋势、准确理解文章写作意图和主旨,理清文本信息所含观点之间的逻辑关系以及各文段之间的组织结构,从而全面提升阅读水平。③ 文本的写作思路外在表现为文本结构,是文本内容的经纬和脉络,它贯穿全文,服务于文本内容,有时甚至是文本的精髓和作者的匠心所在。④

主题包括主题的范围和主题的意义。主题范围概括了高中阶段教与

---

① 叶建映.例谈阅读文本的解读与处理[J].中小学外语教学(中学篇),2013(2):33-37.

② 常万里,张利琴.基于文本解读的阅读教学设计例析[J].中小学外语教学(中学篇),2018(3):23-28.

③ 迟驰.浅谈基于文本结构特点的高中英语阅读教学[J].中学教学参考:语英版,2019(7):32-33.

④ 张成年,金毅,王燕,等.英语阅读教学中的评判性思维:阐释与评鉴[M].杭州:浙江大学出版社,2015.

学的重要主题,直接影响学生的知识结构及其发展。主题意义是语篇所表达的意义,主题和主题意义的载体是语篇。对主题意义的探究是通过对具体语篇意义的解读和表达来实现的。主题是课程内容的主题,也是教师发展核心素养的关键。① 对语篇主题意义的探究是中学英语教学的核心任务,应立足于学生对文本表层信息的理解。主题意义是指主题呈现的核心思想或深层含义,往往与文化内涵、情感、态度、价值观相关。对主题意义的探究直接影响学生对语篇的理解程度、学生的思维发展水平和语言学习成效。②

解读文本结构是主题意义探究的重要内容和途径,解读文本结构应首先从关注语篇的文体类别入手。不同体裁的文本,其文本结构特点不同,则阅读的切入点亦不同。③ 不同文体有不同的语篇结构、文体特征和语言表达方式,这些结构、特征和表达方式都不是孤立的形式,而是与写作目的、主题意义息息相关。因此,探究语篇主题意义时需要关注语篇文体。④ 教师应根据语篇的不同体裁,给学生设计相应的文本结构解读任务或活动,寻找探寻阅读主题的切入点,以提高文本结构分析和梳理的针对性与实效性。下面结合具体教学案例,讨论文本结构解读与主题意义探究的过程与方法。

【教学案例1】

人教版高中《英语》选修模块六第五单元阅读课文:An Exciting Job。

【教学内容分析】

本单元阅读语篇"An Exciting Job"是一位火山学家的自述,作者首先介绍了他的工作性质和内容,及他热爱该项工作的主要原因;接着,作者描述了他亲身体验基拉韦厄火山爆发的一次经历;最后,作者表达了对自己工作的热情。本文篇幅较长,文本结构清晰,语言生动。

【活动设计】

从总体上说,本文是一篇记叙文,但文章关于作者工作性质和内容的段落是以说明文字呈现的,这给学生对文章的总体结构把握增加了一些难

---

① 梅德明,王蔷.改什么?如何教?怎样考?——高中英语新课标解析[M].北京:外语教学与研究出版社,2018.
②④ 陈新忠.高中英语教学中语篇的主题及主题意义[J].英语学习,2018(11):8-10.
③ 迟驰.浅谈基于文本结构特点的高中英语阅读教学[J].中学教学参考:语英版,2019(7):32-33.

度。鉴于文章结构上的特点,教师可以设计一个基于"文段分析"的教学活动来帮助学生分析文本的组织结构,体会作者的写作意图和思想情感,建构对文本主题的初步认知。活动步骤如下:

(1)教师请学生认真、仔细阅读文章,阅读结束后,要求将文章划分成若干部分,并将文章的具体段落填入表2-6-1中。

表 2-6-1 文段划分

Parts	Paragraph(s)
Part 1	
Part 2	
Part 3	
…	

(2)划分好文章的篇章结构之后,要求进一步探究文本主题。请学生用一个名词短语给划分好的文章的各个部分拟一个小标题(heading),并将拟好的小标题填入表2-6-2中。

表 2-6-2 文段小标题

Parts	Headings
Part 1	
Part 2	
Part 3	
…	

(3)完成以上任务后,教师组织展示和交流活动。然后,教师对学生在探究过程中的表现予以积极评价,同时尊重学生的不同看法和不同答案。最后,教师给学生呈现参考答案,见表2-6-3,并说明理由。

表 2-6-3 文段划分及小标题(参考答案)

Parts	Paragraph(s)	Headings
Part 1	Paras. 1-2	Evaluation and Description
Part 2	Paras. 3-4	The First Experience
Part 3	Para. 5	Reasons for Enthusiasms
…		

【设计思路】

本活动的设计目的在于把主题意义探究活动与文本解读的过程结合起来。学生通过对文本逻辑进行解读,逐步厘清文章结构和脉络,并通过完成划分文章段落、拟"小标题"两个任务,领会文章各部分的意义,理解作者的写作意图和情感态度,从而达到文本主题意义提取和探究的目的。在参与活动过程中,学生不仅发展了语言能力,而且提升了思维品质。该活动有利于阅读语篇的整体性教学的开展,避免学生对文本的片面性理解和碎片化学习倾向的出现。

【教学案例2】

人教版高中《英语》选修模块六第四单元阅读课文:The Earth Is Becoming Warmer—But Does It Matter?

【教学内容分析】

本单元阅读语篇"The Earth Is Becoming Warmer—But Does It Matter?"主要介绍了地球温度上升的现象和原因。对于地球升温,科学家有不同看法,有些科学家认为地球升温会导致海水上涨及各种自然灾害的产生;也有些科学家认为,地球升温有利于改善人类生活。文章以一个开放性的问题"对于全球变暖,人类该不该采取措施?"结尾,以此引发读者的思考。文本篇幅较长,句式较复杂,学生理解文本存在一定困难。

【活动设计】

本文是一篇说明文体,说明文体主要通过举例、比较、分类、因果、定义、列数据等方式向读者传递信息、说明事理。说明文体文章结构严谨,作者一般借助逻辑"衔接"词把文章的不同部分关联在一起,以构建文本的整体意义。这种逻辑"衔接"的特征在本单元的阅读文本中体现得很明显。基于文本的这种特点,教师可以设计一个以"衔接"词为线索的探究活动来帮助学生探寻文章脉络,理清作者思路,从整体上把握和感知文本主要内容,体会作者的写作目的和意图。活动步骤如下:

(1)教师请学生快速阅读文章,找出文中起衔接作用的词或短语,并用下划线把这些衔接词或短语标注出来。

(2)找出衔接词后,教师引导学生就文章内容展开针对性阅读:

T:Now, please read Paragraph 1 and focus on the word "so". What's the function of the word "so" here?

S1:It introduces the topic of the text — How has the Earth become warmer and does it matter?

T：Well done! Can you go on reading Paragraph 2 and pay attention to "rather than". Why is the Earth becoming warmer?

Ss：It is because of human activities.

T：Now focus on the word "so" in the third paragraph, what information can you get from the sentences it joins together?

S1：The "greenhouse effect" is not a bad thing. In a way, it is what we human beings need. Without it, the Earth would be too cold to live on.

S2：But when human beings add too much carbon dioxide into the atmosphere, the global temperature will go up.

T：Great! Till now, you've understood how the Earth is becoming warmer, but does it really matter? Please read Paragraph 6 to find the answer by paying attention to "However", "on the one hand", "on the other hand".

Ss：Some scientists think it doesn't matter while some scientists think it matters.

T：Good! What about the last paragraph? Pay attention to the word "or" in the last sentence? What does the author mean by asking such a question?

……

（3）通过引导学生关注文本中的"衔接"词有针对性地阅读文本相关段落和内容后，教师请学生再次认真阅读文本，进一步理清文本逻辑结构，理解文本主题意义。

【设计思路】

衔接是存在于篇章表层的有形网络，是通过运用词汇、语法、逻辑连接语联系文章内容的条理性和逻辑性。① 利用文章中的"衔接"词语梳理文本内容和结构是一种有效的文本解读途径。文本中的"衔接"词语在句子、段落之间建构意义关联，学生透过这些"衔接"词语，能快速捕捉到作者的写作意图和思想情感，准确理解文本的主题意义。

---

① 张秋会，王蔷.浅析文本解读的五个角度[J].中小学外语教学（中学篇），2016（11）：11-16.

二、建构文本主线,生成结构知识

教师对文本主线的深入梳理和巧妙呈现是提高课堂阅读教学效率的主要途径。利用文本主线实施教学有利于学生形成有效的英语学习策略与发展自主学习能力,也符合新课标提倡的高中英语教学要鼓励学生积极尝试、自我探索、自我发现和主动实践等学习方式的要求。① 课堂不是教学活动和任务的杂乱无章的堆积,它需要一条贯穿始终的线索。② 在英语教学中,教师如果缺乏主线意识或对文本主线把握不准,设计的活动就会支离破碎,学生的学习就会缺乏方向,阅读教学就难以达到预期的目标。阅读课堂教学的主线主要依托于文本的主线。文本主线是作者谋篇布局的思路,是文本的写作线索,体现文本的内在层次和逻辑关系。③ 有些文本的主线不止一条,根据文本的表层信息与隐含信息也可分别提取出相应的明线与暗线。明线是文字表面直接呈现的文章脉络线索,暗线则是通过分析、探究、概括所提取的能够体现核心内容和思想的线索。④

《课标》提出了语篇教学活动一般可以按 6 个层次进行设计。其中,对第三层次的设计描述如下:概括整合信息。这一层次的教学活动需要教师在引导学生获取和梳理信息的基础上,帮助学生在零散的信息之间和新旧知识之间建立起关联,指导学生运用恰当的学习策略,发现并整合相同或相似的内容或知识要点,归纳和提炼基于主题的新知识结构。活动设计应注意引导学生关注语言形式与意义的关联,为挖掘文化内涵、分析价值取向做铺垫。⑤ 主题知识结构化的提出有助于解决英语教学中长期存在的碎片化的问题。教师需根据自己已有的知识,并基于语篇,设计以主题意义探究为引领的教学活动,通过探究主题意义,帮助学生完成"形成—巩固—应用"与主题有关的知识结构全过程,促进学生主体知识结构化,加深对主

---

① 教育部.普通高中英语课程标准(实验)[M].北京:人民教育出版社,2013.

② 葛文山.优化英语阅读教学设计的切入点——以一节评优课的教学设计为例[J].中小学外语教学(中学篇),2012(1):5-10.

③ 王艳荣.基于文本主线的初中英语读后拓展性活动设计[J].英语教师,2016(18):42-44.

④ 李香艳.英语阅读教学中文本主线的运用[J].中小学外语教学(中学篇),2017(11):18-22.

⑤ 教育部.普通高中英语课程标准(2017年版)[M].北京:人民教育出版社,2018.

题的理解,促进语言能力、思维品质和学习能力的发展,增强文化意识,培养学科核心素养。①

因此,在学生解读文本结构,建立了对文本主题及作者写作意图的初步认知和理解之后,教师要继续从文本的整体内容出发,深入挖掘文本的主要线索,引导学生梳理文本细节内容,建构文本主线,生成结构化知识,以避免"肢解"文本、只见树木不见森林、断章取义或碎片化阅读现象的产生。教师应根据文本特征采取不同的主线呈现方式,如图表式、阶梯式、关键词式、时间轴式等;也可借助思维导图或板书设计呈现文本主线。② 下面结合教学实例,探讨如何帮助学生通过梳理细节信息,建构文本主线、生成结构化知识的具体策略与方法。

【教学案例1】

人教版高中《英语》选修模块七第二单元阅读课文:Satisfaction Guaranteed。

【教学内容分析】

本单元阅读语篇"Satisfaction Guaranteed"是一个有趣的科幻故事,主要讲述了一个智能、家用机器人帮助女主人公 Claire 做家务及帮助她解决生活中遇到的困难和烦恼。Tony 的出现不仅提高了 Claire 家的品位,同时帮助 Claire 克服了心理上的障碍,重塑其自身形象。故事主要围绕女主人公 Claire 对 Tony 的情感变化而展开,在与机器人3个星期的相处过程中,女主人公 Claire 渐渐对 Tony 萌生了模糊的爱意,产生了对 Tony 的一种莫名的依恋之情。故事详尽地描写了 Claire 矛盾的内心世界,生动地描绘了 Tony 某些人性化的细节。对女主人公的内心世界的理解是学生在阅读过程中可能会遇到的一个最大障碍。

【活动设计】

鉴于女主人公 Claire 对智能机器人 Tony 的心理、情感变化是语篇故事发展的脉络和主线,教师可以此设计活动任务,要求学生探寻和建构 Claire 对 Tony 情感发展这一主线:dislike → alarmed → embarrassed → admire → mixed feelings → happy → sad。活动步骤如下:

---

① 黄正翠,兰丽,张娱.基于主题结构知识化的高中英语阅读教学探究[J].英语学习·教师版,2019(5):45-48.

② 李香艳.英语阅读教学中文本主线的运用[J].中小学外语教学(中学篇),2017(11):18-22.

(1)教师请学生快速阅读文章,在文章中找出故事发展过程中女主人公 Claire 对智能机器人 Tony 情感变化的词句及情感变化的场景或原因,然后把女主人公 Claire 情感发展的过程用关键词表达和呈现出来。

(2)教师组织学生开展小组讨论,通过小组成员之间的交流、合作建构一条基于女主人公 Claire 情感发展的主线,并以"阶梯状"形式绘制出主线图,生成结构化知识。

(3)教师请两个小组组长上台用多媒体展示所绘制的主线结构图,接着,教师呈现自己课前设计的主线结构图(图 2-6-2),供学生参考。

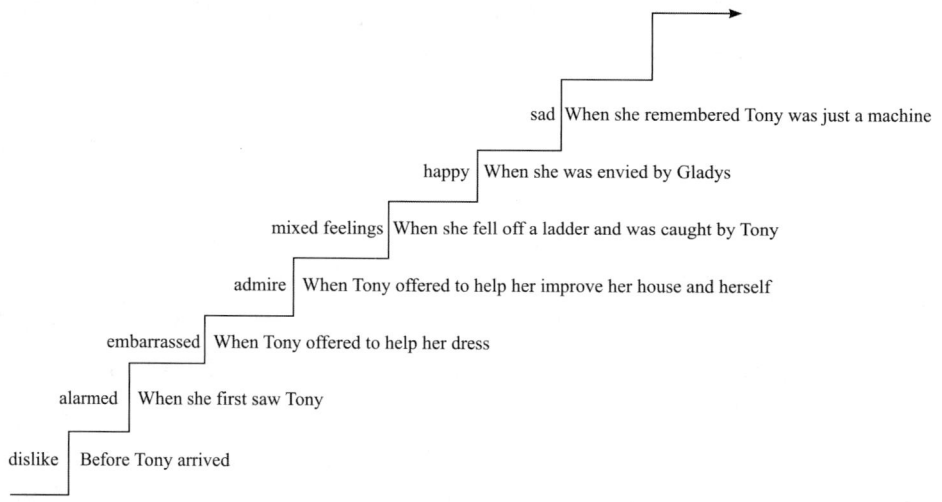

图 2-6-2　How did Claire's feelings toward Tony change as the story developed?

【设计思路】

本阅读语篇故事发展情节复杂,文章篇幅大。在阅读教学过程中,教师抓住了女主人公 Claire 的心理、情感发展和变化这一故事主线,引导学生围绕这一主线展开文本内容和意义探究,帮助学生从纷乱、复杂的情节中理清文本的结构和脉络。学生通过建构和绘制这条情感主线,逐步深化了对阅读语篇的主题——"Satisfaction Guaranteed"(包君满意)的理解,生成了有关机器人服务家庭的相关结构化知识。同时,本活动促进了学生"情智"的生成,发展了学生的语言能力、思维能力和学习能力,培养了学生学科核心素养。

【教学案例 2】(本案例参照《课标》设计①)

人教版高中《英语》必修模块三第五单元阅读课文:A Trip on "the True North"。

【教学内容分析】

"A Trip on 'The True North'"是一篇游记,介绍了李戴予和刘倩两姐妹乘火车从温哥华自西向东横跨加拿大到大西洋沿岸的旅行。文章按照旅行的时间顺序和自西向东的方位顺序,依次介绍了沿途经过的主要城市,即 Vancouver(温哥华)、Calgary(卡尔加里)、Thunder Bay(桑得贝)、Toronto(多伦多),并以每个城市为依托,通过两姐妹的所见和感悟,以及同行 Danny Lin 的讲述,介绍了城市周边的自然和人文地理特征,如温哥华人口增长情况,落基山脉自然风光和动物,卡尔加里和当地节日,加拿大人口分布、小麦种植和面积巨大的农场,桑得贝附近的淡水资源,最后介绍了多伦多、Lake Superior(苏必利尔湖)及森林资源。文章包含了丰富多样的加拿大自然和人文信息,以及旅行者的内心感受。该文以时间顺序展开,细节信息比较分散,难以给人留下清晰和深刻的印象。因此,教师需要分层整合时间、路线、见闻和感受等相关信息,帮助学生在零散的信息之间建立起意义关联,并进一步引导学生提炼和整合加拿大国家概况的信息,帮助学生构建有关加拿大的结构化知识。

【活动设计】

本文是一篇游记类记叙文,记叙文往往有一条明线和一条暗线,明线是事件的开始、发展、高潮和结果;暗线是事件发展过程中人物的情感态度变化以及事件背后的深层含义。本文按典型的游记写作风格展开,其明线是按照时间、路线、见闻、感受的线索展开,通过两姐妹亲历加拿大的旅行见闻,以及朋友介绍,呈现了这次旅行;暗线则是对加拿大的主要地理概况(城市、人口、自然资源等)、著名景点、气候以及风土人情等进行介绍,使读者了解加拿大的地理、经济、文化、农业、体育、人口、交通等方面的主要概况。基于文本的结构上的特点,教师在阅读教学中,可以设计两条主线,即一条明线和一条暗线,引导学生分别对文本中所涉及的对应内容展开探究,获取和建构相关内容的结构化知识。活动步骤如下:

(1)教师请学生通过仔细阅读文章,梳理、整合李戴予和刘倩两姐妹加拿大之旅所到之处的所见所闻和一路的心境。然后,教师在黑板上勾勒出

---

① 教育部.普通高中英语课程标准(2017 年版)[M].北京:人民教育出版社,2018.

两姐妹加拿大之旅的线路图的轮廓,请学生补全信息,完成这条线路图的建构(图 2-6-3)。

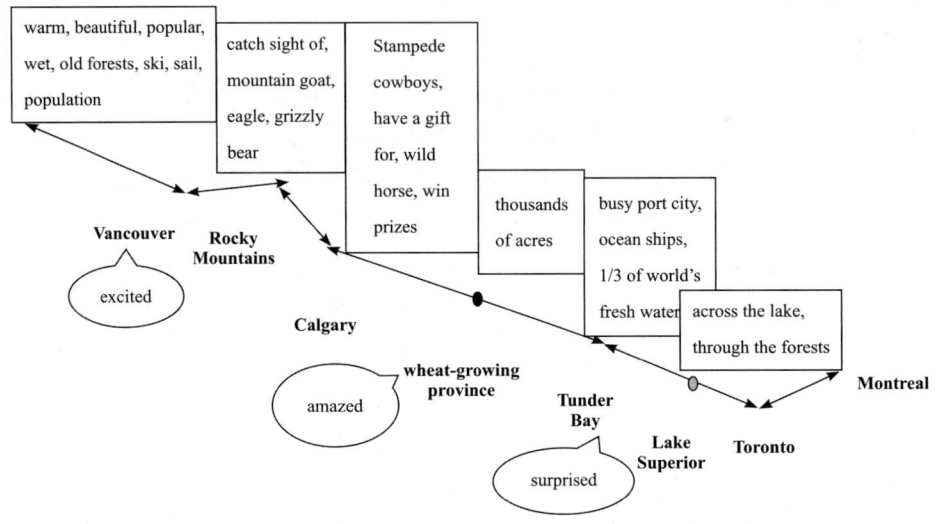

图 2-6-3 加拿大旅游线、各地风光、地产特点及旅游感受信息结构图

(2)学生完成以上"明线"建构之后,教师请学生继续阅读文章,获取、概括、重组、提炼有关加拿大国家概况的结构化知识,并完成以下思维导图的建构(图 2-6-4)。

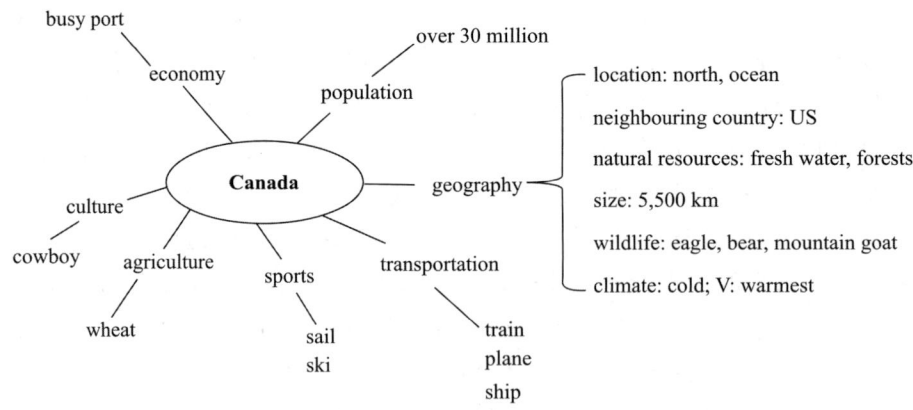

图 2-6-4 关于加拿大国家概况的结构化知识

【设计思路】

通过以上两条主线("明线"和"暗线")的构建,学生不仅对文中两位中国学生加拿大之旅的基本信息有了清晰的了解,还对文本的深层意义,即

通过该游记介绍加拿大概况和了解加拿大文化有了准确的把握。本活动有助于学生挖掘文本的文化内涵，使学生形成对加拿大国家概况的整体认知，从而能运用所学知识迁移和创造性地介绍加拿大国家概况和文化特征，为比较中加文化和地理概况奠定了语言、思维和文化基础。

三、优化问题设计，培养思维品质

著名科学家亚里士多德曾经指出：思维从问题和惊讶开始，教师的"问"不仅可以解决教学中某一个具体知识点的问题，而且能使学生逐步学会发现问题和思考问题的方法，加强师生间的情感交流。因此，善教者，必善问，只有问题，思维才有方向；只有问题，思维才有行动；只有问题，才能激发学生兴趣，引起学生的好奇心和求知欲望。① 课堂提问是英语课堂教学中最重要的师生互动形式，可以引导学生拓展思维，提高学生的思维品质。问题设计得当，能够引领学生对所学篇章进行阅读、判断、分析、推理和评价，为学生的思维搭建向上、向深、向广、向异的阶梯；如果问题设计不当，问题之间彼此缺乏联系，只关注语言知识和文本传递的浅层信息，那么学生就缺少思考和质疑的空间。②

问题勾勒出教学主线，使教学线条明朗、教学过程简明，提高课堂学习效率。教师应深入解读文本，挖掘教学主线，设计直击教学重难点的主问题。对于不同体裁和题材的文章，教师可根据其特点，巧抓切入点，从不同的角度入手，设计恰当的主问题。例如，从"题"入手，抓住文章的"眼睛"，也就捕捉到作者的思想感情和态度；从"旨"入手，摄取文章的灵魂，突出主题；从"纲"入手，把握文章的结构特点和写作思路，提高学生分析、理解文章的能力；从"意"入手，引导学生体味文章的意境和意味；从"比"入手，关注作者比较或对比的用意；从"点"入手，一篇文章总有一些联结点，如关键词、中心句或过渡段，教师要善于利用"点"来以点带面或选点突破；从"疑"入手，设疑诱思点燃学生思维的火花等。③ 阅读课是高中英语教学中非常

---

① 温笑颖.优化问题设计,提高思维能力[EB/OL].(2019-03-14)[2020-06-03]. https://wenku.baidu.com/view/5a911b7c17fc700abb68a98271fe910ef02dae7b.html.

② 黄建良.阅读教学中指向思维品质的问题设计实践与思考[J].中小学外语教学（中学篇）,2018(10):46-49.

③ 陈娇玲.英语阅读教学中的主问题设计[J].中小学外语教学（中学篇）,2010(5):38-42.

重要的课型。一节阅读课的设计,不管是以任务的形式还是以活动的形式呈现,其实质是问题的设计。这种问题的设计如果不能很好地关注到问题的序列,而只是孤立地、局部地我问你答,那么这堂课就没有整体性而言,课堂的效率会大打折扣。①

目前,在高中英语阅读教学中,课堂提问存在诸多问题。一方面,教师所提问题缺乏思维含量。课堂中的问题仅仅针对阅读文本的细节信息,而没有针对文本的深层意义去设计,或者说问题只停留在学生认知的浅层次上,没有关注学生高阶思维能力的培养,存在很多无效问题,这些问题往往只需要学生简单回答"是"或者"不是"。另一方面,教师所提问题缺乏逻辑性和层次性。教师的提问随意性大,没有从文本的整体和深浅出发设计问题,问题存在杂而乱的现象,缺乏逻辑性和层次性。总之,教师所设计问题不利于提升学生的概括、整合、分析、判断、推理、评价等能力,达不到学生思维品质培养的目的。下面结合教学实例,探讨在阅读教学中展开问题设计的几个原则,以优化课堂问题设计、培养学生思维品质。

(一)层次性原则

课堂问题的设计和提出应该有其层次性。首先,教师要在充分分析学生的学情和学生对文本内容认知水平的基础上设计课堂问题。教师要结合教学目标和学生实际知识水平,精心设计符合学生最近发展区的,有层次、有广度、有梯度,同时又有深度的问题群,引导学生从易到难、由表及里理解文本,发展思维。其次,教师要遵循《课标》英语学习活动观理念,从学习理解、应用实践、迁移创新3个层次由浅入深地设计问题,帮助学生在问题解决的过程中学习知识、应用知识和创新知识。活动观的3个层次体现了思维逐渐进阶的过程。教师可以结合文本解读以及活动观的3个层次,围绕主题优化问题设计,形成由逻辑性到批判性再到创新性思维,层层递进的问题链,为学生建立思维路径,促进学生在讨论、分析、判断、评价等活动中,在自主探究主题意义的过程中实现基于内容深度学习、发展思维品质的目的。②

---

① 葛炳芳.英语阅读教学的综合视野:内容、思维和语言[M].杭州:浙江大学出版社,2013.

② 张秋会,王蔷,蒋京丽.在初中英语阅读教学中落实英语学习活动观的实践[J].中小学外语教学,2019(1):1-7.

【教学案例】

人教版高中《英语》必修模块二第二单元阅读课文:An Interview。

【教学内容分析】

本单元阅读语篇"An Interview"是一个虚拟的采访,通过古希腊作家帕萨尼亚斯和中国女孩李燕之间的对话,向学生介绍了古代和现代奥运会的异同及奥运会的一些基本情况和与奥运会相关的一些知识。文本篇幅较长,信息分散,这给学生获取和整合信息带来较大困难。

【问题设计】

阅读语篇虽然是一个对话形式的采访,但采访内容比较零散,在阅读过程中,学生在把握文本核心内容上可能存在一定困难。基于文本特点,在处理阅读文本时,教师可以设计如下3个层次的问题。

1. 学习理解层次

(1)What are the characteristics of the ancient and modern Olympic Games?

(2)What are the similarities and differences between the ancient and modern Olympic Games?

2. 应用实践层次

(1)Why is there so much competition among countries to host the Olympic Games? Discuss it in groups.

(2)Why are some countries unwilling to host the Olympic Games? Discuss it in groups.

3. 迁移创新层次

(1)As an athlete, what do you compete for in the Olympic Games?

(2)If you were the mayor of your city, would you like your city to host the Olympic Games? If so, what would you do to bid for it?

【设计思路】

在处理文本过程中,教师从学习理解、应用实践、迁移创新3个层面针对文本主要内容展开问题设计。学习理解层次的两个问题主要考查学生获取与梳理、概括与整合的能力;应用实践层次的两个问题目的在于通过小组讨论让学生在语言实践中内化奥林匹克的相关知识,同时促进学生进一步探究奥林匹克运动会给举办国带来的社会效应和经济价值;迁移创新层次的两个问题把奥运宗旨及内涵与学生个人实际关联起来,要求学生创造性地解读陌生情境中的问题。这些问题充分考虑了学生的认知规律,从知识到理解,从理解到运用,由浅入深,既有对文本信息的梳理与整合、应用与实践、判断与评价,又有与学生生活经验相关联的创新与迁移,引导学生在探究文本主题意义的基础上提升认知结构,发展思维品质。

(二)整体性原则

减少阅读教学中课堂提问次数的关键是精心设计能对阅读教学过程起主导、引领作用,能引发学生思考、讨论、创新的核心问题。确定核心问题有助于教师从整体出发,设计出有思维深度和关联性的问题链,从而多方面培养学生的思维能力。① 教师应该考虑文本的整体性,设计出由主问题统领下的问题链,帮助学生建构文本主线,理解文本整体内容。主问题是阅读教学中从教学内容整体的角度或学生的整体参与性上引发思考、讨论、理解、探究的"牵一发动全身"的重要问题。② 问题的整体性要求教师从文本的整体主题内容出发设计问题链,特别要关注主问题的设置,并围绕主问题设置与主题意义相关联的系列分问题,避免问题的零散化。

【教学案例】

人教版高中《英语》选修模块七第二单元阅读课文:Satisfaction Guaranteed。

【教学内容分析】

本单元阅读语篇"Satisfaction Guaranteed"是一个有趣的科幻故事,主要讲述了一个智能、家用机器人帮助女主人公 Claire 做家务及帮助她解决生活中遇到的困难和烦恼。Tony 的出现不仅提高了 Claire 家的品位,同时帮助 Claire 克服了心理上的障碍,重塑了其自身形象。故事主要围绕女主人公 Claire 对 Tony 的情感变化而展开,在与机器人 3 个星期的相处过程中,女主人公 Claire 渐渐对 Tony 萌生了模糊的爱意,产生了对 Tony 的一种莫名的依恋之情。故事详尽地描写了 Claire 矛盾的内心世界,生动地描绘了 Tony 某些人性化的细节。对女主人公的内心世界的理解是学生在阅读过程中可能会遇到的一个最大障碍。

【问题设计】

针对故事中女主人公 Claire 对智能机器人 Tony 的心理、情感发展这

---

① 胡文娜.基于思维品质培养的初中英语阅读教学中的问题链设计[J].英语教师,2018(7):135-140.

② 晏晖.语文阅读教学中的主问题设计[J].教育导刊,2009(8):41-43.

条主线,教师可以设计如下主问题和分问题。

1. 主问题

How did Claire's feelings toward Tony change as the story developed?

2. 分问题

(1)How did she feel before Tony arrived?

(2)How did she feel when she first saw Tony?

(3)How did she feel when Tony offered to help her dress?

(4) How did she feel when Tony offered to help her improve her house and herself?

(5)How did she feel when she fell off a ladder and was caught by Tony?

(6)How did she feel when she was envied by Gladys?

(7)How did she feel when she remembered Tony was just a machine?

【设计思路】

通过以上问题的设置,教师引导学生建构出 Claire 对 Tony 情感发展的一条主线:dislike→alarmed→embarrassed→admire→mixed feelings→happy→sad,这条主线是文本故事发展的主要脉络。在主问题的引领下,学生通过解决各个分问题梳理和整合了 Claire 的情感变化的整个过程,从而深化了对语篇主题"Satisfaction Guaranteed"(包君满意)的理解,达到了语篇主题意义探究的目的。在问题设计中,教师首先能从文本的主体内容考虑,设计统领学生走近文本的主问题,然后针对女主人公 Claire 在不同具体场景中的情感变化展开分问题的设计。这种设计思路充分考虑了问题设计的整体性原则,为学生深入探究文本意义搭建了支架。

(三)逻辑性原则

问题设计不仅要围绕文本主题和主线,找准切入点,而且问题与问题之间要有逻辑联系。问题链应体现清晰的链接关系和严谨的教学思维,它应是一组有序的问题群,是一系列问题的有机连接,常见的有总分关系、因果关系、并列关系和递进关系,而这些内在连接正是问题链环环相扣、层层推进的体现。教师在设计问题时要充分考虑问题之间的内在联系,从而引导学生有序地理解文本内容,进而感知和运用语言,分析、评价作者的写作意图和情感态度等。① 问题的逻辑性可以避免杂乱现象问题的产生,有利于培养学生严谨的逻辑思维品质,促进学生对文本结构的理解和把握。

【教学案例】

人教版高中《英语》必修模块二第一单元阅读课文:In Search of the Amber Room。

【教学内容分析】

本单元阅读语篇"In Search of the Amber Room"介绍了稀世之宝"琥珀屋"的有关历史。文章先后介绍了"琥珀屋"的来历和构造,普鲁士国王把它赠给了沙皇的原因,"琥珀屋"是如何成为稀世之宝的,"琥珀屋"在二战中的失踪,以及"琥珀屋"失踪后的重建。作者的写作目的是让学生了解和认识"琥珀屋"的相关历史。文本的介绍以时间顺序和人物线索展开,篇幅不长,结构清晰。

【问题设计】

基于文本的内在逻辑特点,教师可以从以下两方面设计问题链,引导学生有序地理解和探究文本内容。一方面,本文对琥珀屋的介绍是以不同人物出现的先后顺序展开的,所以教师可以围绕文本中的人物主线设计问题。另一方面,鉴于文本段落的组织顺序体现了文本内容的内在逻辑,教师可以按文本段落的先后顺序设计问题。

1. 以人物主线展开问题设计

(1) Who had the Amber Room made?

(2) Who gave it to the Czar as a gift?

(3) Who sent a troop of his best soldiers to the King of Prussia?

(4) Who had it moved outside St Petersburg?

(5) Who stole the Amber Room?

(6) Who built a new Amber Room after studying pictures of the old one?

2. 以段落顺序展开问题设计

(1) How was the Amber Room made?

(2) Why did the king of Prussia give the Amber Room to the Czar of Russian as a gift?

---

① 唐明霞.高中英语阅读教学中问题链的设计[J].中小学外语教学(中学篇),2016(9):38-42.

(3) How did the Amber Room become one of the wonders of the world?

(4) How was a new Amber Room built?

【设计思路】

以上两个层面的问题群清晰地展现了"琥珀屋"的来历和构造、"琥珀屋"被赠送给沙皇及成为稀世之宝的原因、"琥珀屋"的神秘失踪和重建。问题之间存在因果、递进、并列等逻辑关系,问题层层推进,帮助学生有序开展文本探究活动、建构主题意义,同时提升思维品质,发展文化意识。

(四)开放性原则

课堂教学是师生互动的过程,是教师和学生的课堂双边活动,是一个充满变化和挑战的过程,再好的课堂预设也难以预知课堂教学的所有细节。教师备课时预设的问题可能有多个答案,因为学生看问题的角度及对问题的理解是不同的。因此,教师要注意把握问题的开放性,注意课堂动态的生成过程,根据学生的问答情况灵活地做出调整。① 问题的开放性对培养学生发散思维、创新性思维至关重要。为此,教师在问题设计上,应关注问题的开放性,给学生提供足够的想象和思维空间。

【教学案例】

人教版高中《英语》必修模块二第四单元阅读课文:How Daisy Learned to Help Wildlife。

【教学内容分析】

本单元阅读语篇"How Daisy Learned to Help Wildlife"描述了Daisy在"乘坐"飞毯的一次梦中旅行。飞毯先后把Daisy带到了3个动物栖息地,了解动物的生活现状。作者写作的目的是通过Daisy和藏羚羊、非洲象、猴子之间的对话,让读者认识到野生动物的生存现状和生存环境令人担忧,以提高人们保护野生动物的意识。

【问题设计】

本文的主题是通过唤起人们保护野生动物的意识,提出了如何保护野生动物这一现实问题。在描述Daisy"旅行"的过程中,作者留给了读者一些独立思考和想象的空间,教师正好可以抓住文本的这一特点,给学生设

---

① 胡文娜.基于思维品质培养的初中英语阅读教学中的问题链设计[J].英语教师,2018(7):135-140.

计一些开放性问题。

比如,文本提及了保护非洲象和热带雨林的措施与设想,但没有提及如何保护藏羚羊,针对这一点,教师可以设计如下开放性问题:

What must be done to protect antelopes from being killed for their wool and fur?

又比如,作者在文本的结尾处留下了空白给读者思考。作者到底想说什么?教师可以就文章的这一特殊的结尾方式设计如下开放性问题:

Why does the text end with the incomplete sentence "And there was always WWF—"? What does the author mean by saying that?

【设计思路】

开放性问题的设计应基于文本的主题意义、学生的情感倾向及想象能力。开放性问题不能脱离文本主题、学生的思维水平和情感基础,否则就会失去问题"开放性"的意义。以上结合文本主题而设计的两个开放性问题旨在促进学生对文本主题的深入探讨,展示学生富有想象力的个性化见解。这种开放性问题能够驱动学生积极思维,有利于学生发散思维和创造性思维能力的培养。

(五)深层性原则

阅读的主要目的是理解作者表达的思想,根据理解深度由低到高分为3个等级:表层理解(literal comprehension)、深层理解(inferential comprehension)、评价性理解(critical comprehension)。[1] 深层理解具有创造性,是一种合乎逻辑的、超越文本文字所传递的信息而进行的思维推理活动。深层理解的教学要求学生利用文本所传递的信息,凭借自己的社会背景知识、生活经验、知识水平进一步理解和吸收文本中没有明确表述却又与主题相联系的思想与信息,要求他们能清楚地理解作者的言外之意。[2] 深层性问题有助于引导学生深度解读文本,培养学生创造性和批判性思维意识和能力。

【教学案例】

人教版高中《英语》必修模块二第五单元阅读课文:The Band That

---

[1] 文秋芳.英语学习策略论[M].上海:上海外语教育出版,1996.

[2] 杨行胜.高中英语阅读教学深层问题设计例析[J].中小学外语教学(中学篇),2013(11):34-38.

Wasn't。

【教学内容分析】

本单元阅读语篇"The Band That Wasn't"主要介绍了门基乐队(The Monkees)的建立、发展过程。这个乐队的成立与其他乐队不同,也不被中国人熟知,但因为乐队独特的音乐表演风格而名声大噪。文本内容贴近学生的生活,能极大地引起学生的共鸣,同时又能引发学生对"明星梦"的深刻思考。

【问题设计】

在学生完成仔细阅读文本,并对文本篇章结构及细节信息进行梳理之后,教师应设计更深层的一些问题,引导学生从文本的标题、关键细节信息、作者态度及写作风格等方面展开进一步的探究。

比如,教师可以针对本文的标题"The Band That Wasn't"展开如下问题设计:

(1) What does the title mean?

(2) Do you think it is a suitable title? If not, can you think of a better title to replace it?

再比如,教师可以针对作者对"门基乐队"的看法和态度展开如下问题设计:

(1) Does the writer like or dislike the Monkees?

(2) Does the writer show any feelings about the Monkees at all?

(3) What part of the Monkee's story seems to interest the writer most?

【设计思路】

以上针对文本标题"The Band That Wasn't"所设计的两个问题,目的是深化学生对文本主题的挖掘。教师要求学生在理解原标题意义的基础上对其展开逆向思维和批评性评价,同时发挥创造性思维,根据文本内容拟定一个自己认为"更合适"的标题。而针对作者对"门基乐队"的态度所设计的3个问题,旨在引导学生站在文本的高度对作者写作的情感态度做出甄别和评判。通过对这些深层次问题的思考和探究,学生提升了思辨能力,发展了批评性和创造性思维品质。

四、赏析文本语言,深化主题理解

《课标》提出了语篇教学活动一般可以按6个层次进行设计。其中,关于第五层次的活动设计的内容是:分析语言结构和语言形式与主题意义的关联,理解和评价作者的态度和语篇的深层内涵。这一层次的活动旨在通过分析语篇结构、语言形式以及修辞手法等,帮助学生理解语言与意义的关系,更深刻地理解作者的意图,欣赏语言特有的功能,评价语篇内容,分析作者意图,探究文化意涵,汲取文化精华,获得积极的价值观。这一层面的活动设计要注意引导学生积极参与针对语篇内容和形式的讨论和论证,反思和总结英语语言的特点,扩展语言知识,探究语言和文化现象,实现深度学习。①

在当前英语教学中,教师越来越重视学生思维品质的培养。在阅读教学中,教师通过深度解读文本,精心设计教学,培养学生的思维能力。然而,很多教师在解读文本时不关注语言本身。英语教学是一门语言的教学,语言是最基本的要素,是阅读教学的起点。语言"支撑起文本内容的理解和思维能力的培养"。教师在阅读教学中应重视文本语言这一基本要素,并在此基础上开展文本解读,培养学生的思维品质。② 语言和情感是一体的,很难割裂开来。语言是组成文本的基础,解读文本当然要读语言,不仅要读,而且要细读,读细。要带着学生品词析句,斟词酌句,引领学生走进文本,入乎其内,体会情感,以第二作者的身份走进原作者,走进作者的情感,走进文本的情感,走进文字的背后。③

每个文本都有它自身的核心语言,不同体裁的文本具有不同的语言特征,具有不同的语言示范性优势。④ 这种具有示范性优势的语言凸显了文本的主题,渲染了作者的情感。语言与意义和情感之间存在密切关联。解读和赏析文本语言的目的是更深入地理解文本的主题意义,作者的写作意图、情感态度和价值观。为此,在学生对阅读文本结构信息进行梳理、整

---

① 教育部.普通高中英语课程标准(2017年版)[M].北京:人民教育出版社,2018.
② 徐雁光.高中英语阅读教学中聚焦特色语言的思维训练[J].中小学外语教学(中学篇),2018(9):37-42.
③ 掌健.多元化解读:文本解读新视角[J].小学教学参考,2009(2):9-10.
④ 王秋红,周俊婵,陈璐,劳秀清,张东升.英语阅读教学中的语言处理:理解与赏析[M].杭州:浙江大学出版社,2015.

合,对文本主题意义有了初步理解之后,教师应该引导学生关注文本的语言,分析文本语言和形式上的特色,从文本语言角度进一步对文本主题意义展开探究,以深化对作者写作意图和态度的理解。下面结合具体教学案例,讨论如何通过文本语言解读和赏析,帮助学生深化对文本主题意义理解的过程与方法。

【教学案例1】

人教版高中《英语》选修模块六第五单元阅读课文:An Exciting Job。

【教学内容分析】

本单元阅读语篇"An Exciting Job"是一位火山学家的自述,作者首先介绍了他的工作性质和内容,及他热爱该项工作的主要原因;接着,作者描述了他亲身体验基拉韦厄火山爆发的一次经历;最后,作者表达了对自己工作的热情。

【活动设计】

本文作者的写作意图是通过介绍自己的工作性质、工作内容和工作经历向读者传递他对当一名火山学家的热爱。文本语言充分体现了文本的这一主题思想及作者的这种情感特点。为了让学生体验和赏析文本中的这类特色语言,增加对作者情感的认同感,教师可以组织学生同伴合作,通过再次仔细阅读文本,找出文本中能强烈反映作者情感的语言,大声朗读出来并与同学分享交流,以深化理解文本主题意义。

以下是文本中能传递作者情感的一些词句:

(1) Sometimes working outdoors, sometimes in an office, sometimes using scientific equipment and sometimes meeting local people and tourists, <u>I am never tired</u>.

(2) Although my job is occasionally dangerous, <u>I don't mind because danger excites me and makes me feel alive.</u>

(3) However, <u>the most important thing about my job</u> is that I help protect ordinary people from one of the most powerful forces on earth—the volcano.

(4) However, the eruption itself is <u>really exciting</u> to watch and <u>I shall never forget my first sight of one.</u>

(5) Today, I am just <u>as enthusiastic about my job as</u> the day I first started.

(6) I am <u>still amazed at their beauty as well as</u> their potential to cause

great damage.

【设计思路】

以上文本中能反映作者对工作的那份强烈的热爱之情的特色语言明确指向了文本主题。教师通过开展和组织文本"语言赏析"这一学习活动,目的在于提高学生的文本解读能力,引导学生赏析和感悟文本特色语言的语用功能,让学生深入体验和思考这些特色语言对彰显文本主题意义发挥的作用,培养了学生对文本语言的赏析和评判能力。

【教学案例2】

人教版高中《英语》选修模块七第二单元阅读课文:Satisfaction Guaranteed。

【教学内容分析】

本单元阅读语篇"Satisfaction Guaranteed"是一个有趣的科幻故事,主要讲述了一个智能、家用机器人帮助女主人公 Claire 做家务及帮助她解决生活中遇到的困难和烦恼。Tony 的出现不仅提高了 Claire 家的品位,同时帮助 Claire 克服了心理上的障碍,重塑了其自身形象。故事主要围绕女主人公 Claire 对 Tony 的情感变化而展开,在与机器人3个星期的相处过程中,女主人公 Claire 渐渐对 Tony 萌生了模糊的爱意,产生了对 Tony 的一种莫名的依恋之情。故事详尽地描写了 Claire 矛盾的内心世界,生动地描绘了 Tony 某些人性化的细节。

【活动设计】

本文故事情节主要是围绕"女主人公 Claire 和机器人 Tony 之间的情感发展"这条主线展开的。作者的写作意图是通过讲述 Claire 对 Tony 的情感发展和升华的过程,达到传递文本主题意义"Satisfaction Guaranteed"(包君满意)的目的。因此,有关 Claire 的内心情感的语言描述是文本的"重头戏",也是文本的一个最显著的特征。基于此,在学生较充分理解和把握了文本内容和结构之后,教师可以请学生再次仔细阅读文本,重点关注文本中描写 Claire 心理变化的语言,以进一步提升对文本主题意义的理解。

以下是文本中能传递 Claire 内心情感变化的一些词句:

(1) Claire <u>didn't want</u> the robot in her house, especially as her husband would be absent for three weeks.

(2) However, when she first saw the robot, she <u>felt alarmed</u>.

(3) On the second morning Tony, wearing an apron, brought her

breakfast and then asked her whether she needed help dressing. She <u>felt embarrassed</u> and quickly told him to go.

(4) One day, Claire mentioned that she didn't think she was clever. Tony said that she must feel very unhappy to say that. <u>Claire thought it was ridiculous to be offered sympathy by a robot. But she began to trust him.</u>

(5) She looked at his fingers <u>with wonder</u> as they turned each page and suddenly reached for his hand. <u>She was amazed by his fingernails and the softness and warmth of his skin.</u> <u>How absurb</u>, she thought. He was just a machine.

(6) Claire thanked Tony, <u>telling him that he was a "dear".</u>

(7) As she turned around, there stood Gladys Claffern. <u>How awful to be discovered by her</u>, Claire thought. By the amused and surprised look on her face, <u>Claire knew that Gladys thought she was having an affair.</u>

(8) Tony worked steadily on the improvements. Claire tried to help once but was too clumsy. She fell off a ladder and even though Tony was in the next room, he managed to catch her in time. <u>He held her firmly in his arms and she felt the warmth of his body.</u> <u>She screamed, pushed him away and ran to her room for the rest of the day.</u>

(9) <u>What a sweet victory to be envied by those women!</u> She might not be as beautiful as them, but none of them had such a handsome lover.

(10) Then she remembered —Tony was just a machine. <u>She shouted "Leave me alone" and ran to her bed. She cried all night.</u>

【设计思路】

分析与评价是指对语篇结构和语言特点的分析与赏析，从而加深读者对主题意义的理解，实现深度学习。学生通过观察、辨析、举证、阐释等方式，对特有的语言表达方式和语篇结构进行分析与评价，发现、欣赏和鉴别语言的选择、结构的特点和文化价值取向。文本语言指向文本的主题意义，文本语言反映作者的情感态度。在获取整合文本信息、把握文本大意及结构的基础上，学生通过探究和赏析文本中体现女主人公 Claire 的内心世界的语言，进一步提升了对文本主题意义的理解。同时，学生在赏析和解读文本语言的过程中，也内化了单元所要学习的语言知识。

第三节 开展实践活动,发展学生"情智"

在课堂中开展实践活动,即开展课堂语言应用实践活动。《课标》指出,应用实践类活动主要包括描述与阐释、分析与判断、内化与运用等深入语篇的学习活动,在学习理解的基础上,教师应引导学生围绕主题和所形成的新知识结构开展描述、阐释、分析、判断等交流活动,逐步实现对语言知识和文化知识的内化,巩固新的知识结构,促进语言运用的自动化。① 学生在课堂应用实践活动中内化语言,发展"情智"。学生个体智慧的发展升华,离不开群体的情智碰撞和互激。因此,课堂交流便成了学生情智发展的重要过程。情智的火花是在群体碰撞中"擦"出来的,"交流"便是一种最有效的促"擦"的磁场。②

语言应用实践活动是英语阅读教学的重要环节。在阅读教学过程中,教师通过创设有意义的情境活动,组织学生开展语言应用实践活动,引导学生在课堂上积极主动地表达和交流。学生在与同伴相互交流中内化课内所学语言知识,提升语言运用能力。课堂应用实践活动是"以学生为中心"的教学活动,学生在活动中创造性思维,自由地表达个人观点与情感,这有助于学生自主学习、合作学习及探究学习能力的发展和培养。因此,教师要重视课堂语言应用实践活动的设计和开展,帮助学生将课堂中所学的新的语言和文化知识,通过不同层次的语言实践交流活动,转化为个人的语言能力和素养,为学生以后进行个性化的语言表达奠定基础。

《课标》指出,实践与内化是指在获取、梳理、整合相关信息的基础上,开展有针对性的语言实践活动,包括基于情境的语言操练活动和围绕主题情境开展的交流与讨论活动等。学生在实践活动中不断内化语言、文化、技能和策略,形成个体的语言能力和知识结构,促进语言运用的自动化。为此,教师在阅读教学过程中设计和组织开展应用实践活动的前提是,学生已经全面、详细梳理和整合了文本相关信息,感知了文本主题意义及作

---

① 教育部.普通高中英语课程标准(2017年版)[M].北京:人民教育出版社,2018.
② 孙双全.情智语文:我的教学主张[J].江苏教育研究,2011(4):14-18.

者的基本写作意图。

下面结合教学案例,讨论设计和开展语言应用实践活动的具体内容和过程。

【教学案例1】

人教版高中《英语》选修模块七第二单元阅读课文:Satisfaction Guaranteed。

【教学内容分析】

本单元阅读语篇"Satisfaction Guaranteed"是一个有趣的科幻故事,主要讲述了一个智能、家用机器人帮助女主人公Claire做家务及帮助她解决生活中遇到的困难和烦恼。Tony的出现不仅提高了Claire家的品位,同时帮助Claire克服了心理上的障碍,重塑了其自身形象。故事主要围绕女主人公Claire对Tony的情感变化而展开,在与机器人3个星期的相处过程中,女主人公Claire渐渐对Tony萌生了模糊的爱意,产生了对Tony的一种莫名的依恋之情。故事详尽地描写了Claire矛盾的内心世界,生动地描绘了Tony某些人性化的细节。因此,教师应抓住文本的这条情感主线,设计适当的语言实践活动,帮助学生内化在梳理文本细节信息、建构文本主线过程中所生成的结构化知识。

【活动设计】

在本节阅读教学实践中,教师可以围绕女主人公Claire对机器人Tony的"情感变化"这一主线设计相关应用类实践活动。

1. 描述与阐释

学生借助信息梳理与整合环节所建构的"女主人公Claire情感发展的主线"结构图,运用梳理和提炼的结构化知识描述故事中女主人公Claire对机器人Tony情感变化和发展过程,并阐释情感变化的原因。教师可以先请学生个体独立完成描述任务,然后请学生在小组内相互交流分享,以促进学生对所学语言知识的内化与运用。

2. 分析与判断

故事中,机器人Tony过于"人性化"这一特点是导致Claire产生情感波动的原因,教师可针对Tony设计如下两个问题,让学生做出分析与判断。

(1) How did Tony help Claire and get her to be attached to him?

(2) At the end of the text, why does the author mention that Tony will have to be rebuilt?

【设计思路】

本节课教师设计了在"描述与阐释"和"分析与判断"两个语言应用类实践活动。在"描述与阐释"活动中,教师要求学生运用文本信息梳理与整合阶段所建构的故事主线图及语言结构知识,对女主人公在故事中的内心感受和体验进行详细描绘。在"分析与判断"活动中,教师从文本内容的整体考虑,从机器人 Tony 的角度设计了两个问题,要求学生对其进行分析和判断。通过参与以上两个语言交流实践活动,学生内化了所学语言知识,提升了语言运用能力,训练了高阶思维,发展了"情智"。

【教学案例2】

人教版高中《英语》必修模块三第五单元阅读课文:A Trip on "the True North"。

【教学内容分析】

本单元阅读语篇"A Trip on 'The True North'"是一篇游记,介绍了李戴予和刘倩两姐妹乘火车穿越加拿大的旅途过程中的所见所闻。文章重点介绍了两姐妹旅行沿途经过的主要城市以及城市周边的自然、地理和人文概况。文章主要给读者传递了丰富多样的加拿大自然、地理和人文信息,以及两姐妹在旅途过程中的内心体验和感受。因此,教师应基于文本的主要内涵价值和意义,设计相适应的语言应用实践活动,促进学生在文本信息梳理与整合阶段所形成的文本结构知识的加速内化。

【活动设计】

教师可以围绕李戴予和刘倩两姐妹加拿大之旅的线路图及加拿大国家概括相关知识结构图设计"描述和阐释"实践活动。活动设计如下:

在学生梳理、整合文本信息,建构出李戴予和刘倩两姐妹加拿大之旅的线路图和加拿大国家概括的结构图(思维导图)之后,教师请学生利用线路图和思维导图,并结合整合出来的结构化知识,对李戴予和刘倩两姐妹加拿大之旅沿途所见所闻及加拿大国家概括进行描述和阐释。教师可以先请学生个体独立完成描述任务,然后请学生在小组内相互交流分享,以充分内化阅读语篇中所学到的语言知识。

【设计思路】

学生利用形成的文本语言结构化知识,通过对李戴予和刘倩两姐妹加拿大之旅的线路图及加拿大国家概括相关知识结构图的描述和阐释,进一步强化了对所学语言知识的理解和运用,达到了语言内化的目的。同时,在描述和阐释的过程中,学生进一步深化了对加拿大自然和人文的体验与感悟,增强了跨文化理解和认同。

第四节　引导迁移表达,展现学生"情智"

1903年,桑代克(Thorndike)对注意、记忆和知觉辨别等进行了一系列实验后,提出了"相同元素说"。其主要思想为:迁移就是将先前学习任务中获得的特定行为应用于新的任务中。两项学习任务间之所以有迁移,是因为它们之间有共同元素,也就是共同的刺激——反应联结。迁移能力的获得只能通过大量的训练和练习使这些联结得以加强。迁移也即相同联结的转移。目前,知识迁移成了中国教育界十分重视的课题,提出了"为迁移而教"的口号。学习心理学对迁移的定义是:一种学习对另一种学习的影响。在英语教学中,使学生所学的新知与旧知发生联系,培养学生举一反三、闻一知十、触类旁通的学习能力,有助于提高记忆和学习效率,发展学生综合语言能力。[①]

迁移与创新是指教师引导学生联系现实生活,将获得的知识、技能、策略以及文化内涵等运用于新的情境,通过选择资源、整合新旧知识,实现知识与能力的迁移,创造性地解决陌生情境中的问题。这类活动主要是基于任务或项目的口语表达或写作活动,也包括在特定情境下通过多媒介途径开展交流与沟通的活动。[②]

《课标》提出了语篇教学活动一般可以按6个层次进行设计。其中,关于第六层次的活动设计的内容是:这类活动旨在帮助学生将所学的知识和能力迁移到课外的真实生活情境中,用于解决真实生活情境中的问题,教师应注意引导学生在解决问题的过程中,理性表达个人观点,体现多元思维和正确的价值判断。这一层面的活动设计应注意情境真实、任务明确,使学生言之有物、言之有据。在情境的创设中,教师要考虑地点、场合、交际对象、人物关系、目的等,使学生有意识地根据语境,选择恰当的语言形式,确保交际得体有效。教师还要通过创设信息沟或给出有争议的话题来

[①] 王艳萍.浅议知识迁移及促进知识迁移的方法[J].中国校外教育理论,2008(10):46.

[②] 教育部.普通高中英语课程标准(2017年版)[M].北京:人民教育出版社,2018.

引发学生创造性地表达个人的情感和观点。①

实现知识的迁移和创新是学习的重要目的,只有把书本上学到的知识迁移到真实生活的情境中去,创造性地解决现实生活中的实际问题,知识的学习才有了真正意义。知识的迁移与创新的过程是一个高阶思维的过程,有助于学生逻辑、批判、创造等思维品质的发展与培养,是学生发展"情智"的重要学习环节。为此,在阅读教学实践中教师要结合阅读文本内容,通过创设合理、真实、适切的生活情境,给学生设计能实现知识和能力创新性迁移的"迁移与创新"类活动,为实现"情智"教育创造条件。

下面结合教学案例,探讨设计和开展"迁移与创新"活动的具体内容和过程。

【教学案例1】

人教版高中《英语》必修模块三第五单元阅读课文:A Trip on "the True North"。

【教学内容分析】

本单元阅读语篇"A Trip on 'The True North'"是一篇游记,介绍了李戴予和刘倩两姐妹乘火车穿越加拿大的旅途过程中的所见所闻。文章重点介绍了两姐妹旅行沿途经过的主要城市以及城市周边的自然、地理和人文概况。文章给读者传递了丰富多样的加拿大自然、地理和人文信息,以及两姐妹在旅途过程中的内心体验和感受。建议教师要充分挖掘文本的这种内涵特征,给学生设计与文本内容相适应的迁移与创新活动,引导学生联系生活实际,创造性地建立起文本所学知识与已有旧知识的关联,实现知识和能力的迁移与创新。

【活动设计】

针对本阅读语篇"李戴予和刘倩两姐妹加拿大之旅沿途所见所闻"这条旅行主线,教师可以给学生设计如下迁移与创新活动:

(1)情境设置。假如你的加拿大笔友要来中国旅游,作为导游,你将如何让你的加拿大笔友通过"中国之旅"较全面地了解中国的自然、人文、地理等国家概括,请你设计一条理想的"中国之旅"线路图。

(2)组织讨论。教师组织学生分组讨论,各自发表意见,讨论结束后,每组选出一个大家都认同的最具创意的"中国之旅"线路图。

(3)交流分享。各小组展示旅游线路图,并说明设计的理由。

---

① 教育部.普通高中英语课程标准(2017年版)[M].北京:人民教育出版社,2018.

【设计思路】

以上活动的目的在于通过引导学生模拟阅读文本中"李戴予和刘倩两姐妹加拿大之旅"的线路图,设计出"中国之旅"的旅行线路图,以实现本课所学知识的迁移和创新。在活动中,学生需要结合自己已有的经验、认识,对加拿大和中国的自然、地理、人文等国家概括进行详细的分析和比较,设计出一条理想的中国旅行线路图,这对学生的创新性思维有很高的要求。同时,在小组讨论和全班交流过程中,学生理性表达自己的观点,提升了批评性思维能力。

【教学案例2】

人教版高中《英语》选修模块七第一单元阅读课文:Marty's Story。

【教学内容分析】

本单元阅读语篇 Marty's Story 讲述了主人公马蒂·菲尔丁的人生故事。马蒂·菲尔丁因为身患了一种罕见的肌肉疾病,生活面临诸多困难。但马蒂·菲尔丁并没有因此变得颓废,他逐渐学会了坚强面对生活,积极过好每一天。故事向读者展示了马蒂·菲尔丁的心路变化历程,他从开始对生活的绝望、焦虑和恐惧,对同情和理解的渴望,再到后来的自我接受,对生活重新燃起希望。马蒂·菲尔丁面对生活磨难所具备的坚强品质,以及他积极、乐观的生活态度是文本内涵的重要价值所在,教师要充分挖掘文本的这一育人价值,正确引导学生树立正确的人生观、价值观。

【活动设计】

本阅读语篇通过故事主人公马蒂·菲尔丁的自述,向读者呈现了马蒂·菲尔丁在与疾病作斗争过程中的心路变化历程。马蒂·菲尔丁虽然身体严重残疾,但读者能从他身上感受和体会他的坚强,以及对生活的希望和热爱。这是一种生命的正能量,对学生有很深的教育意义。建议教师针对这种积极向上的生活态度,给学生设计如下迁移与创新活动:

(1)情境设置。假如你也得了像马蒂·菲尔丁一样的肌肉疾病,设想你的生活将会发生怎样的变化?你将如何面对这种不幸,如何面对每一天的生活?

(2)组织讨论。教师组织学生分组讨论,各自发表意见。

(3)交流分享。各小组选一个代表在班级交流、表达看法。

【设计思路】

以上活动把文本内容与学生个人的现实生活紧密联系在一起,目的在于让学生通过参与活动体会和理解残疾人生活的艰辛与不易,树立同情、关心、理解和帮助残疾人的责任意识，以体现文本内涵的价值取向和主题意义。同时，学生在活动中通过联系生活实际，创造性地设想和表达自己作为一名残疾人将如何面临生活的困境，如何转变生活态度，积极面对每一天的生活，这是一个自我认识、自我教育的过程。该活动既体现了文本的育人价值，帮助学生树立正确的人生观和价值观，又体现了文本语言知识的应用和思维品质的提升，促进了学生语言知识的内化、迁移及创新思维能力的发展。

第三篇

"情智英语"的特征与追求

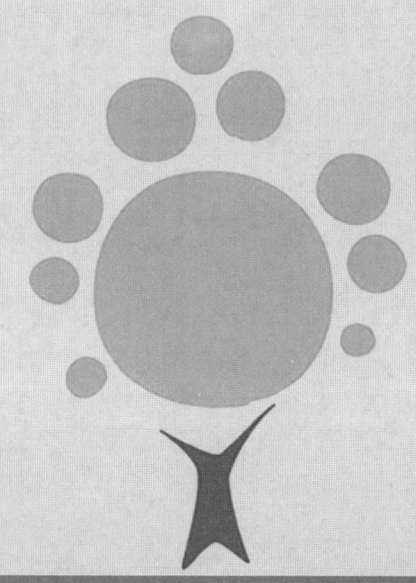

第七章
"情智英语"的特征

第一节 共生性

"共生"这一概念源于生物学领域,最先由德国真菌学家德贝里(Anton Debrary)于 1979 年提出,是指不同种属生活在一起的状态,后来逐渐运用到社会科学领域,其意义延伸到事物之间相互依存、互动与合作的关系。在哲学层面上,我国的研究者吴飞驰认为,"共生是人类之间、自然之间以及人与自然之间形成的一种相互依存,和谐,统一的命运关系"。"共生理论的本质是互依、互惠、协同、合作,共生原理揭示了生命世界发展的动力源泉和发展机制"。[①] 社会学者认为,共生不仅是一种生物现象,也是一种社会现象;共生不仅是一种自然状态,也是一种可塑形态。共生理论不是某一种具体的生存状态,而是一种体现人类本真价值的生存样式,是一种合乎完善理性的生活情景。它反映了一个基本的事实,即要求社会的人合理地发挥本身具有的能动性,不仅在意识之中,而且在行动上体现共生的理念,处理人和社会以及人和人之间的关系,使这种关系朝着有序、有效、和谐的方向发展。[②]

---

① 印继红."人生语文"教学理念的共生性——以特级教师陈继英老师《捕蝶者》公开课为例[J].新课程研究:上旬,2014(10):19-22.

② 黄厚江.教学的共生[EB/OL].(2016-08-30)[2020-06-06].http://html.study.teacheredu.cn/el/proj_1439/article/37003/6336369.htm?ms=1478496330706.

教学就是一个"共生共长"的过程。"生"即"生成",即体验,即感受,即发现,即创造。有教师之"生"和学生之"生",教师之"生"是基础,而学生之"生"是目的。"长",即成长,即提高,即发展,即丰富,即实现。有教师之"长"和学生之"长",教师之"长"是前提,而学生之"长"是根本。在"生"和"长"之间,"生"是手段,"长"是目的,"生"是"长"的基础,"长"是"生"的目的。"共生共长"有着丰富的内涵:既有资源共生,也有情景共生;既有言语共生,也有情感共生;既有思想共生,也有精神共生;既有阅读共生,也有写作共生。①

"情智英语"关注教师和学生之间、学生和学生之间互相激活、共生共长,这充分体现了"共生"教学理念。"情智英语"教学的共生性特点主要表现在以下几个方面:

第一,"情"与"智"的共生。"情智英语"课堂着眼于"情"与"智"的统一,主张"情感"和"智慧"的共生、共存,相互依赖,相互作用,协同发展。情可生智,智能富情,英语课堂不是单一的情感活动,也不是单一的认知活动,而是情感活动和认知活动的融合。情感推动认知,促进智慧的生成;反过来,认知催生情感,促进情感的进一步升华。"情"与"智"共生和共存于英语课堂教学,是英语教育的呼唤和需要,充分体现了新课程改革背景下的英语教育的育人功能和价值,提升了英语课堂教学的品质,落实了立德树人和英语学科核心素养培养的双重任务。

第二,教师与学生的共生。"情智英语"主张教师与学生的共生共长,相互促进,共同成长,教师与学生的共生首先表现在教师与学生情感的共生。成功的教学依赖于教师与学生之间构建的一种真诚的、相互信任的、相互尊重的、和谐的师生关系,这种和谐的师生关系源于教师和学生的情感的共生。在教学过程中,教师充满活力、激昂向上的情感能立刻点燃学生的学习热情;而学生积极投入学习的兴趣和热情会反作用于教师,进一步激发教师的教学激情。师生之间的这种正面情感的共生、共存是"情智英语"教学的一个显著特征。同时,教师与学生的共生还表现在教师与学生认知、思维和智慧的共生。这种共生关系要求教师在课前备课时,要充分理解、消化教学教材,以生成独到而鲜活的教学内容,这个教学准备过程是教师知识、思维和智慧生成的过程。在课堂上,教师用自己生成的智慧

---

① 黄厚江. 教学的共生[EB/OL]. (2016-08-30)[2020-06-6]. http://html.study.teacheredu.cn/el/proj_1439/article/37003/6336369.htm?ms=1478496330706.

激活学生的认知学习、智慧的生成,而学生在课堂中认知、思维和智慧的生成又会促进教师智慧的生成。教师与学生的共同成长是"情智英语"的理念和追求。

第三,学生与学生的共生。在"情智英语"课堂中,学生与学生存在一种共生共长的关系。"情智英语"重视通过创设真实、生活化的情境,引导学生在情境活动中共同探究知识,生成智慧。在活动中,通过学生的知识与智慧生成的互相激活,不断丰富课堂的学习生成和学习资源。学生在这种富有生成和创造力的课堂中,相互影响,相互促进,共同成长。课堂中,学生与学生之间基于和谐"互动学习"产生的这种共生关系是"情智英语"又一明显特征。

第四,语言能力与思维能力的共生。语言能力与思维能力的共生是指语言能力和思维能力共生于英语教学之中,这就要求教师在教学中既要关注学生英语语言能力的发展,同时又要关注学生思维能力的培养,两者不可偏废。"情智英语"教学倡导构建思维课堂,倡导英语教育的目的是通过知识学习、语言运用促进学生思维发展和智慧生成。语言能力和思维能力是学生能力培养的双向任务,两者应共生于英语教学的过程之中。

第五,知识增长与人格塑造的共生。"情智英语"既重视学生英语语言知识的学习、积累和增长,同时也关注学生独立人格的塑造和培养。思维能力的发展是"情智英语"教学的一个重要关注点,而思维能力的发展与学生的人格塑造有密切关联。思维发展是独立人格构建的基础,而独立的人格的形成又会促进人的独立思维。可以说,人格与思维是一种互构、互动关系,人格与思维互为原因和结果,相互推动、相互作用。"情智英语"教学融知识学习与人格培养于一体,从尊重学生在学习中的主体地位出发,关注学生的生命状态和个性发展,引导学生自主探求知识,积极主动、创造性思维,形成独立人格。

第二节 体验性

体验就是以生命为前提,将对象融入自己的生命意识之中,去领略和参悟一种把握世界和人类自身意义的方式。它不同于经验,因为经验方式总是处于旁观者立场去认识和把握客观世界从而在头脑里留下印象,即"镜面式"反映。体验则是"以主体在认识过程中和心理过程中所积累的经验内容为对象的,是对经验带有感情色彩的回味、反刍、体味","在体验世界中,一切客体都是生命化的,都充满着生命的意蕴和情调"。① 体验既是一种活动,也是活动的结果。作为一种活动,即主体亲历某件事并获得相应的认识和情感;作为活动的结果,即主体从其亲历中获得的认识和情感。② 心理学认为,体验是教育过程的一个重要环节,体验是学生在实践中亲身经历的一种心理活动,是从亲身经历中体会知识,感受真善美与假恶丑。认知通过情感体验走向践行,认知—体验—践行反复进行就可内化为一种素质。对正处于长身体、长知识、长智慧的青少年学生来说,他们的成长尤其需要不断获得需求的满足和成功的激励,需要主体的参与和积极的内心体验。③

体验式教学是指根据学生的认知特点和规律,通过创造实际的或重复经历的情境和机会,呈现或再现、还原教学内容,使学生在亲历的过程中理解并建构知识、发展能力、产生情感、生成意义的教学观和教学形式。体验式教学以人的生命发展为依归,尊重生命、关怀生命、拓展生命、提升生命,蕴含着高度的生命价值与意义。它关心的不仅是人可以经由教学获得多少知识、认识多少事物,还在于人的生命意义可以经由教学而获得彰显和扩展。体验式教学是一种交互的交往形式,强调重视师生的双边情感体验,教学过程既是师生信息交流的过程,也是师生情感交流的过程。教学中,教师关爱学生、欣赏学生,倾听学生的意见,包容学生的缺点,分享学生的喜悦,促使学生产生积极的情绪和良好的心境,在愉悦中学习。④

"情智英语"的体验性特征首先表现为学生情感和精神的体验。"情智英语"以"情"为先,在教学中关注学生的内心情感和精神世界,始终把学生情意、情感因素的培养放在首要位置,尊重学生的情感需求、尊重学生不同个性特点,构建平等、和谐、健康向上的师生关系,使学生在英语学习过程

---

① 沈红娟.诗意语文的特征[J].语文世界,2011(10):59-60.
② 李英.体验:一种教育学的话语——初探教育学的体验范畴[J].教育理论与实践,2001(12):1-5.
③ 百度文库.体验式学习的理论依据[EB/OL].(2019-01-25)[2020-06-07].https://wenku.baidu.com/view/26ddab4342323968011ca300a6c30c225901f0cc.html.
④ 陈新博.浅谈体验式教学的意义[EB/OL].(2018-09-09)[2020-06-10].https://wenku.baidu.com/view/4a78bccd70fe910ef12d2af90242a8956becaa31.html?fr=search.

中获得心灵的愉悦、美好的体验,同时学生的积极情感也反过来促进了教师情感发展和升华,从而达到师生双向情感体验的目的,提高了英语课堂教学的品质。"情智英语"重视学生自主学习意识和自主学习能力的培养,充分给予学生自主学习、合作学习、探究学习的机会,重视问题情境创设,引导学生在情境活动中主动参与知识的建构,亲历知识的形成,促进学生在自主学习和合作探究中产生情感、建构知识、发展能力、生成智慧。在"情智英语"教学过程中,心理愉悦和情感体验是学生作为个体成长的一个不可或缺的主体状态,也正是在这种状态中才能发挥英语课堂教学的育人功能,体现英语教育的价值和意义,从而使英语教学过程不仅是学生一个知识增长的过程,同时也是学生一个丰富情感、体验成功和健全人格的过程。

"情智英语"的体验性特征还表现为学生思维的体验。"在情感中体验,在体验中思维"是"情智英语"教学的一个显著特征。思维是课堂教学的灵魂,无论是教师设问、学生自问、合作讨论、质疑等,都必须围绕这个中心来开展,而评价这些活动的标准就是学生思维的质量。体验是学生领悟知识、实践知识的桥梁,每个学生根据自己的体验,用自己的思维方式自由地、开放地去探索、去发现、去创造。教师要想方设法使学生真正参与到课堂活动中来,从而提高他们的思维质量,让学生在体验中学习掌握知识、提高学习能力。[①] 思维是"情智英语"教学主张的一个重要内涵。"情智英语"重视学生在英语学习过程中的情感培养和情感体验,学生正是在积极的情感体验中,感悟、理解知识,发展思维,生成意义和智慧。"情智英语"创造"情感解放、思想自由"的英语课堂氛围,让学生在情感体验中迸发思维火花,开放个体思维,体验思维之美。

由切身体验而获得的知识更能给人留下深刻印象。"情智英语"主张英语学习是一个自我体验、自我成长、自我发展、自我提升的过程,即学习者是在亲身体验中自我生成、自我实现的。"体验"体现了教师对生命个体的一种尊重,体现了对学习者主体地位的尊重。在"情智英语"教学中,教师激励、唤醒每一个学生,引导学生以积极的生命状态参与学习活动,使学生不仅获得知识认知、智慧生成的体验,而且获得愉悦精神和美好情感的体验。

---

① 胡华莹.谈谈英语教学中的思维与体验[J].考试周刊,2011(38):121.

第三节 深度性

工具性教学、浅表层教学在当前我国基础教育中长期普遍存在着,这对学生的全面发展产生了极大影响,当前学校教育中出现的诸多问题的根源也正在此。著名教育家赫尔巴特明确提出"教学永远具有教育性"这一思想。何为教育性?笔者认为教学的教育性就是对学生的发展性,就是对学生全面发展的价值追求。工具性教学、浅表层教学阻碍了教学发展性功能的实现,我们需要突破其局限,真正实现教育的教育性与发展性,走向深度教学,深度教学是对教育发展性的呼唤,也是对人的全面发展的回应。① 深度教学顺应了新时代对教育提出的新要求,体现了学科教学关注立德树人、素养培养的核心育人价值功能。因此,在教学中,教师要重视教与学的深度性,教师不仅要关注学生学习了什么知识,更要关注学生在价值观念、思维方式、生活方式等方面发生了怎样的精神发育。

深度教学是指"超越表层的符号教学,由符号教学走向逻辑教学和意义教学的统一"。深度教学并不是追求教学内容的深度与难度,不是指教学内容越深越好,教得越难越好,也不是无限增加知识难度和知识量,而是针对认识论知识观和工具取向教学观提出来的,通过引导学生完整的知识处理,以实现对知识的深度学习,真正实现为理解而教、为思想而教、为意义而教。深度教学所言的"深度"是指知识解读的层次性与学生发展的丰富性。深度教学是对工具性教学的超越,不以技术、程序控制教学过程,不以书本知识的获取为教学的唯一任务,而是回到教学的本质,关注情景、关注过程、关注价值、关注意义,注重引导学生超越表层符号知识的学习,进入知识符号背后的思想、方法、逻辑、价值和意义,将符号学习提升为深层次的意义获得,使学生的学习充满价值关怀与意义关怀。深度教学是理解性的教学,关注学生对知识的深度理解;深度教学是发思性的教学,关注学生通过积极自我反思实现自我发现和意义建构;深度教学是体验性的教学,注重学生的学习过程和学习体验。深度教学不是一种教学策略或教学

---

① 伍远岳.论深度教学:内涵、特征与标准[J].课程与教学论研究,2017(4):58-65.

手段,而是一种教学理念。深度教学的理念倾注了对学生发展丰富性的要求,凝聚了对学生生命成长的关注,渗透着对课堂教学发展性品质的追求,指明了未来课堂教学改革的真正方向。[①] 深度教学需要通过教师和学生双方的努力才能达成,教师的深度教学与学生的深度学习应该互为条件、相辅相成,教师的深度教学对学生的深度学习可以起到引导作用,学生的深度学习对教师的深度教学可以起到促进作用。

"情智英语"教学的深度性首先体现在教师的"教学"上。教师"教学"的深度性主要表现在以下3个方面:

其一,在"情智英语"教学过程中,教师课前注重对教学内容和教学知识的深度解析,深入分析和理解教学内容与教学知识的内在结构,挖掘内容和知识的最核心与本质的东西,从而对教学内容与教学知识进行重构。教师在处理教学内容和知识时,并不是将它们简单划分为支离破碎的不同部分,而是对它们重新整合,为学生获取和深度理解知识打下基础。教师课前对教学内容和教学知识的这种深度解构是实施深度教学的前提和基础。可以说,没有教师课前对教学内容和教学知识的深度、充分理解和探究,学生的深度学习就不可能发生。

其二,在"情智英语"教学中,教师不是简单、直接地给学生呈现知识、传授知识,而是通过设置情境和问题,引导学生主动探求知识的内在结构和知识的来龙去脉,要求学生不仅要知道所要学习的知识"是什么",更要清楚"为什么"和"怎么样",这是促成学生深度学习的重要教学途径和策略。

其三,与传统英语教学比较,"情智英语"教学更关注学生的个人发展,更关注学生的全面发展。深度教学要实现知识的多维教育价值,即知识具有的认知教育价值、知识具有的自我意识教育价值和知识具有的实践性教育价值。教学活动对学生发展的作用是通过知识多维教育价值的全面实现而达成的,教学活动不能顾此失彼,而应该树立全面、整体的观念来看待知识及其教育价值,看待人的发展及教学活动的功能。[②]"情智英语"教学不仅重视学生认知和能力上的发展,也重视学生自我意识和自我认识的发展。在教学活动中,学生通过自我认识、自我反思、自我实践、自我改进逐渐发展为一个"完整"的、有健全"人格"的人。

[①][②] 伍远岳.论深度教学:内涵、特征与标准[J].课程与教学论研究,2017(4):58-65.

"情智英语"教学的深度性还体现在学生的"学习"上。学生"学习"的深度性主要表现在以下两个方面：

其一，"情智英语"教学彻底摆脱了传统"灌输式"知识教学观，摈弃了教师在教学中的主宰地位，在教学中更关注学生主体意识和自主能力的形成和培养。在"情智英语"教学中，教师不再是教学的"中心"，学生成了学习的主体。而只有当学生成为学习的主人之后，学生才会萌发对知识学习的欲望和兴趣，学生学习的自主性、积极性和创造性才能被激发，学生才懂得如何去学习和探求知识，学生的学习才有可能走向"深度"。

其二，在"情智英语"教学中，学生对知识的学习具有充分的广度、充分的深度和充分的关联度。在"情智英语"教学过程中，教师积极引导学生从"纵向"和"横向"两个方面拓展学习的广度、深度和关联度。一方面，教师要求学生从纵向出发，对所学知识的内在结构进行深入的探究以达到透彻的理解和深刻的认知，另一方面，教师要求学生在认知过程中能将学习出现的新知识与自己已经学过的相关学科或综合性知识广泛地关联在一起，以探究解决在学习中遇到的各种具体问题。通过实现知识学习的充分广度、深度和关联度，学生在知识的过程性探究中逐渐体验和明白知识的内在结构、意义来源、思维结构及思维方法，从而将所学知识内化和生成为自己个人的知识结构，最终达到转"识"成"智"的目的。

第八章
"情智英语"的追求

教学是一门科学,也是一门艺术,而艺术是人类创造美、表现美的活动,因此课堂教学应该追求美,创造美,展现美。俗话说:"爱美之心,人皆有之。"在教学活动中,除了教学效果,"美"也是教师和学生共同追求的目标。因为美好的事物能给师生的身心带来愉悦和享受,也能使学生潜移默化地获得美的熏陶,况且"美能启真,美能导善,美能怡情"。所以,美在教学活动中,是一种最能撼动人心和最富教育性的力量。课堂教学的各种美就像五颜六色的火柴棒,不仅可以点燃学生的学习动机和探索热情,而且可以引燃教师的教学艺术和教学成功。所以教师为了提高课堂教学效果和教育质量,为了学生素质的全面发展,为了创造精彩而成功的课堂,必须深入研究课堂教学中的美,充分挖掘和增添教学过程中美的因素,注重课堂教学的形式美和内容美,让课堂教学美起来![1]

美学教育即美育,属于教育学范畴。教育美学则属于美学,在哲学范畴。美学教育或审美教育有利于人们自觉地展开在教育中的美学活动,从而丰富教育美学。对于教育美学的研习有利于从事教育的人提升美学水平,增强美学意识,从而提高教育质量。[2]

---

[1] 百度文库.课堂教学中的美[EB/OL].(2020-05-25)[2020-06-10]. https://wenku.baidu.com/view/de7f4c86ba68a98271fe910ef12d2af90342a841.html.

[2] 彭道林.论智慧、美学与教育美学[J].湖南师范大学教育科学学报,2017(4):67-73.

第一节 追求"和谐"之美

用辩证唯物主义观点分析事物,我们周围的世界和所处的社会都是矛盾的统一体。没有矛盾的存在,离开了矛盾的统一,自然界和人类社会都不可能发展进步。和谐就是矛盾着的双方在一定条件下达到统一而出现的状态,它标志着自然界内部、人与人、人与社会、人与自然之间诸多元素之间相互依存、共同发展,达到了均衡、稳定与有序。多样性的东西共存而达到平衡,这就形成了和谐;如果多样性的东西彼此冲突,达不到平衡,也就无所谓和谐。这也就是说,和谐是把"杂多导致统一""不协调导致协调"。教学作为一种人类社会的独特的"矛盾的统一体",作为具有"多样性的东西",在历史的发展演化进程中,展示了从不和谐到和谐,又从新的不和谐升华到更高层次的和谐的动态轨迹。从教学的发展史来看,无论是在古代还是在现代,无论是在东方还是在西方,"教"与"学"都是一对矛盾的统一体。不过在不同的时空有不同的侧重,但追求"教"与"学"的统一是永恒的主题。①

在教学过程中,师生间各种教学因素协调统一,师生共同和谐发展,成为现代教学所追求的最高理想和境界。② 要实现教学过程自身的和谐,就必须分析教学过程有教师、学生、教材、教法 4 个最基本要素。这些要素的相互配合,在教学过程内部构成了 6 对关系,即教师与学生的关系、教师与教材的关系、教师与教法的关系、学生与教材的关系、学生与教法的关系、教材与教法的关系。这 6 对关系只有处于和谐的状态,才能实现课堂教学的优化,才能提高课堂教学效果。创造和谐的教学过程,首先就是要使这 6 对关系处于和谐状态。③ 国内外许多教育研究者认为,和谐性英语课堂主要包括下面 4 个特征:第一,体现以学生为主体。以学生为主体的实质是凸显学生的主体地位,尊重学生的生命价值,发挥学生的主动性,赋予学

---

① 王聿发.浅谈教学的和谐性[J].淄博高等师范专科学校学报,2005(1):13-16.
② 叶澜.新基础教育探索性报告集[M].上海:华东师范大学出版社,1999:175.
③ 葛国政.教学过程的和谐性思考[J].江苏广播电视大学学报,2008(6):90-91.

生生命的关怀与尊重。第二,丰富的课堂。其中包括学习内容的智力挑战与充实,学习方式的多样化,教学过程的创造性、自然生成和智慧。第三,有效性的课堂。有效性的课堂注重学生的发展,注重课堂教学目标的达成差异,不求个个全对,但求个个进步。第四,体现快乐教学。快乐教学是一种状态,就是在教学过程中充分发挥和调动师生双方的积极性,寓快乐于知识中,让学生感到更轻松活泼。①

"和谐"是课堂教学的一种理想境界,是一种静态的美,这种静态的"和谐"之美是激发教师和学生创造力的源泉,是提升英语课堂品质的根本。"情智英语"教学追求这种"和谐"之美,追求"和谐"的教育思想和理念,探索实现"和谐"英语教育的途径与方法。追求英语课堂的"和谐",就是保持教学中的各种要素处于和谐、统一的状态,创造自由、民主、开放的教学环境,充分释放教师和学生的潜能,最大优化课堂教学内在结构,提升课堂教学效果,最终实现教师和学生的和谐发展、共同进步的教育目标。

"和谐"是"情智英语"教学追求的一种教学境界和教学状态。"情智英语"追求教师与学生的"和谐",教与学的"和谐",情与智的"和谐",营造"和谐"的课堂氛围,创建"和谐"的师生关系,达到和谐、平衡的"教""学"状态,构建情、智交融的"和谐"课堂。"情智英语"教学的"和谐"首先体现在人与人之间的和谐上,即教师与学生之间的和谐。"师生关系"是教学过程中最基本、最重要的人与人之间的关系,是人际关系在学校中的体现。和谐的师生关系是师生在教育过程中情感的接受、相容和相互需要。和谐的师生关系体现在两个方面:一是体现尊重、平等和发展精神的新型师生伦理关系;二是建立在师生个性全面交往基础上的新型师生情感关系。师生之间感情沟通,互相关爱,充分建立起互助互学的良好情谊,提升个人品性。②"情智英语"教学追求师生人格的相互平等,学生作为独立的个体在人格上得到教师的充分尊重,师生之间形成一种相互欣赏、相互关爱的和谐关系。其次,"情智英语"教学的"和谐"体现在教与学的和谐上。教与学的关系其实是一种"供给"与"需求"的关系,教师的教学上的"供给"必须满足学生学习上的"需求",只有学生有了"需求",教师的"供给"才能被吸纳和接受。

---

① 顾霞.也谈课堂教学的和谐性[EB/OL].[2020-06-12].https://www.xzbu.com/9/view-989534.htm.

② 百度文库.教学中体现的和谐[EB/OL].(2015-03-4)[2020-06-16].https://wenku.baidu.com/view/01451988910ef12d2bf9e73b.html.

因此,在教学中,教与学必须达到一种和谐,处在一种平衡状态,否则教与学的双边活动就没有意义,也没有实质效果。"情智英语"通过改进课堂结构和教学方法,激发学生学习"需求",引导学生主动学习,努力构建教与学之间的和谐、平衡的关系,探寻教与学上的平衡点,促使教与学走向一种相互依赖、相互作用、相互平衡的和谐状态。最后,"情智英语"教学的"和谐"体现在情与智的和谐上。"情智英语"教学追求"情"与"智"的和谐统一,通过构建教师与学生、教与学之间的和谐关系,在课堂中促成"情感"与"智慧"的共生、共融,和谐发展。

"和谐"是"情智英语"教学主张的本质追求。"和谐"是一种美,"和谐"是教育教学追求的一种思想和理念,"和谐"是教学中的一种内生力,这种内生力量促进了教师和学生在教学过程中的共生共长,健康发展。总之,教学中没有"和谐",就不会有高品质的课堂;教学中没有"和谐",就缺失了育人的氛围和环境;教学中没有"和谐",学生的素养培养问题也就无从谈起。

第二节 追求"智慧"之美

"哲学"一词,在希腊语中是"爱智慧"的意思,是古希腊人追求的终极目标,也是迄今为止人类普遍认为的实现人生价值的终极目标。"美丽"只是外在的,却不能解开世界和人生的本质。所以说,较之"美丽","智慧"更是一种动人心魄的美。美学看似是感性,实则是专门的学问,并非只是情感的、形式的东西。事实上,美的作用可能超过了许多人的想象。就拿对智慧的追求来说,智慧是人类永恒的追求,与哲学紧密地联系着,哲学就是"爱智慧"。美学是哲学的分支,与智慧自然也密不可分。而教育的目的之一就是引导人走向智慧,因此教育、智慧、美三者之间有千丝万缕的关联。[①]教育、智慧与美的关系可以这么理解:教育中必须蕴含智慧,缺乏智慧的教育是苍白和残缺不全的,是不完美的;智慧是一种美,智慧教育、智慧课堂

---

① 彭道林.论智慧、美学与教育美学[J].湖南师范大学教育科学学报,2017(4):67-73.

给人美的享受,给人精神的奋发和愉悦。因此,教育中追求智慧其实质是追求一种美——"智慧之美"。"智慧之美"是教育追求的一种至高的美,是实现"全人"教育的重要内容和前提。

智慧本身可能就是美的,而在美的发现和创造中更能显示人的智慧。智慧可以因为美而更加充分地被激发出来。因而,人们的创造力也在随着对美的追寻中增长。人将自己的智慧用于发现美、创造美和欣赏美之上,从而美也成了智慧的结晶。求真是让人走向知性智慧,求善是让人走向德性智慧,而对美的追求则是让人走向全面智慧、最高智慧。失去美,将失去一切,失去作为美的存在的人。美铺就了人走向智慧的坦途,而丑恶将阻隔人的美好走向,阻碍人走向智慧。[①] "智慧可以因为美而更加充分地被激发出来"这句话有其哲理性,"美"能启迪人的思维与智慧,"美"能激发人的创造性。教育在不断追求"美"的过程中日臻完善,教学在创造"美"的过程中彰显其魅力。学生只有被"美"包围着,在"美"的氛围中学习和生活,教育才能真正发挥其作用和功效。"智慧"的美在于其深刻性,在于人们认知世界过程中表现出来的一种"求真""求新"的态度,在于人们对知识探究的深度和广度上的无限性。智慧是人类最美的花朵,"智慧美"实为一种创新美,一种理性美。课堂唯有智慧的存在才会变得更加"美丽",智慧课堂美在教师智慧的教学艺术,美在学生的思维火花的迸发和智慧的生成与发展。

"情智英语"教学追求"智慧"之美,尊重生命和个性,追求"情感"和"智慧"的统一。"情智英语"重视教师和学生双方情感和智慧的发展,英语教育不仅要关注学生的发展,更要关注教师的发展,因为教师的发展在很大程度上决定了学生的发展。"情智英语"教学以"全人格"教育为终极追求目标,在培养学生认知能力的基础上,逐步实现从知识向智慧的转化,开发学生的思维能力和创造能力,最后把智慧转化为美德,使学生成为具有"全人格"的人。智慧是汇聚知识、能力和美德的一个综合体,智慧位于知识和能力之上,知识和能力是在学习和训练中获得的,而智慧是在知识和能力的基础之上自然生成的。智慧教育是教育改革的一个重要方向,智慧是一种"品质",是人文素养教育和科学素养培育的结晶。知识本身不是教育的最终目的,教育的真正目的是要超越知识,走向智慧。教师应该崇尚智慧,构建智慧课堂,让课堂始终充满着智慧,处处洋溢着智慧之美。"情智英

---

① 彭道林.论智慧、美学与教育美学[J].湖南师范大学教育科学学报,2017(4):67-73.

语"教学以"思维发展、智慧生成"为核心追求,在英语教学过程中激发学生智慧、发展学生智慧、生成学生智慧,彰显了"智慧"教学之美。

首先,"情智英语"追求教学上的"智慧"之美。课堂教学是用智慧点亮智慧,用激情激荡激情,用生命呼唤生命。[①] 知识经济的快速发展,需要智慧型人才,而智慧型人才的培养离不开具有教学智慧的教师,只有教师具有智慧,才能利用自身的智慧来开启学生的智慧之门。信息时代的快速发展呼唤教学智慧,让智慧回归教育,用智慧来唤醒课堂、引领教师专业发展,只有智慧型的教师才能符合新时代发展的需求,培养出智慧型创新人才。[②] "情智英语"教学引领教师和学生热爱智慧、崇尚智慧,以完善学生人格、发展学生智慧为目标。"情智英语"教学的宗旨是用教师的教学智慧去开启学生的学习智慧,从而达到"以智启智"的教学目的。在"情智英语"教学过程中,教师的教学智慧在于教师智慧地创设教学情境,智慧地设计教学问题,智慧地启迪学生的思维、激发学生的创造力,智慧地选择教学内容、挖掘和优化课堂教学资源,智慧地引导学生学会自主探究知识的形成过程、自主体验、理解和运用知识,自主探究问题解决的途径,最终促进学生走向深度学习。

其次,"情智英语"追求学习上的"智慧"之美。什么是学习智慧?孔子认为学习智慧有3种形式:第一种是"模仿",即"三人行,必有我师焉",这是最简单的学习方式;第二种是"反思",即"学而不思则罔,思而不学则殆",这是最高级的学习方式;第三种是"经历",即"君子不立危墙之下",这是最艰难的学习方式。信息时代的快速发展呼唤教师的教学智慧,更呼唤学生的学习智慧。教师的教学智慧与学生的学习智慧相互依赖、相互促进,学生的学习智慧的生成在很大程度上缘于教师的教学智慧,同时,学生的学习智慧又会反作用于教师的教学智慧,促进教师的教学智慧向更高水平发展。"情智英语"教学以学生"思维发展、智慧生成"为核心追求,重视引导学生在学习实践活动中形成独立观察、体验、思考、领悟、质疑、评判等智慧学习的能力和策略,让学生不断更新和变革学习方式,智慧地学习和获取知识,智慧地探究和解决问题。

[①] 袁晓娟,袁晓凤.解读优秀教师的教学智慧[J].教书育人:校长参考,2019(10):34.
[②] 常凤霞.教师的教学智慧[J].教育教学论坛,2017(49):234-235.

第三节　追求"生态"之美

生态有空间或环境之别,在自然界中,生态是指有机体与周围环境之间的关系,在这种关系中,生物和环境互为依存,是构成自然生态的基本要素。在文化领域中,生态是指文化类型的生存状态,即一定时代各种文化类型和文化因素之间相互关联、相互影响、相互冲突、相互融合而形成的系统有序的文化结构和文化特征及其生存发展环境。[①] 在教育领域中,生态具有自然生态和文化生态的双重属性。课堂生态的"生"既是生命(生命教育)又是"学生","态"是指形态、样子。[②] 换言之,课堂生态即课堂生命(学生及教师)及其生存空间或环境的状态。因此,课堂生态是教育生态中最重要的组织形式,是一种特殊的生态,是生命系统与环境系统在特定的空间——课堂中的组合体。它由教师、学生和课堂环境3部分组成,其中教师与学生是课堂生态主体,课堂主体与课堂环境是课堂生态的两大基本要素,它们之间存在多维复杂的关系。师生之间是人与人的关系,师生与课堂环境之间是人与环境的关系,不同要素之间相互作用、相互影响、相互依赖,体现了课堂生态系统特有的多样性和有序性,形成了完整的课堂小生态,这个生态的优劣直接影响学生的学习、成长和发展。[③]

"生态"是指自然环境中生物与生物之间、生物与生存环境之间相互作用的动态平衡关系。其实,课堂也是一个微观的生态系统。较之传统课堂,生态课堂应该是学生学习的场所,最终目标瞄准的是学生的健康成长,倡导动态、人文的学习。生态课堂其核心成分应该是通过最优化的教学设计和有效的教学活动,使每个学生都获得最充分的发展,实现教学与发展的统一。所以,我们既要关注教学预设,又要把握动态生成。[④] "平衡"产生

[①] 余清臣,沈宏.论学校文化生态系统[J].教育发展研究,2005(20):83-86.

[②] 朱开炎.生本教育的生态课堂教学模式[J].课程·教材·教法,2004(5):34-36.

[③] 黄远振,陈维振.中国外语教育:理解与对话——生态哲学视域[M].福州:福建教育出版社,2010.

[④] 张艳超.让数学课堂充溢"生态美"[EB/OL].(2015-10-22)[2020-06-20].http://www.cnki.com.cn/Article/CJFDTotal-KCFD201501053.htm.

美感,课堂主体之间及主体与课堂环境之间所达成的平衡关系就是生态课堂的一种"生态"之美,这种平衡的生态美有助于形成愉悦、宽松的课堂环境,有利于师生自由地交流和互动,共同成长,是有效、可持续发展课堂的最好体现。因此,构建生态课堂的核心是通过平衡课堂教学中诸多因素之间的关系,让课堂这个"微生态"给人"美"的体验和感受。

"情智英语"教学着眼构建生态课堂,追求英语课堂的"生态"之美,追求课堂中各要素之间关系的"平衡"之美。"情智英语"课堂教学中各要素之间的平衡关系主要体现在以下几个方面:

其一,师生之间的平衡关系。生态课堂中的师生之间是一种和谐、民主、平等的关系,教师尊重学生、关心、理解学生,公正、平等地看待每一个学生。在课堂教学活动中,教师不仅扮演教授知识的角色,同时也是学生学习上的伙伴和合作者,教师与学生在课堂中合作探究知识,共同体验知识的生成,共同交流、探讨,达成对问题解决的一致意见,形成一个相互学习、相互促进,共同发展、共同进步的师生学习和发展共同体。师生之间的这种和谐、平等的平衡关系有助于唤醒和激励每一个学生,引导每一个学生积极主动地参与学习活动,使每一个学生在学习过程中都获得愉悦和美好的体验,使学习过程不仅是一个知识增长的过程,同时也是身心和人格健全与发展的过程,从而真正体现英语教育的育人价值和功能。

其二,教与学之间的平衡关系。教与学之间保持一种平衡的状态是生态课堂的一个重要特征。生态课堂的"生态美"亦即一种"自然美",这种"自然美"缘于教学顺应了自然,教师充分尊重学生认知和成长的"自然"规律,尊重学生在学习中的主体地位,引导学生主动探究、主动体验和主动建构知识。学生对知识有一种本能的自我建构、自我获得的意愿,这是一种自然的东西,教师的职责就是顺应这种自然,改变传统的、不合时宜的教学行为和教学方式,创新课堂教学模式和方法,提高学生主动参与学习活动的意识和能力,从而促进教与学走向平衡。教与学是课堂教学中的一对主要矛盾,解决、处理好它们之间的矛盾关系问题具有重要意义。教学,顾名思义,是教师的"教"与学生的"学"共同活动的过程,两者缺一不可,不可偏废。要使教与学达到一种平衡,教师应该遵循"教师为主导、学生为主体"的课堂教学理念和原则,把"教"与"学"和谐地统一起来,充分发挥教师和学生双方的积极性和能动性,从而提高课堂教学效果。

其三,预设与生成之间的平衡关系。预设与生成是辩证统一的关系。课堂的成功不是解决一切问题,而是源源不断地生发新问题。让每一个学生带着新问题走出课堂生态场,这是生态课堂生成性的重要标志。外语课堂生态观秉持这样的观点:预设与生成并重、预设与生成互补,既要精心预设、科学预设、弹性预设,又要尊重生成、引导生成、促进生成、拓展生成。在教育思维世界里,预设性思维从统领的位置上退下来,但并非一文不值;生成性思维处于主导地位,但并非以霸主地位取代预设性思维。二者完全可以携手前进,互惠共生,从对立走向统一,从冲突走向和谐。[①]"情智英语"课堂关注预设与生成的统一,追求预设与生成的平衡所产生的课堂生态之美。

总之,"生态"课堂的美是缘于课堂主体之间及主体与环境之间处于稳定、平衡的状态,课堂诸多要素之间一旦失去平衡,课堂的生态特征和生态美就不复存在。生态课堂始终以学生为主体,尊重每一个学生个性的发展愿望和需求,促进每一个学生健康、快乐地成长。

---

① 黄远振,陈维振.中国外语教育:理解与对话——生态哲学视域[M].福州:福建教育出版社,2010.